18 00
X3

D0726628

Le Groupe québécois de prospective

Le futur
du Québec
au conditionnel

gaëtan morin
éditeur

gaëtan morin éditeur

C.P.965, CHICOUTIMI, QUÉBEC, CANADA,
G7H 5E8   TÉL.:(418)545·3333

ISBN 2-89105-059-2

Imprimerie Le Lac-St-Jean enr.

Dépôt légal 1er trimestre 1982
Bibliothèque nationale du Québec
Bibliothèque nationale du Canada

TOUS DROITS RÉSERVÉS
© 1982, Gaëtan Morin & Associés ltée
123456789 LSJ 98765432

Il est illégal de reproduire une partie quelconque de ce livre sans autorisation de la maison d'édition. Toute reproduction de cette publication, par n'importe quel procédé, sera considérée comme une violation du copyright.

Pays où l'on peut se procurer cet ouvrage

CANADA
Gaëtan Morin éditeur
C.P. 965, Chicoutimi, P.Q.
Tél.: 1-418-545-3333

Algérie
Société Nationale d'Édition
et de Diffusion
3, boulevard Zirout Youcef
Alger
Tél.: 19 (213) 30-19-71

Benelux et pays scandinaves
Bordas-Dunod-Bruxelles S.A.
44, rue Otlet
B. 1070 - Bruxelles (Belgique)
Tél.: 19 (32-2) 523-81-33
Télex: 24899

Brésil
Sodexport-Grem
Avenida Rio Branco 133 GR 807
Rio-de-Janeiro
Tél.: 19 (55-21) 224-32-45

Espagne
D.I.P.S.A.
Francisco Aranda n° 43
Barcelone
Tél.: 19 (34-3) 300-00-08

France
Bordas-Dunod
Gauthier-Villars
37, r. Boulard - 75680 Paris
cédex 14 - Tél.: 539-22-08
Télex: 270004

Guadeloupe
Francaribes
Bergevin
Zone des petites industries
97110 Pointe-à-Pitre
Tél.: 19 (33-590) par opératrice
      82-38-76

Italie
C.I.D.E.B.
Strada Maggiore, 37
41125 Bologne
Tél.: 19 (39-51) 22-79-06

Japon
Hachette International Japon S.A.
Daini-Kizu Bldg. n° 302
10, Kanda-Ogawacho 2-chrome
Chiyoda-Ku, Tokyo
Tél.: 19 (81-3) 291-92-89

Maroc
Société Atlantique
140, rue Karatchi
Casablanca
Tél.: 19 (212) 30-19-71

Martinique
Francaribes
Boulevard François Reboul
Route de l'Église Sainte-Thérèse
97200 Fort-de-France
Tél.: 19 (33-596) par opératrice
      71-03-02

Portugal
LIDEL
Av. Praia de Vitoria 14 A
Lisbonne
Tél.: 19 (351-19) 57-12-88

Suisse
CRISPA
16, avenue de Beaumont
1700 Fribourg
Tél.: 19 (41-37) 24-43-07

Tunisie
Société tunisienne de diffusion
5, avenue de Carthage
Tunisie
Tél.: 19 (216-1) 25-50-00

TABLE DES MATIÈRES

PRÉFACE

Le futur du Québec au conditionnel est un essai de prospective appliqué à la société québécoise. Une bonne connaissance de l'avenir implique une analyse rigoureuse de la réalité actuelle. C'est pourquoi la première partie du livre est consacrée au "Québec du temps présent". Une grande quantité du matériel nécessaire a été fournie par une étude conduite sous la direction du Groupe québécois de prospective. Cette étude commanditée par l'OPDQ a été réalisée par une quarantaine de chercheurs et publiée en 1977 sous la forme d'un volumineux rapport de vingt-sept volumes paru chez l'Éditeur officiel du Québec[1]. Comme l'étude de l'OPDQ, le "Québec du temps présent" repose sur une approche globale, l'approche systémique. Cette approche vise à déterminer dans la réalité québécoise les éléments structurants, les tendances lourdes et les faits porteurs d'avenir[2]. Les textes de base de cette première partie ont été rédigés par Kimon Valaskakis (*L'extérieur*), Roger Blais (*La technologie*), Pierre-André Julien (*Les valeurs*), R. Jouandet-Bernadat (*L'économie*), Pierre Dansereau (*L'écologie*), Pierre Fréchette (*Aspects urbains et régionaux et vision d'ensemble*). Ces textes ont tous été acceptés par l'ensemble des auteurs. À ce titre, ils constituent une contribution du Groupe québécois de prospective dans son ensemble.

La deuxième partie du livre, "Futurs possibles et futurs souhaitables", se situe dans l'avenir. L'avenir n'existant pas encore, il ne peut être décrit d'une façon traditionnelle. L'exploration de l'avenir implique une reconnaissance de la multiplicité des avenirs possibles. La méthode des scénarios permet de rendre compte de cette multiplicité. Un scénario tendanciel prolonge les tendances passées et actuelles et conduit à une description d'un futur situé à l'intérieur du champ des possibles (R. Jouandet-Bernadat). Le deuxième scénario est celui d'un "Québec maximal" axé sur la réalisation d'un niveau élevé de la qualité de la vie, la promotion des valeurs nouvelles et l'indépendance du Québec (Pierre-André Julien). Le troisième valorise l'ouverture du Québec vers les innovations technologiques, la recherche d'un taux de croissance élevé, et le respect de l'équilibre écologique (Roger Blais). Chacun de ces scénarios est très individualisé. Les deux derniers traduisent une vue de l'avenir souhaitable selon le système

---

(1)   *Prospective socio-économique du Québec.* Éditeur officiel du Québec, 1977, 27 tomes.

(2)   Ces idées sont développées dans le chapitre 1.

de valeurs de chacun des auteurs. Ces scénarios ne sont pas le fait du travail du Groupe même s'ils s'appuient sur l'ensemble des faits recueillis dans la première partie. Ceci ne doit pas décourager les utilisateurs de cet ouvrage dont le message principal est que l'avenir n'est pas totalement prévisible. Une partie de l'avenir est en effet relativement bien délimitée, mais il demeure de multiples incertitudes. La raison essentielle en est que l'avenir est le domaine dans lequel s'exercent nos choix; la prospective est un art nécessaire à la prise de décisions. Il est à la fois déroutant et exaltant de constater que si le passé est moulé dans l'histoire, l'avenir demeure multiple et ouvert.

Le Groupe québécois de prospective

Ire PARTIE

LE QUÉBEC DU TEMPS PRÉSENT

CHAPITRE 1

QU'EST-CE QUE L'APPROCHE

PROSPECTIVE?

1.1 L'ESSENTIEL DE LA PROSPECTIVE

La prospective, disait Bertrand de Jouvenel, *serait absurde si elle n'était absolument indispensable*. Dans la même veine, Marshall McLuhan dira plusieurs années plus tard: *The future is not what it used to be*. C'est dans ces deux phrases qu'on trouve la justification contemporaine de ce qu'on peut appeler la "démarche" prospective. Mais quelle est cette démarche? Et où conduit-elle?

Tout comme la Délégation à l'aménagement du territoire (DATAR) de France[1], nous pouvons définir la prospective comme une méthode d'investigation du futur par l'analyse des mécanismes de fonctionnement d'une société et des processus d'évolution inhérents à ces mécanismes. Le besoin de jeter un regard prospectif sur notre société découle de la prise de conscience selon laquelle les décisions individuelles et collectives prises aujourd'hui auront des conséquences au cours des prochaines décennies.

Ainsi, la prospective tente d'étudier l'avenir à partir de la méthode scientifique. Elle vise toutefois des objectifs précis et limités et se veut une aide à la prise de décision. Le fait de s'interroger sur l'avenir, d'indiquer les directions vers lesquelles la société évolue, est un exercice libérateur parce qu'il nous oblige à mieux comprendre le présent et nous permet d'identifier la marge de manoeuvre de la société, ainsi que les correctifs qui s'imposent, si celle-ci venait à modifier ses objectifs.

---

(1) DATAR. *Une image de la France en l'an 2000*. Paris: éditeur officiel, 1972 (Coll. Travaux et recherches de prospective).

À notre sens, la démarche prospective doit s'orienter vers les trois objectifs suivants:

a) réduire la zone d'ignorance que représente le futur;
b) permettre la planification d'avenirs volontaristes;
c) proposer des champs d'action immédiats situés dans le présent.

1.1.1 Réduire la zone d'ignorance que représente le futur

Le futur représente une zone d'ignorance qui est a priori complète. Pourtant, "l'avenir c'est demain" et c'est le temps où les conséquences de nos actions d'aujourd'hui se manifestent. Il faut donc tenter de réduire, ne fût-ce que marginalement, cette zone d'ignorance pour ne pas être victimes de ce que Toffler a correctement nommé le "choc du futur".

La prospective est d'autant plus nécessaire qu'aujourd'hui, à l'encontre d'autrefois, nous faisons face à une accélération du changement, à un temps de "gestation" assez long des projets industriels, ainsi qu'à une complexité croissante dans la réalisation de ces projets.

L'accélération du changement est un phénomène important: par exemple, le temps nécessaire pour doubler la population mondiale diminue rapidement; la technologie et l'information augmentent à un rythme si rapide qu'un scientifique qui s'exilerait pendant cinq ans sur une île déserte devrait se recycler presque totalement dans sa propre discipline.

Au Québec, les mutations rapides et profondes de l'environnement international (crise énergétique, évolution géopolitique, nouvel ordre international, etc.) risquent de nous réserver de mauvaises surprises si nous ne sommes pas préparés. Or, la prospective, en transformant une situation caractérisée par l'incertain (situation où les probabilités ne sont pas connues) en risque (situation où elles le sont), réduit notre vulnérabilité aux mauvaises surprises en rendant possible la préparation de plans de réaction.

À ce sujet, il convient de remarquer que le temps nécessaire entre la conception et la réalisation définitive d'un projet devient de plus en plus long, au fur et à mesure que les projets deviennent plus complexes. Un exemple illustrera cette assertion.

Le complexe de la Baie-James est un immense projet industriel. L'utilité ou l'inutilité de ce complexe dépend, entre autres, de la demande énergétique (elle-même dépendant de facteurs démographiques, de modes de vie, etc.) et de l'existence ou de l'absence de filières de substitution (options nucléaire, solaire, marémotrice, houillère, etc.). Quand ce projet a été conçu et mis en application au début des années 70, il avait

4

plusieurs partisans et détracteurs. En 1980, le projet apparaît comme un important succès. La plupart de ses détracteurs ont changé d'avis. Indépendamment du bien-fondé de la décision de lancer ce projet au début des années 70, il importe de se rendre compte que cette décision ne pouvait être jugée à court terme. Seul l'examen du projet à longue échéance permet une évaluation, positive ou négative. En d'autres termes, une décision du type Baie-James est l'exemple même d'une décision prospective, c'est-à-dire une décision dont les conséquences se prolongent dans un avenir lointain et qui exige une compréhension de ce même avenir lointain. Dans ce contexte, une décision prise en l'absence d'études prospectives est l'équivalent d'un pari aveugle.

1.1.2 Permettre la planification d'avenirs volontaristes

Connaître les futuribles (ou futurs possibles) est le premier pas pour envisager leurs modifications. Les tendances ne sont pas inéluctables, elles sont là pour être modifiées. À la prospective exploratoire de nature positive s'ajoute une prospective normative en postulant que le Québec peut choisir (étant donné les contraintes exogènes indiscutables) son ou ses avenirs préférés. Un des avantages de la prospective est précisément de bien séparer ce qui est inéluctable et déterminé de ce qui est soumis à notre volonté. On sera souvent surpris par la gamme effective des choix disponibles, car en dernière analyse peu de choses sont déterminées d'avance.

1.1.3 Proposer des champs d'action immédiats situés dans le présent

Il y a lieu de souligner que la réflexion sur les décisions à long terme n'implique nullement un mépris pour les décisions immédiates. Au contraire, dans une perspective volontariste où l'avenir se décide aujourd'hui, nous ne pouvons remettre à demain les décisions qui doivent être prises maintenant. Seulement, à l'encontre de la cigale qui avait chanté tout l'été, de l'homme d'affaires qui se fixe un horizon dominé par sa prochaine rencontre avec son conseil d'administration et de l'homme politique qui entrevoit rarement l'avenir au-delà de la prochaine élection, le prospectiviste s'efforce de préparer des décisions en soupesant leurs conséquences à long terme.

1.2 LA PROSPECTIVE DU PRÉSENT ET DE L'AVENIR

Le caractère scientifique de la prospective est mis en valeur par la démarche suivante:

a) La lecture prospective du présent qui vise à déterminer les ''éléments structurants''du système socio-économique québécois ainsi qu'à identifier les tendances (lourdes et légères), les déséquilibres et tensions et les faits porteurs d'avenir. Cette lecture prospective du présent s'appuie sur la méthode de l'analyse des systèmes.

b) La lecture prospective de l'avenir qui consiste en l'étude des futurs logiques découlant des principales tendances (prospective tendancielle ou exploratoire) ainsi qu'en l'étude des futurs souhaitables ou souhaités (prospective normative ou d'anticipation). Cette lecture prospective de l'avenir s'appuie sur la méthode des scénarios.

1.2.1 La lecture prospective du présent

La première étape d'un travail de prospective consiste à faire une étude de la réalité socio-économique présente. Une telle étude du présent est bien différente d'une chronique des faits contemporains. Il s'agit plutôt d'une mise en perspective des principaux facteurs qui composent les mécanismes essentiels de la société.

Cette mise en perspective s'inspire de l'analyse des systèmes (ou l'approche systémique) élaborée dans les travaux de Von Bertallanfy, Boulding, de Rosnay, Barel, etc. L'analyse des systèmes consiste à percevoir la réalité socio-économique comme un ensemble de variables (ou de facteurs) interdépendantes nommé "système" ou "sous-système". La réalité et son évolution s'expliquent par l'interaction entre les principales variables.

Précisons que si nous avons distingué un certain nombre de "sous-systèmes", c'est en fonction des nécessités pratiques de la recherche. En fait, il n'existe qu'un seul système situé dans son environnement. Les "sous-systèmes" correspondent à des domaines de recherche (l'économie, l'extérieur...). C'est la vision d'ensemble qui est importante et le système global du Québec constitue notre objet d'étude. Ceci explique l'existence des recoupements dans les développements consacrés aux divers sous-systèmes: ces recoupements sont inévitables car les sous-systèmes sont interdépendants et forment un tout.

La notion de système est à la fois générale et précise car, par le processus de hiérarchisation, elle permet un découpage d'une situation complexe en éléments relativement simples et traitables. En ce qui a trait aux travaux de l'ingénierie, l'approche systémique se prête à une quantification assez poussée. En sciences humaines, on ne peut retenir que les éléments principaux de la démarche sans habituellement obtenir des quantifications qui seraient souvent fictives.

6

Un système se définit d'abord par sa finalité et par les modes d'interaction de ses variables constituantes. En définissant notre sujet comme étant le "Système socio-économique québécois", nous postulons que sa finalité est la poursuite et la réalisation du bien-être pour les Québécois. Ce système se compose de six variables constituantes, que nous estimons particulièrement importantes et qui permettent de bien identifier le tout. Il s'agit des six sous-systèmes suivants:

- sous-système *économique*;
- sous-système *technologique*;
- sous-système *urbain et régional*;
- sous-système *des valeurs*;
- sous-système *extérieur* (rapports Québec-reste du monde);
- sous-système *écologique*.

L'essentiel de l'approche systémique, telle que nous l'utilisons dans ce texte, consiste en la détermination des éléments structurants de chaque sous-système qui aboutit à la construction d'une vision globale du système socio-économique québécois. Par "éléments structurants", il faut comprendre les principales variables, les principaux facteurs qui composent les mécanismes essentiels de l'organisation de la vie économique et sociale des Québécois.

Mais un système se définit non seulement par sa finalité et ses variables constituantes, mais aussi par sa stabilité. Les systèmes chancelants s'effondrent; ceux qui survivent sont ceux qui sont dotés de mécanismes équilibrants (voir le graphique 1.1). En langage technique, on appelle ces mécanismes stabilisateurs des "boucles de rétroaction négatives", car ils ont tendance à freiner toute mutation profonde des systèmes en question. Tant que ces boucles fonctionnent bien, le système en question résiste aux tensions auxquelles il est soumis, et il survit. La boucle de rétroaction négative est donc l'instrument équilibrant par excellence et fait partie intégrante des éléments structurants d'un système.

À l'encontre des boucles de rétroaction négatives, il existe aussi des boucles de rétroaction positives. Il s'agit ici de processus cumulatifs, de véritables "boules de neige", qui renforcent les déséquilibres au lieu de les atténuer et qui peuvent transformer ou détruire le système. Ainsi, pour obtenir une vision globale du fonctionnement d'un système, il est nécessaire de situer à la fois les facteurs d'équilibre et de déséquilibre.

Il y a lieu de noter qu'"équilibre" et "déséquilibre" sont des termes utilisés sans sens péjoratif ou mélioratif. Ainsi, nous pouvons avoir des équilibres de stagnation ou des déséquilibres créateurs et il ne faut pas assigner de qualificatif normatif aux déséquilibres et équilibres, sans avoir

7

GRAPHIQUE 1.1: La boucle de rétroaction comme élément stabilisateur et perturbateur

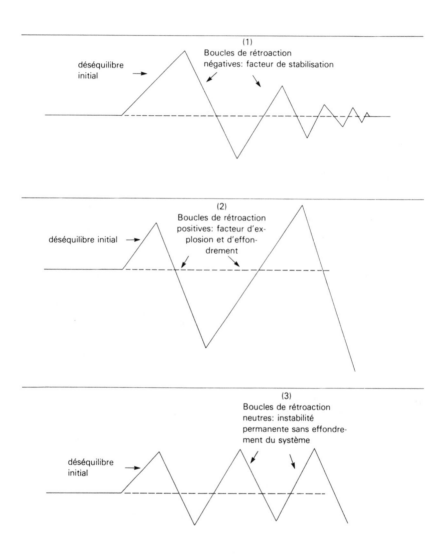

déséquilibre initial →

(1)
Boucles de rétroaction négatives: facteur de stabilisation

déséquilibre initial →

(2)
Boucles de rétroaction positives: facteur d'explosion et d'effondrement

(3)
Boucles de rétroaction neutres: instabilité permanente sans effondrement du système

déséquilibre initial →

auparavant explicité les jugements de valeur sous-jacents. Le langage systémique se veut a priori neutre et décrit uniquement le fonctionnement d'un ensemble sans préjuger de sa légitimité.

Pour dynamiser la perception de la réalité québécoise et effectuer une lecture prospective du système québécois, il est nécessaire par la suite d'identifier les facteurs d'invariance ainsi que les facteurs de changement: il s'agit de l'identification des tendances (lourdes et légères), des déséquilibres et tensions et des faits porteurs d'avenir.

Une tendance représente des faits, des données, dont l'évolution future peut être extrapolée avec un faible risque d'erreur compte tenu de la nature et de l'évolution passée de la variable. Les termes "lourde" et "légère" se rapportent au degré de certitude du phénomène, souvent relié à sa durée passée. Une tendance légère est transitoire, conjoncturelle, et entraîne avec elle des mécanismes d'autocorrection, c'est-à-dire des rétroactions négatives. Elle n'est pas vraiment menaçante pour la stabilité d'un système à cause de son caractère récent et transitoire. Par contre, une tendance lourde laisse souvent présager l'avenir. Elle se distingue par sa longévité et son ubiquité. En effet, pour être "lourde", une tendance doit subsister durant une période de temps suffisamment longue, et doit être omniprésente dans le système plutôt qu'être un simple phénomène isolé. Le maintien d'une tendance lourde dans l'avenir n'est toutefois pas assuré: bien des choses peuvent arriver.

Les déséquilibres et tensions sont de nature bien différente des tendances. Il s'agit essentiellement des perturbations socio-économiques amenées soit par des facteurs extérieurs au système, soit par les tendances lourdes elles-mêmes. On peut considérer les déséquilibres et tensions comme des mécanismes sociaux d'adaptation par lesquels la société s'ajuste à des situations nouvelles.

L'importance attribuée aux tendances ainsi qu'aux déséquilibres et tensions, de même que leur pertinence pour une situation prospective donnée, ne dépend pas de moyens mécaniques d'identification mais bien du jugement du prospectiviste. Comme un entrepreneur (ou même un joueur de poker), le prospectiviste doit soupeser l'importance des variables pour décider du "poids" des tendances observées. C'est un pari, mais un pari calculé, au même titre qu'un contrat d'assurance.

Si la pertinence ou la non-pertinence des tendances et des déséquilibres et tensions exige l'appréciation judicieuse du prospectiviste, ceci est d'autant plus vrai en ce qui concerne les faits porteurs d'avenir (FPA). À l'encontre des tendances qui sont chiffrables, les FPA sont des événements isolés mais qui, par leur importance potentielle, sont "porteurs d'avenir''. On pourrait dire qu'il s'agit de "germes de changement", c'est-à-dire de faits dont l'importance actuelle est faible mais dont on peut raisonnablement prévoir qu'ils exerceront une influence déterminante sur l'évolution ultérieure du système.

L'assassinat du grand-duc Ferdinand à Sarajevo en 1914, l'élaboration de l'équation $E = mc^2$ par Einstein, la première greffe du coeur en Afrique du Sud, et probablement, l'élection du Parti québécois le 15 novembre 1976 et le référendum québécois du 20 mai 1980, sont tous des faits porteurs d'avenir. Là encore, l'identification est qualitative plutôt que mécanique et celui qui découvrirait une méthode sûre pour déceler les FPA ferait non seulement de la prospective, mais de la prophétie... c'est-à-dire de la prévision avec une probabilité de réalisation de 100%. Puisque ceci est impossible, le défi du prospectiviste consiste quand même à tenter, par des moyens indirects, d'identifier les tendances, déséquilibres et tensions ainsi que les faits porteurs d'avenir, condition nécessaire à l'identification des futurs logiques.

En résumé, la première partie de notre étude prospective du système socio-économique québécois consiste, pour chacun des sous-systèmes, à identifier les éléments structurants ainsi que les principales tendances, déséquilibres et tensions et faits porteurs d'avenir. Le chapitre 8 présente une synthèse, un diagnostic pour l'ensemble du système québécois. Ce diagnostic est à la fois interdisciplinaire et intersectoriel; il essaie de faire ressortir le système socio-économique québécois comme un organisme vivant agissant et réagissant sur son environnement externe, sensible aux influences intérieures et extérieures et capable d'ajustement et de mutation. Ne sont retenus alors que les éléments les plus importants qui permettent de comprendre le Québec d'aujourd'hui et d'en e iquer l'évolution.

L'intérêt de toute notre démarche est que le lecteur peut se démarquer par rapport à elle. En effet, il peut choisir de privilégier d'autres tendances, d'autres déséquilibres et tensions et d'autres faits porteurs d'avenir. Il sera intéressant de voir comment la vision prospective des lecteurs diffère de celle que nous présentons dans les chapitres suivants.

1.2.2   La lecture prospective de l'avenir[2]

La deuxième étape de notre prospective du système québécois consiste en la lecture prospective de l'avenir; il s'agit de l'étude des futurs logiques et des futurs souhaitables ou souhaités. Les futurs logiques découlent directement des principales tendances lourdes et des principaux

_____

(2)   Voir le chapitre 9.

déséquilibres et tensions. On parle alors de prospective tendancielle ou exploratoire. Par contre, dans l'élaboration des futurs souhaitables ou souhaités, le prospectiviste privilégie quelques tendances ou déséquilibres, mais surtout certains faits porteurs d'avenir. On parle alors de prospective normative ou d'anticipation.

La méthode utilisée pour la construction des visions de l'avenir est la méthode des scénarios. Le terme "scénario" fait maintenant partie du vocabulaire courant. Par cette méthode, le prospectiviste, après avoir fait quelques hypothèses qui placent le système dans une situation donnée, décrit la situation nouvelle un peu comme une pièce de théâtre ou un film. On peut alors visualiser le déroulement de l'action et évaluer la justesse des propos.

Ici aussi, le lecteur peut construire ses propres scénarios et les comparer à ceux présentés dans la deuxième partie de ce volume.

En définitive, le lecteur peut se servir de ce volume pour construire ses propres visions du Québec d'aujourd'hui et de demain. À tous, nous souhaitons beaucoup de plaisir.

CHAPITRE 2

LE QUÉBEC ET L'EXTÉRIEUR

2.1 LES ÉLÉMENTS STRUCTURANTS

Le sous-système extérieur est l'ensemble structuré d'agents et de mécanismes qui organisent les relations du Québec avec le reste du monde. Dans la mesure où un système se définit par sa finalité, le sous-système extérieur a comme finalité d'intégrer le Québec dans le monde extérieur. Nous identifions dans cette finalité trois dimensions et par conséquent trois axes d'analyse.

Tout d'abord, il y a la dimension économique. Le sous-système extérieur s'exprime ici en définissant le rôle du Québec dans la division internationale du travail.

On notera ensuite la dimension politique. Celle-ci définit les rapports de force, les liens juridiques et les institutions qui unissent le Québec au reste du monde. Le Québec demeurant, en 1980, un membre de la Confédération canadienne, la plupart de ses relations internationales sont "médiatisées" par le système politique canadien.

Enfin, on notera une troisième dimension: celle des communications. Longtemps négligés et ignorés dans les études économiques, les communications et leurs véhicules (les médias) marquent le degré d'ouverture de la société québécoise par rapport à son environnement extérieur.

Ces trois dimensions sont étroitement liées, et ensemble définissent les éléments structurants du sous-système extérieur.

Les rapports Québec-extérieur sont soumis à la fois à des facteurs équilibrants et perturbateurs.

Sur le plan économique, la stabilité du sous-système extérieur dépend de l'équilibre de la balance des paiements. Évidemment, dans la mesure où le Québec n'est pas un état indépendant, la balance des paiements n'est qu'imparfaitement exprimée dans les comptes économiques. En général, les exportations trouvent leur place beaucoup plus que les importations qui ne sont pas explicitement comptabilisées.

Dans le cas d'un état indépendant, un des instruments équilibrants est l'ajustement monétaire. Le Québec ne possédant pas d'autonomie monétaire, il ne peut pas permettre à sa monnaie de changer de cours vis-à-vis du reste du Canada ou du monde. Ce manque d'autonomie réduit l'efficacité des facteurs équilibrants et introduit des déséquilibres et tensions, mais en revanche, il apporte aussi d'importants avantages car la monnaie commune facilite les échanges.

Sur le plan politique, l'élément structurant principal est la nature des relations fédérales-provinciales qui évoluent à deux niveaux. D'abord, il existe une structure formelle d'articulation de demandes politiques par les canaux habituels. C'est l'ensemble des moyens prévus par la Constitution, les lois et règlements, etc. Il y a également une structure informelle de prise de décision qui dépend de moyens d'articulation plus subtils, tels que les pressions politiques, les manifestations, l'équilibre électoral, etc.

Sur le plan socio-culturel, le contenu véhiculé par le sous-système extérieur est stable en partie quand les inputs, par les médias de communication, renforcent le système des valeurs autochtones. Quand ce n'est pas le cas, il y a déséquilibre et tension.

Si les relations entre le Québec et l'extérieur ne comprenaient que des facteurs d'équilibre, la stabilité du système ne serait jamais mise en cause. En fait, il n'existerait que des boucles de rétroaction négatives qui auraient pour effet de rétablir le système à son état d'équilibre permanent. Cela, comme nous l'avons indiqué, n'est pas toujours une bonne chose. Au contraire, certaines mutations, certains déséquilibres créateurs sont utiles pour amorcer un processus de changement et d'évolution. On retrouvera l'ensemble des facteurs de mutation dans l'inventaire des tendances lourdes et des faits porteurs d'avenir relatifs à l'environnement extérieur.

2.2 LES TENDANCES ET FAITS PORTEURS D'AVENIR

L'examen des tendances et des faits porteurs d'avenir implique un processus de sélection et de hiérarchisation de ceux-ci, car il ne saurait être question d'essayer d'en faire la liste exhaustive. Même s'il était connu, personne ne pourrait prétendre résumer l'avenir du monde en quelques pages. Au contraire, ce qu'il faut faire, c'est choisir dans l'évolution du système mondial les facteurs-clés qui méritent une attention particulière. Par conséquent, nous avons sélectionné six tendances et faits porteurs d'avenir susceptibles d'influencer la réalité québécoise. Nous les examinerons à tour de rôle.

14

2.2.1 La mobilité internationale des facteurs de production et ses conséquences

La transformation du système productif mondial qui s'est déroulée depuis 1945 implique une intégration verticale de la production et la montée en flèche d'un agent économique qu'on ne devrait pas ignorer: la firme multinationale. Celle-ci organise aujourd'hui une partie importante de la production mondiale, et toute politique commerciale nationale devrait tenir compte de cette tendance très lourde. L'existence de barrières tarifaires va augmenter, dans certains cas, la probabilité d'implantation industrielle par les multinationales (quand le marché protégé est assez important). Dans d'autres, au contraire, la barrière tarifaire va décourager l'implantation (quand, par exemple, le pays protégé est tout près d'un grand marché qui se voit fermé par la barrière tarifaire).

Aujourd'hui, la firme multinationale est la grande vedette de la scène internationale et même si sa croissance phénoménale s'arrête, elle possède déjà un pouvoir de décision très important.

La firme multinationale possède un quasi-monopole des réseaux de commercialisation de nouveaux produits. Par conséquent, dans la mesure où le Québec voudrait se réserver des réseaux de production pour des exportations éventuelles dans le domaine des communications, il devra ou bien utiliser le réseau des multinationales, ou créer son propre réseau de commercialisation, entreprise qui est loin d'être facile.

L'intégration verticale de la production mondiale implique une spécialisation nationale au niveau des composantes de produits plutôt qu'à celui de produits complets. Le phénomène qui sous-tend cette intégration verticale est la mobilité croissante des facteurs de production au niveau international.

La structure traditionnelle du commerce international est basée sur un postulat d'immobilité ou de faible mobilité internationale des facteurs de production. L'''État-nation'' était perçu, dans la théorie classique, comme un bloc de ressources immobiles. Le commerce de marchandises était un substitut au mouvement de facteurs. C'était par l'entremise du commerce international que se réalisait l'optimisation économique internationale.

Si les facteurs de production sont effectivement captifs au sein des États-nations, la structure des avantages comparés ainsi que la composition et la direction du commerce restent stables. L'avantage comparatif d'une nation dépend de sa dotation en ressources. Tant que la dotation reste inchangée, celui-ci n'est pas modifié. Si, au contraire, il y a une grande mobilité de facteurs de production, les avantages comparatifs vont se déplacer à la faveur de la modification de la dotation des facteurs. On exportera ce qu'on importait auparavant et on importera ce qu'on exportait.

La tendance lourde semble être en direction d'une plus grande mobilité internationale des facteurs. Déjà au dix-neuvième siècle, le capital financier est devenu international. On sait que l'Amérique et le Canada en particulier ont bénéficié d'un influx important de capital européen.

La tendance vers l'internationalisation du capital au dix-neuvième siècle s'est accompagnée d'un mouvement important de ressources humaines. En effet, le fait saillant de l'histoire de l'économie atlantique au dix-neuvième siècle est la migration transatlantique de populations entières. Le facteur de production "main-d'oeuvre non qualifiée" était devenu mobile.

Après 1945, avec l'essor des multinationales et le progrès des communications, il y a une forte mobilité internationale de main-d'oeuvre qualifiée (la "fuite", ou à l'inverse, "l'arrivée" des cerveaux). Il y a également une augmentation importante de l'investissement direct, et d'une façon encore plus significative, des transferts de technologie. La technologie, facteur de production-clé dans les fonctions de production modernes, se déplace à la faveur d'un ou de plusieurs des moyens suivants:

- par l'entremise de la firme multinationale;
- par l'achat de brevets;
- par l'espionnage industriel;
- par l'émulation pure et simple.

Dans une perspective de cycle des produits, d'avantage comparatif dynamique et de mouvements internationaux de facteurs de production, il importe de revoir le rôle de la politique économique étrangère. Si elle est axée uniquement sur la politique commerciale, elle-même concernée principalement par les flux de marchandises et de services, elle ne prend pas suffisamment en considération le potentiel des flux factoriels. Le flux commercial est un flux "symétrique" qui, quoique parfois "inégal", entraîne un paiement de part et d'autre. Certains flux de facteurs tels que, par exemple, l'immigration, n'exigent aucun paiement automatique et constituent un flux "asymétrique". Quand Einstein quitte l'Allemagne pour s'établir aux États-Unis, les États-Unis ne font aucun paiement à l'Allemagne. De même, quand une technique industrielle est imitée ou "volée" par espionnage industriel, le pays bénéficiaire obtient gratuitement un enrichissement de sa dotation factorielle.

Les implications pour l'économie québécoise sont simples. Aujourd'hui, les avantages comparatifs se gagnent ou se perdent du jour au lendemain.

16

Le Québec peut gagner ou perdre une partie importante de son secteur productif en fonction des conditions d'accueil comparées qui existeraient au Québec et ailleurs. L'industrie des communications, en particulier, est une industrie très mobile et donc très vulnérable.

L'envers de la médaille, concernant la mobilité accrue des facteurs de production, est telle que, s'ils peuvent partir du jour au lendemain, ils peuvent également venir du jour au lendemain. Le Québec pourrait lancer des industries de l'avenir en réunissant sur son sol les facteurs de production internationaux nécessaires à cette tâche.

2.2.2 Essor de la firme multinationale

L'essor de la firme multinationale en tant qu'agent économique extrêmement influent dans le système mondial remonte à l'après-guerre. La mobilité internationale des facteurs de production a permis aux grandes firmes établies dans les pays de l'ancien monde de diversifier leurs activités géographiques en investissant à l'étranger. Déjà en 1965, Servan-Schreiber donnait le cri d'alarme en parlant de la firme multinationale comme d'une "troisième force" après les États-Unis et l'Union Soviétique, et avant l'Europe ou le Japon. La puissance des multinationales est effectivement impressionnante comme on peut le constater dans le tableau qui suit. On notera que les multinationales géantes sont concentrées dans quelques secteurs-clés, tels que: l'automobile, le pétrole, l'électricité ou l'électronique. On notera aussi l'absence surprenante des entreprises japonaises. Toyota Motor avait en 1979 un chiffre d'affaires de 15 milliards de dollars, mais compte tenu de la forte intégration organique des entreprises japonaises (Japan Inc.), cette absence masque la force économique réelle du Japon, qui est considérable.

Les entreprises multinationales constituent un agent économique de première importance pour le Québec et le Canada. Comme le mentionne le rapport Gray, à la fin des années 60, près de 60% de l'industrie manufacturière et 65% des industries extractives du Canada se trouvent sous contrôle étranger[1]. Ce contrôle étranger dans les industries manufacturières et les ressources naturelles provient, pour 80% environ, d'entreprises multinationales (EMN) des États-Unis.

---

(1) Le rapport connu sous le nom du rapport Gray a été préparé par un groupe de travail dirigé par l'Honorable Herb Gray. Il avait pour but de présenter au gouvernement canadien des propositions sur la politique touchant l'investissement étranger. Ce rapport a été publié sous le titre: Gouvernement du Canada. *Investissements étrangers directs au Canada.* 1972.

TABLEAU 2.1: Vingt-six entreprises multinationales avec un chiffre d'affaires de plus de 10 milliards de dollars en 1979

Entreprises par rang du chiffre d'affaires en 1979	Caractéristiques et chiffres d'affaires en milliards de $				
	Nationa-lité	Catég. d'activ.	1978 ch. aff.	1979 ch. aff.	1979 bénéf.
Exxon	USA	Pétrole	64.	79.05	4.30
General Motors	USA	Autom.	67.05	66.35	2.89
Royal Dutch	GB/Ho.	Pétrole	46.82	59.52	6.47
A.T.T.	USA	Téléph.	43.52	45.41	5.67
Mobil	USA	Pétrole	36.94	44.70	2.
Ford Motor	USA	Autom.	45.41	43.52	1.17
British Petroleum	GB	Pétrole	29.17	38.82	3.43
Texaco	USA	Pétrole	30.35	38.35	1.76
Standard Oil Calif.	USA	Pétrole	24.94	29.88	1.78
Gulf Oil	USA	Pétrole	19.05	4.	1.31
IBM	USA	Ordinat.	22.58	22.82	3.01
General Electric	USA	Électr.	20.94	22.35	1.41
D. Bundespost (x)	Allem.	Postes	18.35	-	-
Unilever	GB/Holl.	Savon.	20.	21.64	.91
PTT	France	Postes	16.47	19.05	-
ENI	Italie	Pétrole	13.17	19.05	.09
Standard Oil Indiana	USA	Pétrole	15.76	18.58	1.50
Fiat	Italie	Autom.	15.52	18.35	-
Sears et Roebuck	USA	D. com.	19.05	17.41	0.8
Franc. des pétroles	France	Pétrole	13.17	17.41	1.12
Peugeot-Citroën	France	Autom.	13.17	17.17	0.25
I.T.T.	USA	Électric.	16.23	17.17	0.37
Volkswagen werk	Allem.	Autom.	14.35	16.70	0.37
Philips	Holl.	Électr.	16.	16.47	0.30
Atlantic Richfield	USA	Pétrole	12.94	16.47	0.30
Renault	France	Autom.	13.41	16.23	0.23

Source: *Fortune.* 14 juillet et 11 août 1980. (x) "Les 500 entreprises". *Nouvel Économiste.*

La répartition des investissements étrangers varie évidemment d'une province à l'autre, mais elle reste forte partout. Au Québec, l'appartenance étrangère se situait un peu au-dessous de la moyenne nationale dans tous les secteurs, sauf pour les services. Voici quelques tendances qui se dessinent au niveau des trois secteurs d'activités.

Le secteur primaire

Ce secteur joue un rôle stratégique croissant du fait que beaucoup de pays industrialisés (consommateurs importants) possèdent des réserves insuffisantes et importent des ressources de pays en voie de développement. Ceux-ci négocient de plus en plus la cession de leurs ressources naturelles contre l'emploi de leur main-d'oeuvre et l'industrialisation. Ils demandent, en contrepartie de leurs ressources, la technologie et les débouchés pour démarrer leur industrie secondaire. Les États vont jouer un rôle accru dans ces transactions, dont le développement dépend de leurs politiques commerciales, notamment les accords du GATT.

De manière générale, les EMN vont vraisemblablement garder au Québec le rôle de premier plan qu'elles ont acquis dans de nombreuses branches de ce secteur. En effet, elles possèdent les capitaux énormes nécessaires, elles contrôlent la technologie et ont l'expérience de la gestion de gros projets. Elles sont intégrées verticalement, ce qui leur permet de contrôler non seulement l'extraction, mais aussi la transformation et la distribution dans divers pays.

Cette tendance sera cependant contrecarrée par le rôle stratégique grandissant des matières premières et le désir d'indépendance nationale, qui incitent de nombreux pays, dont le Québec, à accroître le contrôle de ses ressources.

L'intervention de l'État se révélera d'autant plus efficace si:

1- Ce pays représente une part importante des ressources mondiales, ce qui lui donne un levier important pour convaincre les EMN d'adopter des politiques plus conformes aux intérêts du pays producteur que du pays consommateur dont celles-ci sont issues.

2- Ce pays est un gros utilisateur de ces ressources. Il pourra ainsi obliger les EMN à entreprendre certaines activités extractives si elles se plient à des exigences de taux de transformation locale.

3- Ce pays possède ou peut acquérir, à partir d'autres EMN, la technologie nécessaire au développement de son industrie primaire.

Pour ce faire, les gouvernements des états producteurs ont à leur disposition, et vont utiliser de manière croissante, divers moyens:

1) création d'entreprises nationales à côté d'entreprises étrangères;

2) création de sociétés en coparticipation;

3) prise de contrôle de la filiale locale d'une multinationale.

Le Canada commence à faire cela, dans l'industrie pétrolière, avec la création d'une entreprise nationale comme Petrocan, par exemple. Le Québec a créé Rexfor qui pourrait jouer un rôle important dans le domaine forestier.

Le secteur secondaire

La prépondérance des EMN d'origine étrangère et principalement américaine se maintiendra au Québec (et au Canada) vraisemblablement à un degré de pénétration semblable à celui qu'elle a atteint.

La majorité des secteurs à forte pénétration étrangère sont des secteurs de moyenne et haute technologie (instruments de précision, métaux non ferreux, produits chimiques, machinerie, matériel de transport), où les EMN vont garder leur avance technologique et aussi la connaissance des marchés, qui lui permet de "diffuser" rapidement à l'échelle mondiale les produits nouveaux.

Leurs opérations, au Canada, garderont en majorité des caractéristiques similaires à leurs opérations présentes, filiales du type "réplique miniaturisée", à moins qu'il ne se produise un changement dans la politique commerciale du Canada. Cette tendance sera cependant modérée, si un effort de recherche et de développement est entrepris au Québec.

Le Québec ne développera vraisemblablement de compétences dans ce type d'industrie, à moyenne et haute technologie, que dans certains créneaux. On ne fait que procéder actuellement à leur identification. Par exemple, ces créneaux auront tendance à se situer dans des branches industrielles où le marché québécois ou nord-américain est important, et où le gouvernement (ou des entreprises parapubliques) représente une assurance de débouchés.

Le Québec et le Canada renforceront vraisemblablement leur position concurrentielle dans les premiers stades de transformation de leurs matières premières. On peut citer la sidérurgie où certains efforts d'intégration verticale ont déjà été entrepris avec Sidbec et l'amiante par exemple, et où certains projets pourraient se concrétiser. L'acquisition de la technologie nécessaire se fera vraisemblablement par des accords industriels où le Québec pourra se réserver un certain contrôle. Des EMN européennes ou japonaises représenteront des partenaires potentiels intéressants.

Cette transformation des matières premières restera en grande partie orientée vers la satisfaction du marché nord-américain. Le Québec fera face très vraisemblablement à une concurrence accrue de certains pays en voie de développement, qui suivront une stratégie similaire et auront des coûts de main-d'oeuvre inférieurs, ce qui sera particulièrement sensible dans les industries intensives en main-d'oeuvre.

Il est probable que le Québec ne réussira pas à protéger certains secteurs secondaires à faible rentabilité — tel que le textile — qui se relocaliseront dans les pays en voie de développement.

2.2.3 La "marginalisation" du Québec

Une troisième tendance lourde se rapporte à la place du Québec dans le triangle économique nord-américain comprenant le Québec, le Canada et les États-Unis. Elle est liée à la première tendance concernant la vulnérabilité des avantages comparés. Il s'agit de la marginalisation progressive du Québec. L'aménagement du territoire dans un espace économique se fait par la création de "centres" et de "périphéries" ou de régions satellites au centre. Or, le Québec est en danger d'être "périphéralisé" ou encore "maritimisé", c'est-à-dire relégué de plus en plus au rôle manifestement périphérique des Provinces maritimes canadiennes.

Deux facteurs expliquent l'émergence de ce danger et tous deux se rapportent au déplacement de l'axe économique nord-américain. Le premier facteur remonte à l'après-guerre. En effet, dès 1945, l'axe économique nord-américain s'est déplacé d'est en ouest. L'importance relative de la façade atlantique nord-américaine a subi une baisse continuelle depuis 1945 au profit de la façade pacifique. L'océan Atlantique, jadis centre du monde économique, l'est aujourd'hui beaucoup moins. Le déclin relatif de l'Europe et l'essor du Japon, ainsi que des mouvements migratoires vers l'ouest, ont alimenté ce déplacement. Le Canada comme les États-Unis sont sujets à être touchés par ce phénomène et le Québec et les Provinces maritimes sont menacés d'une marginalisation lente mais sûre. Une des manifestations de ce mouvement économique est d'ailleurs le déclin relatif de Montréal par rapport à Toronto, phénomène documenté et analysé depuis déjà une décennie.

Le second facteur menaçant le Québec de marginalisation est la lutte entre ce qu'on appelle la "ceinture de neige" et la "ceinture de soleil". La ceinture de neige est en perte de vitesse vis-à-vis de la ceinture de soleil.

Les facteurs de production ont tendance à émigrer vers le soleil pour au moins trois raisons. La première se rapporte au coût de l'énergie. Il est en général moins cher de se localiser dans l'Oklahoma plutôt qu'au Québec, car sur le plan industriel le coût énergétique est moindre. La seconde raison expliquant la migration nord-sud se rapporte aux coûts de main-d'oeuvre qui, eux aussi, ont tendance à être moins chers dans les états du sud des États-Unis. Enfin, la troisième se rapporte à des facteurs subjectifs d'agrément. Même à égalité d'avantages économiques, plusieurs entreprises décideraient, si elles avaient le choix, de se localiser "au soleil" plutôt que de souffrir les rigueurs de l'hiver canadien (même le malheur est moins pénible lorsqu'il fait beau).

Donc, on assiste à un double mouvement migratoire qui est à la fois "est-ouest" et "nord-sud". Le Québec étant à "l'est" et au "nord" du continent nord-américain, il se trouve potentiellement et doublement menacé. Si ces deux tendances se prolongent dans les années 80 (et il y a de fortes chances pour qu'elles se prolongent), le Québec peut se retrouver complètement marginalisé, exclu des circuits économiques, ressemblant de plus en plus aux Provinces maritimes, et Montréal, selon le mot de Fernand Martin[2], réduit à un statut semblable à celui de Milwaukee.

La menace de marginalisation n'est évidemment pas inéluctable. Au contraire, un des avantages de l'identification des menaces, c'est de pouvoir les éliminer et empêcher leur réalisation. Mais ici, on passerait de l'analytique au normatif. Pour le moment, contentons-nous de prendre conscience de cette tendance et de proposer des solutions dans la partie prospective de ce livre.

2.2.4 Crise énergétique structurelle

Les années 60 marquaient l'apogée du système industriel occidental basé sur l'énergie bon marché. Les années 70 marquent le début d'une ère nouvelle, qui, à notre sens, durera au moins jusqu'en 1995. Durant cette période, les crises énergétiques sont appelées à se multiplier.

La plupart des études semblent indiquer que le prix de l'énergie va continuer à augmenter. Quatre raisons sous-tendent cette projection:

1) L'accroissement des coûts d'extraction qui dépendent de l'accessibilité des réserves et des technologies d'extraction.

2) La situation géopolitique et le rôle déterminant du cartel de l'OPEP.

3) Le fait que le prix de l'énergie est libellé en dollars américains, devise fléchissante et vulnérable sur le marché international des changes.

4) L'accroissement de la demande énergétique vers 1985 par l'entrée du bloc COMECON qui doit perdre son autosuffisance énergétique et se joindre aux rangs des clients de l'OPEP.

En outre, le coût d'extraction en termes de déséquilibre écologique et le danger associé à certaines filières de substitution (nucléaire, schistes bitumineux, etc.), contribueront à rendre plus problématique l'offre énergétique.

Devant ce marasme énergétique international, le Canada part bien doté. Il possède des ressources de pétrole conventionnelles qui, quoique

---

(2)   MARTIN, F. *Les forces économiques en jeu.* Montréal: Institut C.D. Howe et Université de Montréal.

épuisables, sont encore abondantes au moins à moyen terme. Il possède aussi des ressources pétrolières non conventionnelles énormes. Riche également en charbon et en ressources énergétiques renouvelables, il détient en plus d'énormes réserves de gaz naturel. Avec moins de vingt-cinq millions d'habitants, le Canada est un des rares pays industriels qui peut s'autosuffire sur le plan énergétique.

Le Québec, par contre, quoique bien doté en énergie hydraulique, ne peut pas vraiment prétendre à l'autosuffisance pour les raisons qui suivent.

D'abord, le Québec a la distinction douteuse d'être, avec le reste du Canada, une des régions les plus énergivores du monde. La consommation d'énergie par tête, en 1977, se situait comme suit:

1. Canada   14 tonnes d'équivalent charbon par personne (tec)

2. Québec   12,5 tec

3. États-Unis   12   tec

4. Suède   9   tec

5. C.E.E.   6   tec

6. France   5   tec

En second lieu, notons que l'utilisation de l'énergie au Québec n'est pas aussi efficace qu'elle pourrait l'être.

Une mesure possible de l'efficacité énergétique est le nombre d'unités nécessaires pour produire $1 000 de produit intérieur brut. Or, sous ce chapitre, le Québec est moins efficace que plusieurs autres pays industriels et se place en septième position derrière la France, la C.E.E., le Japon, la Suède, les États-Unis et le Canada dans son ensemble.

Deux circonstances atténuantes sont souvent avancées pour expliquer cet aspect énergivore du Québec: le climat nordique et l'immensité du territoire. Cependant, on notera que les performances de la Suède (pays nordique par excellence) et des États-Unis (pays à superficie immense) sont, dans plusieurs sous-secteurs énergétiques, meilleures que les nôtres.

On a estimé qu'avec moins de 7% de la population mondiale, l'Amérique du Nord consomme 35% de l'énergie mondiale, soit deux fois plus que l'ensemble du Tiers-Monde et de la Chine (2,7 milliards d'habitants)[3].

(3)   BLAIS, R. *Vers une vue prospective des besoins énergétiques du Québec.* École polytechnique, juin 1979.

En troisième lieu, constatons qu'en 1979, le Québec était extrêmement dépendant de l'extérieur pour son approvisionnement énergétique.

En 1979, le Québec importait:

- 35% de son électricité;
- 99% de son gaz naturel;
- 100% de son pétrole.

En quatrième lieu, notons que si la croissance de la consommation énergétique continue à se faire aux taux historiques, elle va tripler entre 1979 et 2000.

Le taux annuel de croissance de la consommation énergétique par tête d'habitant de 1950 à 1974 a été de 3,3%. Un prolongement de ce taux dans l'avenir signifie que la demande énergétique va tripler entre 1980 et 2000.

En contrepartie, notons que le dossier énergétique offre aussi beaucoup de raisons d'être optimiste quant à l'avenir du Québec. Cet optimisme se baserait sur les éléments suivants.

Le potentiel de la conservation énergétique

La source d'énergie nouvelle la plus économique, la plus propre, la moins polluante, la moins dangereuse et celle qui n'augmente pas notre dépendance envers des sources étrangères n'est ni l'énergie solaire, ni l'énergie nucléaire, ni l'énergie éolienne. Il s'agit de la conservation, politique que l'on pourrait réaliser par une lutte acharnée contre le gaspillage. Cette lutte peut prendre plusieurs formes, décrites d'ailleurs en détail dans *La société de conservation*[4]. Si l'on comptabilise seulement les effets émanant de changements marginaux dans nos habitudes de consommation et de production, l'épargne énergétique sera faible. Cependant, il existe un ensemble de politiques structurelles visant à éliminer le gaspillage énergétique, sans pour autant réduire le niveau de vie. Ces politiques auront un effet conservationniste très important car le potentiel de conservation énergétique sans douleur est nécessairement proportionnel au degré de gaspillage actuel. Plus on gaspille aujourd'hui, plus on peut conserver par la lutte contre le gaspillage. Or, comme on sait que l'on gaspille énormément, la conservation par l'antigaspillage peut être très rentable.

Le potentiel de substitution du gaz naturel au pétrole

Pour profiter de l'abondance du gaz naturel au Canada, la substitu-

---

(4) VALASKAKIS, K. et al. *La Société de conservation*. Montréal: éditions Quinze, 1978.

tion du gaz naturel au pétrole, surtout pour le chauffage, permettrait au Québec de réduire sa dépendance vis-à-vis du Moyen-Orient.

La mise en valeur des ressources hydrauliques du Québec

Déjà en marche avec l'exploitation du complexe de la Baie-James, la mise en valeur future des ressources hydrauliques du Québec va vraisemblablement continuer. Cette dimension de la politique énergétique fait d'ailleurs l'unanimité de toutes les parties. Cependant, nous devons éviter d'exagérer l'importance de l'électricité. À elle seule, elle ne saurait réaliser l'autosuffisance énergétique du Québec.

Le potentiel des énergies renouvelables (solaire, éolienne, biomasse) doit être développé d'abord par la recherche et le développement de technologies nouvelles et ensuite par leur mise en application rationnelle.

2.2.5 Le défi téléinformatique

Une des caractéristiques évidentes de l'époque contemporaine est la rapidité du changement technologique qui touche à peu près tous les domaines. Il y a, en effet, peu de secteurs qui échappent au progrès rapide des techniques, et on serait tenté de faire le répertoire exhaustif de chacune de ces révolutions. Cependant, il devient de plus en plus évident que la révolution la plus importante, celle dont les effets sont potentiellement immenses, à la fois dans le domaine économique et social, est celle qui se déroule en informatique. En particulier, l'avènement des microprocesseurs est en train de bouleverser fondamentalement le mode de production, au même titre que la machine à vapeur qui a lancé la première révolution industrielle au XVIIIe siècle. Celle-ci a rendu possible le "factory-system", les chemins de fer, les navires à vapeur, l'industrie lourde, bref, tous les éléments de la première vague industrielle.

La seconde révolution industrielle du début du XXe siècle a vu l'utilisation de plus en plus répandue de l'électricité et du moteur à explosion. Elle a permis notamment à des pays à superficie immense, comme le Canada, de s'industrialiser, car l'électricité permet l'utilisation de l'énergie sur de longues distances.

L'instrument de la troisième révolution industrielle est le microprocesseur, cette puce de silicium qui porte sur elle des circuits intégrés d'une puissance informatique inouïe. Le micro-ordinateur combiné avec "l'autoroute électronique", comprenant le système intégré des télécommunications (réseaux téléphoniques, câblodistribution, satellites de communications, etc.), engendrent une société informatisée, où la production et le traitement de "l'information" au sens large devient la principale activité économique.

Pour se faire une idée de l'envergure de la révolution informatique, il faut réaliser que, au moment où la capacité du microprocesseur augmentait dramatiquement, son coût de production tombait en cascade. On estime que si le même progrès concernant le rapport performances/coût avait été réalisé dans l'industrie automobile, on pourrait s'acheter une Rolls-Royce pour cinq dollars!

L'informatisation de l'économie préoccupe tous les pays industriels tels que les États-Unis, la France, le Japon, le Royaume-Uni et l'Allemagne de l'Ouest. Chacun de ces pays a engagé des ressources financières importantes et créé des organismes décisionnels au plus haut niveau gouvernemental pour accélérer l'industrialisation par l'informatique.

Le Canada dans son ensemble et le Québec en particulier, bien qu'à la fine pointe du progrès dans certains secteurs de la téléinformatique, n'ont pas encore de plan d'ensemble. La prise de conscience du défi informatique est encore très superficielle.

Pourtant, les enjeux de l'informatisation sont énormes, comme l'a démontré le rapport français Nora-Minc adressé au président de la République[5].

Le scénario tendanciel, surtout reflété dans les études françaises, serait celui d'une société télématisée à outrance.

Les caractéristiques de ce scénario de télématisation extrême sont:

a) mise en place d'une autoroute électronique centrale reliant les foyers, les bureaux, les usines, et ancrée sur la téléphonie;
b) omniprésence des micro-ordinateurs;
c) mise en place d'un réseau électronique mondial basé sur des satellites de télécommunications.

Deux scénarios contrastés s'opposent au scénario tendanciel. Le premier, surnommé "privatique" par Bruno Lussato, privilégie des systèmes répartis et autonomes mais fortement informatisés. On dit oui à l'ordinateur et non à l'autoroute électronique. Le micro-ordinateur fonctionne d'une façon indépendante. Il devient un instrument de décentralisation.

Enfin, le dernier scénario prévoit un rejet de la haute technologie télématique et privatique en faveur d'un retour aux formes de communication plus conventionnelles. On assiste à une renaissance du livre, des arts plastiques, du théâtre, de la danse, etc.

---

(5) NORA, S. et MINC, A. *L'informatisation de la société*. Rapport au président de la République.

Le potentiel de communication énorme de l'autoroute électronique ou de ses variantes, pose d'emblée la question épineuse du "contenu", c'est-à-dire la nature et les caractéristiques de l'information qui sera transmise sur cette autoroute. Or, quatre hypothèses semblent émaner de la littérature.

La première hypothèse est optimiste et imagine que les forces du marché ainsi que la réglementation étatique permettront une qualité et une quantité optimale d'information sur les ondes. En somme, cette première hypothèse nie effectivement l'existence d'un problème de "contenu".

La seconde hypothèse s'inquiète de la possibilité d'une surcharge informationnelle. Cette hypothèse est renforcée par l'étude japonaise pour l'OCDE susmentionnée, qui estime qu'il existe déjà une surcharge d'information au Japon, car 90% de l'information transmise par les médias n'est pas utilisée et représente un gaspillage.

La troisième hypothèse prévoit une diminution marquée dans la qualité de l'information transmise. Il s'agirait d'une banalisation progressive des émissions diffusées (trivialisation). Le nombre grandement accru de ces émissions mènerait à une perte inéluctable de qualité.

Enfin, *la quatrième hypothèse* prévoit la possibilité de monopolisation de l'autoroute électronique par des groupes totalitaires à vocation religieuse, politique, ou autres. Ces groupes porteraient atteinte à la vie privée de l'individu, influenceraient dangereusement la vie intellectuelle et morale, etc. (On peut imaginer les conséquences qui auraient suivi la prise de contrôle d'une autoroute électronique par un Goebbels.)

En somme, la téléinformatique représente à la fois une série de menaces et de possibilités. Les menaces sont d'ordre socio-économique mais aussi d'ordre industriel. Si le Québec ne prépare pas son entrée dans l'ère informatique, il y a un danger de perte de vitesse et de marginalisation encore plus grand. Par contre, avec une infrastructure en télécommunications, qui compte parmi les meilleures au monde, avec un capital en place important et un réservoir d'entrepreneurs, le défi informatique peut être relevé pour placer le Québec à l'avant-garde sur le plan international. Dans ce dossier, les jeux sont encore à faire!

2.2.6 Déclin géopolitique des États-Unis[6]

Une tendance importante qu'il ne faut pas ignorer est le déclin géo-

---

(6) Cette section est tirée de: VALASKAKIS, K. *Le Québec et son destin international: les enjeux géopolitiques.* Montréal: Édition Quinze, 1980, pp. 94-96.

politique des États-Unis et ses effets sur la réalité québécoise. Paradoxalement, ce déclin augmente la probabilité d'une absorption éventuelle du Canada, y compris le Québec, par les États-Unis.

Quels sont les indicateurs d'un déclin mondial des États-Unis? À notre avis, ils sont militaires, économiques et politiques. La position géopolitique des États-Unis sur la scène globale a atteint son point culminant à la fin de la Deuxième Guerre mondiale, alors que le pays fabriquait près de la moitié de la production industrielle mondiale. À cette époque, la suprématie militaire américaine était incontestée, les États-Unis étant seuls détenteurs de l'arme atomique. Sur le plan politique aussi, le leadership américain était incontesté, au moins dans la partie du monde excluant la Russie et ses satellites européens.

De 1945 à 1979, la puissance économique, militaire et politique des États-Unis n'a cessé de diminuer sur le plan mondial, imitant le déclin amorcé par la Grande-Bretagne depuis 1870. Sur le plan économique, le quasi-monopole industriel américain s'est vu contesté par la Communauté économique européenne, le Japon et, récemment les ''nouveaux Japons'', Taiwan, Hong-Kong, Singapour, Corée du Sud, etc. Paradoxalement, c'est l'entreprise multinationale américaine qui a accéléré le déclin des États-Unis en exportant des industries entières à l'étranger.

Le déclin économique des États-Unis est relatif et non absolu. En 1980, l'Amérique est encore en tête du peloton des nations industrielles, mais son avance est considérablement réduite. Sa perte de vitesse est évidente et probablement irréversible à long terme. Cette chute de la suprématie américaine est illustrée par la déchéance du tout-puissant dollar. Dans les années 1950 et 1960, le dollar américain, monnaie-clé par excellence, était utilisé comme moyen d'échange international. L'étalon-or de l'époque était en fait un étalon-dollar. La position prééminente du dollar a permis aux États-Unis de prélever ce qu'on appelle des ''droits de seigneuriage''. Tel un seigneur du moyen âge, l'Amérique avait la faculté de payer ses dettes en imprimant de la monnaie. Elle créait de la monnaie internationale, acceptée partout. Par conséquent, le dollar surévalué et fort a permis aux multinationales américaines d'acquérir à bon marché les industries européennes et étrangères. Mais paradoxalement, c'est l'essor des multinationales qui a été le commencement de la fin de l'hégémonie américaine. L'avantage comparatif des États-Unis a été exporté à l'étranger par les multinationales en quête de main-d'oeuvre bon marché. On assista alors à l'essor des ''nouveaux Japons'' de l'Asie du Sud-Est et à l'intégration verticale de la production mondiale. La réduction des exportations des États-Unis, accompagnée d'une augmentation des importations américaines en provenance des filiales américaines à l'étranger, a conduit à un déficit grandissant dans la balance des paiements de ce pays. Ce déficit a réduit la valeur du dollar américain surtout après l'institution d'un système monétaire international à taux de change fluctuants.

Les indicateurs généraux du recul économique des États-Unis sont clairs et se résument dans les deux tableaux suivants.

TABLEAU 2.2: Recul économique américain dans le marché mondial (Part américaine du marché mondial en pourcentage)

	1960	1979
Véhicules à moteur	22,6	13,9
Aéronautique	70,9	52
Chimie organique	20,5	15
Télécommunications	28,5	14,5
Matières plastiques	27,8	13
Équipement de la maison	27,9	19,6
Pharmacie	27,6	16,9
Machines-outils	32,5	21,7
Machines agricoles	40,2	23,2
Machines textiles	15,5	6,6
Matériel ferroviaire	34,8	11,6

Source: Data Resources Inc.

TABLEAU 2.3: Recul économique américain dans le marché intérieur (Part américaine du marché intérieur en pourcentage)

	1960	1979
Automobiles	95,9	79
Acier	95,8	86
Composants électriques	99,5	79,9
Machines agricoles	92,8	84,7
Chimie	98	81
Électronique grand public	94,4	49,4
Chaussure	97,7	62,7
Machines-outils	96,8	75,4
Équipement agro-alimentaire	97	81,3
Équipement textile	93,4	54,4
Calculatrices et tabulatrices	95	56,9

Source: Data Resources Inc.

Le marché intérieur américain est sérieusement entamé par les productions étrangères.

Le recul américain est, comme on le voit, général à l'intérieur comme à l'extérieur. On note entre autres une réduction de la productivité, de la motivation des entrepreneurs, de la recherche-développement ainsi que l'essor d'une philosophie néo-hédoniste axée beaucoup plus sur la consommation que sur la production.

Mais c'est sur le plan de l'énergie que la situation des États-Unis est la plus vulnérable. Depuis 1973, le prix international du pétrole a augmenté à un rythme vertigineux. Cette hausse a, à son tour, augmenté la facture payable par les États-Unis pour obtenir ce pétrole du Moyen-Orient. L'accroissement, résultat du déficit de la balance des paiements américains, a contribué à réduire encore plus le taux de change extérieur du dollar. Ce déséquilibre structurel est appelé à se prolonger dans les années 1980. La riposte normale des États-Unis, c'est de tenter d'atteindre une autosuffisance énergétique de l'hémisphère occidental. Comment l'obtenir? En favorisant un rapprochement toujours plus serré entre les États-Unis, le Canada et le Mexique. L'absorption éventuelle de l'Alberta deviendrait très intéressante. Si, par surcroît, ce sont les provinces canadiennes qui, à la suite du départ du Québec, viennent dans leurs petits souliers demander leur admission aux États-Unis, quoi de mieux? C'est l'intégration sans douleur, l'union sans effort, l'expansion sans impérialisme.

En ce qui concerne le Mexique, les conditions d'un rapprochement avec les Américains est déjà clair. Le Mexique, surpeuplé, exporte une partie de sa population vers les États-Unis qui consentent à lui ouvrir leurs frontières. En revanche, le pétrole mexicain est réservé à l'usage américain. La dépendance des États-Unis vis-à-vis du Moyen-Orient est donc réduite, sinon totalement éliminée.

Sur le plan militaire, la perte de vitesse des États-Unis va aussi militer en faveur de l'institution d'une "forteresse Amérique du Nord". En 1945, les États-Unis jouissaient d'une parité militaire tactique avec les Soviétiques, accompagnée d'une suprématie incontestée au niveau stratégique, due au monopole américain de l'époque en armes nucléaires. Lors de la confrontation de la baie des Cochons en 1962, les États-Unis jouissaient, par rapport à la Russie, d'une parité tactique et d'une suprématie stratégique. La parité tactique provenait de la qualité supérieure de l'armement américain qui neutralisait l'avantage numérique soviétique en Europe. En même temps, les fusées américaines à longue portée, les bombardiers stratégiques et le nombre d'ogives nucléaires étaient clairement à l'avantage des États-Unis. C'est pourquoi, dans le "duel de poker" entre Kennedy et Khrouchtchev, c'est bien Kennedy qui a gagné.

En 1979 et 1980, la crise iranienne a démontré l'impuissance tactique américaine. L'équilibre militaire de 1979 s'exprimait par un avantage numérique important des Soviétiques au niveau tactique, avantage qui n'était plus neutralisé par la qualité soi-disant supérieure de l'armement des pays de l'OTAN. Il se traduisait aussi par une quasi-parité stratégique au niveau de la dissuasion nucléaire.

Enfin, les projections pour les années 1980 sont inquiétantes: possibilité très réelle d'infériorité militaire américaine à la fois au niveau tactique et au niveau stratégique. Dans cette hypothèse, nous croyons que les États-Unis seront d'autant plus intéressés à garantir leurs arrières. Si, pour réaliser ce but, il faut absorber pacifiquement le Canada, pourquoi pas? Une combinaison États-Unis/Canada, avec des liens étroits avec le Mexique, pourrait bien permettre une renaissance de la suprématie américaine dans le monde.

2.2.7 L'incertitude canadienne en tant que tendance lourde

Le Canada est comme une party (sic) où les invités s'ennuient à mort, mais sont trop polis pour quitter, jusqu'au moment où le premier invité quitte. Après ça, c'est l'exode général. Ces mots qui ont été prononcés la première fois par un haut fonctionnaire des Provinces maritimes expliquent bien le dilemme canadien. Le Canada est en effet en proie à des forces de désintégration importantes. Celles-ci se divisent en deux catégories: les forces centrifuges et les forces continentalistes.

En ce qui concerne la première, il convient de signaler que le mouvement indépendantiste du Québec n'est qu'une manifestation de ces mêmes forces centrifuges. D'autres forces se développent ailleurs au Canada. Comme il a été noté dans *Le Québec et son destin international*: *Du point de vue de l'économie spatiale, le Canada ne se divise pas en anglophones et francophones. Il se divise en six régions, avec des intérêts économiques bien spécifiques et souvent divergents*[7].

On peut commencer par la région atlantique, région composée de quatre provinces: Terre-Neuve, l'Île du Prince-Édouard, la Nouvelle-Écosse et le Nouveau-Brunswick. Assez démunies en ressources naturelles[8], possédant peu d'industries et étant relativement dépeuplées, les Provinces atlantiques sont les parents pauvres de la Confédération canadienne. Cette région a un taux de chômage presque toujours plus élevé

---

(7)   VALASKAKIS, K. *Le Québec et son destin international: les enjeux géopolitiques.* Montréal: éd. Quinze, 1980.

(8)   À l'exception de Terre-Neuve.

que la moyenne, et est celle qui souffre le plus des fluctuations conjoncturelles. Elle reçoit des bénéfices importants de la Confédération et, ceteris paribus, a intérêt à favoriser un gouvernement central assez puissant à Ottawa, qui canaliserait l'épargne des provinces riches pour venir au secours des provinces pauvres.

La seconde région canadienne est le Québec qui, d'une part est bénéficiaire de la Confédération au même titre que les Provinces atlantiques, et d'autre part, est victime de la Confédération qui a réussi à "périphéraliser" le Québec et les Provinces maritimes au profit de l'Ontario. L'intérêt économique exigerait un gouvernement central fort. L'intérêt sociopolitique milite au contraire en faveur d'un gouvernement central faible et d'un gouvernement québécois beaucoup plus fort.

L'Ontario, province encore la plus riche et la plus puissante de la Confédération, est une zone industrielle et financière. Elle a le plus bénéficié de la Confédération, car sa position centrale lui a permis des économies d'échelle et d'"agglomération", comme disent les urbanistes. Jouissant aussi d'un accès facile à la région industrielle américaine autour de l'axe Détroit-Chicago, l'Ontario a été le site de localisation de plusieurs industries américaines souhaitant "sauter par-dessus le mur tarifaire canadien" pour desservir le marché local de ce pays. Comme le dit le slogan publicitaire de l'Ontario, la province est "so different, yet so near": "so different", car elle ouvre la porte à tout le Canada, "so near", car c'est l'antichambre du Michigan et de l'Illinois.

Si on oublie pour quelques instants le désir d'autonomie et d'identité du Québec, on pourrait bien prétendre que l'Ontario et le Québec forment une seule région. Celle-ci serait basée sur le triangle urbain TOM (Toronto-Ottawa-Montréal)[9] et aurait au moins un dénominateur commun: l'importation d'énergie. En effet, le Canada central est importateur d'énergie et cette situation le pose en antagoniste, au sein de la Confédération canadienne, de l'Ouest producteur d'énergie. C'est d'ailleurs la perception qu'on retrouve dans ces mêmes provinces de l'Ouest qui craignent toujours le "complot" du groupe Toronto-Ottawa-Montréal dirigé contre eux. Le centre canadien veut abaisser les prix énergétiques, l'Ouest veut les augmenter.

Les provinces de l'Ouest se divisent en deux régions économiques. Il y a d'abord le "Mani-Sas" (Manitoba-Saskatchewan), qui est une région assez pauvre mais qui, étant dans l'orbite de l'Alberta qui est bien dotée en combustibles fossiles, a accès à une certaine richesse. L'Alberta et la

---

(9) L'expression est celle du Hudson Institute dans le livre de DROUIN, M.-J. et BIGGS, B. *Canada Has a Future*. 1978.

Colombie-Britannique, bien que séparées par les montagnes Rocheuses, sont assez complémentaires. La "Columberta" comme certains l'appellent, est une région exportatrice de pétrole et de gaz naturel, possédant à Vancouver une fenêtre sur le Pacifique et une autre sur la Californie. Cette région est en voie de devenir le centre économique du Canada (du moins tant que les réserves de combustibles fossiles ne seront pas épuisées). Calgary-Vancouver va certainement contester dans un avenir prochain la suprématie de TOM.

Enfin, dans le nord du pays, il existe un amalgame de territoires dépeuplés, riches en ressources, mais difficiles d'exploitation pour des raisons climatiques. Habitée surtout par des autochtones nord-américains, cette région du Grand-Nord manifestera un jour son désir d'autonomie comme les autres.

Il existe aussi un régionalisme politique qui est très fort au Canada et qui renforce le mouvement centrifuge. Il se traduit surtout par une division géographique des votes pour les différents partis politiques, division géographique qui a atteint un degré inquiétant lors de l'élection fédérale de mai 1979. En effet, ce scrutin a divisé le pays en tranches géographiques et ethniques presque parfaites. Le Québec a massivement voté pour les libéraux, et l'Ouest aussi massivement pour les conservateurs, à l'exception de quelques îlots néo-démocrates. L'Ontario a voté surtout conservateur. Seules les parties francophones de l'Ontario ont donné leur confiance aux libéraux. Les Provinces atlantiques ont, elles aussi, chassé les libéraux, à l'exception des comtés à majorité francophone, qui ont suivi la ligne québécoise en votant contre les conservateurs. En juin 1976, le gouvernement fédéral s'appuyait sur une minorité parlementaire à Ottawa. En plus, la représentation du Québec au gouvernement était très faible, comprenant un ou deux ministres francophones. Enfin, comble de l'ironie, le parti défait — les libéraux — avait recueilli 41% du vote populaire contre seulement 35% pour le parti victorieux des conservateurs.

La polarisation géographique des options politiques au Canada, phénomène structurel existant depuis longtemps, a comme effet d'exacerber les tensions régionales et de renforcer les tendances centrifuges.

Les forces continentalistes sont alliées aux forces centrifuges. Les accords GATT vont aboutir, sans aucune décision supplémentaire de part et d'autre, à un quasi-marché commun entre les États-Unis et le Canada. L'investissement américain déjà énorme va probablement augmenter. D'une façon générale, on peut proposer l'idée suivante: l'affaiblissement des liens est-ouest au Canada renforce automatiquement les liens nord-sud, c'est-à-dire ceux de l'intégration nord-américaine. Par conséquent, il y a une alliance objective et implicite entre les mouvements centrifuges et continentalistes. Les aléas et les incertitudes de l'avenir canadien représentent donc un élément central sinon décisif du sous-système extérieur du Québec.

2.3 CONCLUSION: UN AVENIR CONDITIONNEL

Les relations du Québec et de son environnement font ressortir d'une façon assez dramatique le caractère conditionnel de l'avenir de notre société. Tout est possible mais rien n'est assuré. Chaque opportunité entraîne avec elle une menace et chaque menace une autre opportunité. D'un côté se présente la marginalisation, Montréal devient Milwaukee, l'hémorragie des facteurs de production est accélérée, la croissance-zéro involontaire devient une réalité, la dépendance augmente. De l'autre se présente une image des plus positives, un Québec branché, multidimensionnel, dynamique, en pleine réalisation de son potentiel Bien que l'environnement extérieur soit dominant, il n'impose pas à notre avis un modèle inéluctable de société, mais au contraire, il rend les choix plus urgents. La façon dont ces choix peuvent être concrétisés dépend d'une ou de plusieurs visions normatives que nous expliciterons plus loin.

CHAPITRE 3

LA TECHNOLOGIE

*La plus grande invention du
19ᵉ siècle fut l'invention
de la méthode d'invention.*

Alfred North Whitehead

Le Québec ne peut échapper ni au progrès économique ni à celui de la technologie. Ce n'est pas seulement une affaire de souveraineté mais de bien-être, de qualité de la vie. Au Québec comme ailleurs, les changements technologiques sont indispensables au progrès de la société et à l'efficacité des moyens de production qui rendent possible ce développement. En effet, le perfectionnement technique est la source de gains importants de productivité, le moyen privilégié d'accroître la production des biens et services que les gens désirent, la voie d'accès à nombre de marchés extérieurs.

Contrairement à la science, qui est universelle, la technologie correspond à un schème de valeurs. Elle n'est pas neutre. Elle est un instrument de développement pour les États, les entreprises, les individus, qui s'en servent à des fins spécifiques. Son acceptabilité au niveau collectif doit donc s'apprécier par son efficacité à répondre à un besoin défini, tout autant que par son adéquation avec le marché du travail et le milieu naturel ambiant. La technologie doit entraîner le développement d'une capacité nationale accrue en matière d'innovation industrielle autochtone, une gestion dynamique des changements techniques provenant de l'intérieur ou de l'extérieur du pays, et une conquête de marchés internationaux. Les arbitrages sociaux, dont la technologie est constamment l'objet, lui permettent d'évoluer dans une direction ou une autre selon les forces du marché, les mouvements de pression des consommateurs et la volonté des ''décideurs'' (p. ex. l'énergie nucléaire).

Si la technologie est un moteur essentiel de l'économie, elle peut également devenir une servitude, car c'est son pourvoyeur qui décide en définitive ce qu'il veut bien vendre, quand, à qui et à quel prix. Les achats de savoir-faire technique coûtent souvent très cher [1]. Les connaissances technologiques sont une denrée commerciale au même titre que d'autres produits qui se négocient activement un peu partout dans le monde.

Plus de 80% de la technologie utilisée au Québec nous vient de l'étranger. Cette très forte dépendance de l'extérieur se manifeste surtout dans le secteur manufacturier, là précisément où sont normalement engendrés de nouveaux emplois productifs et de nombreux produits à l'exportation.

La lecture prospective du Québec doit donc nécessairement impliquer une bonne compréhension du sous-système technologique et une appréciation de son influence sur notre société.

3.1 ÉLÉMENTS STRUCTURANTS

La technologie est la science et la mise en oeuvre des techniques. C'est l'application organisée des connaissances scientifiques et techniques en vue de satisfaire les besoins de la société. Les aspects humains et socio-économiques s'y retrouvent constamment. Par exemple, un ingénieur civil qui conçoit un pont doit tenir compte non seulement des lois de la statique, de la dynamique et de la science des matériaux, mais aussi de l'importance de la circulation actuelle et prévue, des coûts de construction et d'entretien, des codes de construction éprouvés par la pratique, de l'environnement naturel, de l'esthétique et de la sécurité de l'ouvrage et de nombre d'autres considérations socio-économiques s'appliquant à son oeuvre créatrice.

Tel qu'illustré par la figure 3.1, le sous-système technologique s'articule selon quatre catégories distinctes de ressources: connaissances scientifiques et savoir-faire technique (ressource information), matériaux, énergie, procédés et moyens de production (ressource production). À leur tour, chacune de ces ressources comprend une multitude d'éléments. Par exemple, la ressource information comprend, entre autres, la recherche-développement faite au pays, les transferts de technologie venant de l'étranger, le processus de l'invention et de l'innovation industrielle, les brevets, les licences de fabrication, le stockage et le traitement des don-

---

(1) Les coûts rattachés aux transferts technologiques comprennent entre autres les frais de la recherche-développement effectuée à l'étranger, les dépenses d'achat de brevets d'invention et de dessins originaux de fabrique, d'obtention de licences de fabrication, de services d'experts dans la conception et la mise en place de nouveaux procédés et de nouvelles usines, de génie-conseil et de gestion technique des entreprises. Le déficit canadien dans la balance internationale des paiements pour ces biens "invisibles" s'élève chaque année à plusieurs centaines de millions de dollars.

nées sur ordinateur, la formation des ingénieurs, technologues, designers et techniciens, ainsi que l'entrepreneurship, les relations technologiques intersectorielles, l'information scientifique et technique, la modélisation et l'optimalisation des procédés.

FIGURE 3.1: Principaux éléments structurants du sous-système technologique

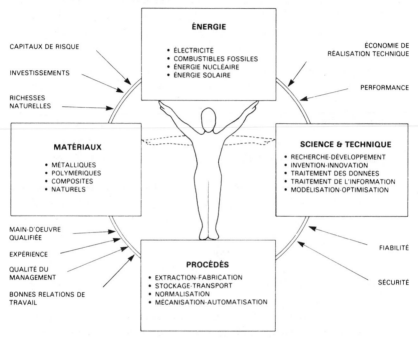

La technologie est une réalité bien concrète qui a sa propre dynamique mais qui est en constante interaction avec les autres sous-systèmes de la société québécoise:

- *avec l'économie,* par le biais des investissements en capital, de la main-d'oeuvre, de la productivité, de la valeur ajoutée des produits, de la gestion des ressources, des stratégies industrielles et des politiques de développement technologique au pays...

- *avec le système extérieur,* par les relations avec les entreprises multinationales, les accords du GATT, les transferts de technologie venant de l'étranger, l'exportation de matières premières, l'exportation d'hydro-électricité et de combustibles fossiles, l'importation massive de produits finis et les conséquences sur la balance internationale des paiements et le manque de création d'emplois au pays, les emprunts à l'étranger pour financer les grands ouvrages technologiques, les restrictions sur les importations de pétrole...

- *avec le développement urbain et régional,* par la disponibilité des infrastructures régionales et d'une main-d'oeuvre spécialisée hors des grands centres, la proximité des matières premières, le coût et l'efficacité des moyens de transport, l'importance des réseaux de télécommunications, le zonage agricole, la localisation des parcs industriels et des centres de recherche, les politiques gouvernementales destinées à corriger les disparités économiques sur certaines parties du territoire...

- *avec l'écologie,* par des mesures pour contrer la pollution industrielle, la répartition des coûts sociaux de la pollution, par les innovations technologiques rattachées à la nouvelle industrie de la dépollution, par la protection de l'environnement...

- *avec le système de valeurs des Québécois,* par la consommation à outrance ou des technologies adaptées à nos besoins, la politique du laisser-faire technologique ou le développement d'une capacité nationale d'innovation industrielle, les grandes chaînes de production ou courses de fabrication plus courtes et plus flexibles, les technologies artisanales ou les technologies de pointe, les moteurs de décision extérieurs ou québécois, le système de libre entreprise ou de sociétés d'État de plus en plus nombreuses, les industries folkloriques ou de haut savoir, le syndicalisme plus militant ou plus axé sur la productivité et l'enrichissement collectif, la cogestion ou gestion traditionnelle des entreprises, la valorisation du travail technique ou du travail intellectuel, la recherche ''coûte que coûte'' d'un haut niveau de vie ou le rachat graduel de notre économie à l'aide de l'épargne québécoise...

3.2 DÉSÉQUILIBRES ET TENSIONS

À l'instar de plusieurs provinces canadiennes, le Québec présente des signes certains de sous-développement industriel. En dépit de richesses naturelles abondantes, de moyens de transport modernes, d'un système d'éducation très poussé, d'un revenu moyen par habitant fort élevé, d'une épargne collective fort considérable, de services sociaux très répandus, le Québec est à la remorque de technologies étrangères. Il devient de plus en plus dominé par l'extérieur et, de ce fait, de plus en plus vulnérable aux percées technologiques extérieures qui envahissent ses marchés et lui ravissent des possibilités d'exportation.

Les Québécois importent de plus en plus les produits finis dont ils ont besoin pour leur industrialisation et leur consommation. Par contre, ils exporte de moins en moins, de sorte que leur déficit au chapitre de la balance commerciale des paiements pour produits ouvrés a atteint un niveau catastrophique[2]. La figure 3.2 montre que le déficit commercial des produits finis non comestibles au Canada s'est beaucoup aggravé ces dernières années. Le pays est en voie de se désindustrialiser rapidement et les Canadiens ne semblent guère s'en rendre compte. À lui seul ce déficit commercial représente la perte de plus de 600 000 emplois lucratifs!

Les industries manufacturières québécoises sont axées beaucoup plus sur des secteurs traditionnels que celles de l'Ontario. Il en résulte une productivité plus faible et une plus grande vulnérabilité à la concurrence étrangère. Les secteurs industriels de haute technicité, qui sont de loin les plus dynamiques et qui pénètrent plus facilement les marchés internationaux, sont généralement aux mains des étrangers.

En dépit des possibilités extraordinaires qu'offre leur pays, les Québécois sont devenus des enfants gâtés. Contrairement aux grandes nations industrielles telles l'Allemagne fédérale de l'Ouest ou le Japon, l'importance de la technique et de l'innovation industrielle n'attire guère l'attention des pouvoirs publics et ne capte pas l'imagination des gens. Le Québec francophone est en voie de se désindustrialiser. Montréal, ce pôle essentiel de croissance économique, est en perte de vitesse.

Comparativement à sa population, le Québec compte beaucoup moins de chercheurs que les autres provinces canadiennes [3]. Les investissements privés dans la recherche-développement industrielle y sont d'ailleurs beaucoup plus faibles que dans les autres pays industriels [4].

Il s'agit donc de savoir si ces déséquilibres et tensions vont s'accentuer à l'avenir ou, au contraire, se résorber grâce à une politique dynami-

---

(2) Selon des données préliminaires publiées par Statistique Canada, le déficit dans la balance internationale des paiements pour produits ouvrés dépassait 18 milliards de dollars au Canada en 1980, et la situation au Québec n'était guère plus reluisante. De 1967 à 1973 les expéditions de la production manufacturière québécoise sont passées de 47,8% à 44,2% alors que les expéditions internationales sont passées de 18,0% à 13,9%.

(3) Par exemple, en 1978-79, le nombre de chercheurs universitaires francophones au Québec en sciences naturelles et en génie était moins du tiers de celui de l'Ontario: 12,9% du total canadien vs 41,5% pour l'Ontario, alors que la population était de 21,4% et 36,0%, respectivement.

(4) Alors que l'effort global de recherche-développement au Québec n'était que de 0,9% du produit intérieur brut en 1978 comparativement à plus de 1,8% dans la plupart des pays industriels, la contribution relative du secteur privé à ce financement au Québec n'était que la moitié de ce qu'elle est dans les autres pays industriels. Ces faits illustrent de nouveau "l'économie de filiales" qui prévaut au Québec, où les entreprises étrangères préfèrent faire effectuer la plupart de leurs recherches à la maison mère.

FIGURE 3.2: Déficit commercial cumulatif des produits finis non comestibles au Canada, 1977-1980

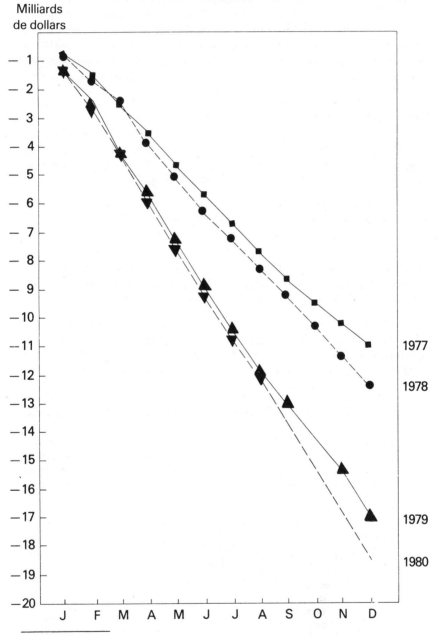

Milliards de dollars

1977
1978
1979
1980

Source: Statistique Canada. Cat. 65-001.

que de développement technologique axée sur le système de valeurs des Québécois. Une planification stratégique à long terme s'impose. Pour ce faire, il nous faut scruter l'avenir et définir les tendances lourdes et les faits porteurs d'avenir qui affectent particulièrement le système technologique. Puisque la liste de ces éléments constitutifs du futur est extraordinairement longue et complexe, nous limiterons ci-dessous nos observations aux faits les plus saillants et les plus pertinents du système québécois.

3.3 LA RESSOURCE INFORMATION

Grâce aux progrès spectaculaires de la technologie, nous vivons déjà dans un nouveau mode de société, celle de l'information. Cette tendance lourde ne fera que s'accentuer durant les prochaines décennies, car le pouvoir appartiendra de plus en plus à ceux qui possèdent l'information et qui en font une gestion optimale à l'aide des technologies les plus récentes et les mieux adaptées à nos besoins. En dépit de toutes les pressions s'appliquant à l'énergie, on peut prévoir que la ressource information sera l'élément dominant de notre devenir collectif d'ici la fin du siècle et au-delà. Beaucoup moins apparente et beaucoup plus diffuse que la ressource énergie, la ressource information marquera nos vies et causera des changements profonds dans notre société. Ses effets seront positifs ou négatifs selon ce qu'on saura en faire.

Le phénomène moderne de l'information semble irréversible car il va dans le sens d'une meilleure satisfaction des besoins individuels et collectifs, tout en élargissant le champ des ressources et des connaissances accessibles. C'est une ressource économique au même titre que le capital ou la main-d'oeuvre. Dans la mesure où elle permet de satisfaire des besoins tout en évitant le transport physique de biens ou de personnes, elle est même un substitut appréciable à l'énergie ou aux matériaux.

Les divers stades de transformation de cette ressource (i.e. extraction, stockage, analyse, transmission, commercialisation, distribution) vont connaître des évolutions technologiques spectaculaires [5]. Par contre, chacun de ces aspects affectera les structures et les principes de fonctionnement de nos organisations sociales. Par exemple, la télématique pourra révolutionner les transactions bancaires en évitant les transferts physiques d'argent, de chèques ou de traites. Si on n'y prend garde, la vie privée des citoyens pourrait être affectée, car les banques de données sur ordinateur deviennent de plus en plus considérables. Certains

---

(5)   Par exemple, grâce aux fibres optiques (fils de verre de 100 microns de diamètre) il est maintenant possible de transmettre le contenu complet de toute une encyclopédie *Britannica* en une fraction de seconde!

voudront même s'approprier préférentiellement, voire monopoliser diverses masses d'information et en profiter pécuniairement. Avec les moyens puissants qu'offre la technologie, les structures administratives pourraient devenir de plus en plus centralisées, mais avec de nouvelles modalités de participation des membres et d'interaction avec les organismes centraux.

D'ores et déjà, les activités économiques dans le secteur des services reposent en très grande partie sur des transformations de la ressource information. La tertiarisation de l'économie s'en trouve d'autant plus accentuée.

L'utilisation plus efficace et plus économique de la ressource information affectera les technologies de consommation des individus: sécurité, solidarité et assurance collective des risques, substitutions dans la nature et les motifs de déplacements, travail personnalisé, occupations de loisir, activités culturelles, achats et ventes, etc. Elle permettra également des gains dans le système productif: transactions commerciales par moyens électroniques, contrôle des procédés, gestion des inventaires, gestion optimale de l'énergie, calculs de fiabilité et des files d'attente, conception des ouvrages, optimisation des réseaux de transport, etc.

Il n'est guère de segment de la société qui ne soit affecté par l'information. Ainsi, en ce qui concerne les valeurs, les techniques modernes de diffusion de l'information élargissent et uniformisent les expériences vécues par les membres d'une collectivité, par exemple les débats télédiffusés de l'Assemblée nationale. Les téléconférences par visiophonie fournissent des échanges multidirectionnels de sons et d'images entre individus, ce qui peut diminuer d'une façon appréciable la nécessité de voyager et ainsi réduire la consommation d'énergie par les transports. Les terminaux d'ordinateur permettent aux analystes et aux concepteurs de travailler de façon interactive avec les cerveaux électroniques, multipliant ainsi à l'extrême la créativité humaine.

En ce qui a trait à la culture, l'information est d'importance capitale. Cette information doit être véhiculée par les médias les plus efficaces, sinon la culture risque de péricliter, de se "folkloriser". C'est pourquoi il est tellement important pour le Québec de contrôler son réseau de communications, y compris la télédistribution.

Sur le plan économique, la pénétration des micro-ordinateurs dans les lieux de travail s'effectue à un rythme sans précédent dans l'histoire de la technologie. Cette mutation industrielle est de portée considérable car elle ajoute une dimension nouvelle au cerveau humain et au processus mental de traitement de l'information. D'ores et déjà, près de la moitié de la population active du Canada oeuvre au traitement de l'information, y compris les 40% qui travaillent dans les bureaux. La micro-informatique aura de profondes incidences dans le secteur des services, qu'il s'agisse de télécommunications, de services bancaires et postaux, d'assurances, de comptabilité, de services juridiques. Les maisons d'enseignement et les réseaux de soins sanitaires seront également touchés, de même que les réseaux de distribution en gros et au détail de biens de consommation et de produits alimentaires. Il en va de même dans le secteur de la fabrication industrielle où les micro-ordinateurs vont permettre d'automatiser l'entreposage, l'emballage, l'inspection, le contrôle de la qualité et les inventaires. Grâce aux microprocesseurs, on pourra construire des machines programmables ("intelligentes"), des robots industriels qui assureront une plus grande économie, une souplesse accrue et une plus grande précision des divers modes de fabrication.

Concernant les habitudes de consommation, une utilisation rationnelle de la ressource information pourra favoriser la diffusion de technologies efficaces de conservation de l'énergie et des matériaux, et de préservation de la qualité de l'environnement.

Ces changements ont été rendus possibles grâce aux progrès extraordinaires de la technologie au cours des deux ou trois dernières décennies. Par exemple, tel qu'illustré par la figure 3.3, la puissance des ordinateurs a augmenté d'un facteur de 10 milliards depuis 1950. Les calculateurs électroniques sont devenus des objets de consommation courante, même pour les écoliers; grâce aux progrès de la micro-électronique, leur prix a diminué d'un facteur de 10 ces dernières années, alors que l'inflation gruge constamment le pouvoir d'achat des consommateurs. Des progrès également spectaculaires ont été réalisés dans les télécommunications sur terre et par satellite. De nouvelles sciences apparaissent: la télématique, la robotique, la photonique. Chacune amène un cortège de technologies nouvelles. Chacune peut donner naissance à de nouvelles industries puissantes. Il faudra tirer le maximum d'avantages de ces nouvelles technologies, sinon nos entreprises deviendront rapidement dépassées et ne pourront affronter la concurrence internationale.

Ces changements techniques dans le domaine de l'information sont susceptibles d'engendrer dans l'avenir une métamorphose plus profonde de la société québécoise que ne le laissent présager les discours actuels sur la souveraineté-association ou sur le renouvellement de la constitution canadienne. Par exemple, le marché des emplois traditionnels risque de devenir gravement perturbé si ces changements ne sont pas précédés d'un recyclage de la main-d'oeuvre et d'une formation appropriée dans nos maisons d'enseignement. C'est ainsi qu'une nouvelle géné-

FIGURE 3.3: Fonction exprimant le progrès des ordinateurs

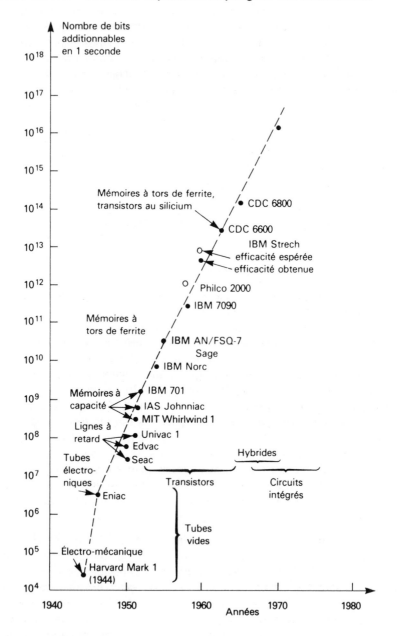

Source: KAHN, H. et BRIGGS, B. *À l'assaut du futur*. Paris: Robert Laffont, 1973.

ration d'emplois rémunérateurs a vu le jour grâce à l'informatique. Mais c'est également à cause des progrès techniques que beaucoup d'emplois traditionnels disparaissent. Les services postaux ordinaires, par exemple, risquent de devenir si vulnérables par rapport aux nouvelles technologies (par exemple, la transmission télématique des lettres) qu'ils pourraient disparaître à long terme. Si ce n'était actuellement des micro-ordinateurs, les compagnies de téléphone se verraient contraintes d'employer la moitié de toute la population adulte.

Ces développements sont sans doute inévitables car ils sont engendrés dans les pays industriels les plus populeux et les plus dynamiques. Pour en éviter le contrecoup, le Québec devra emboîter le pas au progrès technique afin de susciter les innovations technologiques qui lui conviendront le mieux: raison de plus pour encourager au Québec le développement de groupes interdisciplinaires d'experts en prospective technologique.

Les faits porteurs d'avenir dans le domaine de l'information sont aussi nombreux que variés. Qu'on songe, par exemple, à l'incidence de la micro-électronique et des télécommunications sur le milieu de travail d'un bureau: utilisation répandue des processeurs de textes qui accroissent la productivité des secrétaires, améliorent leurs travaux et rendent leurs fonctions moins monotones, transmission automatique à distance, par télématique, des textes et figures, téléconférences par visiophonie, polycopie automatisée, terminal portatif contenu dans une serviette et permettant aux travailleurs de bureau de choisir l'heure et le lieu de leurs activités en se raccordant à leur ordinateur de bureau par simple câble téléphonique. Qu'on songe également à la télémédecine, permettant à des unités centrales de traitement dans de grands hôpitaux spécialisés de recevoir et d'analyser les signaux qui leur viennent d'endroits éloignés, et de pouvoir ainsi procurer aux omnipraticiens de ces régions des diagnostics d'expert sur l'état de leurs patients, et ce, à faible coût et très rapidement. Grâce au système Vidéotex, mis au point par des experts canadiens, le jour n'est pas loin où un grand nombre de foyers canadiens seront munis de leur propre centre domestique de traitement automatique de l'information pour fins personnelles: sélection et enregistrement d'émissions de radio ou de télévision, contrôle de l'utilisation d'énergie dans les diverses pièces de la maison, obtention de toutes sortes de renseignements grâce à des banques centrales et personnelles de données, travaux intellectuels à domicile, enseignements personnalisés, jeux électroniques, etc.

Bref, la société québécoise de demain sera grandement affectée par le phénomène de l'information, tant en termes de quantité que de qualité des innombrables renseignements qui deviendront disponibles. Il faudra pouvoir digérer cette information, l'utiliser à bon escient. Les entreprises québécoises devront pouvoir profiter de ces technologies nouvelles afin d'adapter leurs modes de production et d'accroître leur productivité. Cette mutation technologique causera des changements structurels importants dans la main-d'oeuvre, et exigera une bonne collaboration entre le patronat et les syndicats afin de ne pas créer trop de heurts.

3.4 LA RESSOURCE ÉNERGIE

Au Québec comme ailleurs, l'énergie joue un rôle capital dans l'économie. Avec les matériaux, dont elle assure l'extraction et la fabrication, cette ressource constitue l'élément moteur de la technologie. Elle dominera de plus en plus les préoccupations technologiques et économiques au cours des deux prochaines décennies, que ce soit sur le plan de l'exploitation ou de la transformation des matières premières, ou sur celui de la production des biens manufacturés ou des services.

Pour diverses raisons, mais surtout à cause de son climat, de sa structure industrielle et du coût relativement bas des diverses formes d'énergie utilisées, le Québec est un des pays les plus énergivores du monde [6]. Bien qu'abondamment pourvu d'hydro-électricité, il dépend de sources extérieures pour environ 75% de ses approvisionnements énergétiques. En effet, le Québec n'a pas de pétrole, très peu de gaz naturel, pas de charbon, et ne produit pas encore d'énergie nucléaire. Il ne sera probablement pas économique d'aménager de nouveaux réservoirs et de nouvelles centrales d'hydro-électricité au Québec au-delà des 50 000 mégawatts prévus à la fin du siècle, ce qui est plus de quatre fois la puissance installée qui prévalait en 1974.

On a souvent affirmé que le Québec n'est pas une province comme les autres. C'est également vrai dans le domaine de l'énergie. On ne trouve nulle part ailleurs au Canada une structure énergétique si fortement bipolaire, axée sur le pétrole (exogène) et la houille blanche (endogène). En 1974, le pétrole importé (surtout du Vénézuéla et des pays du Moyen-Orient - 83% des arrivages contre 12% de l'Ouest canadien) représentait 70% du bilan énergétique québécois contre seulement 22% pour l'hydro-électricité, le reste étant du gaz naturel de l'Alberta (6%) et du charbon importé (2%). Le défi majeur des deux prochaines décennies est de diminuer cette dépendance excessive du pétrole, et d'au moins doubler la part de l'hydro-électricité dans le bilan énergétique québécois.

---

(6) En 1974, la consommation moyenne de toutes les formes d'énergie au Québec s'élevait à l'équivalent de 9,66 tonnes de charbon par habitant, soit 20 fois plus que dans le Tiers-Monde et le double de la consommation per capita en Europe.

En 1974, la consommation québécoise d'énergie se répartissait comme suit: résidences (21%), commerce (14%), industrie (36%) et transport (29%). La consommation industrielle est fortement influencée par les besoins énergétiques énormes des industries des pâtes et papiers, des métaux primaires et des mines qui, à elles seules, gobent la moitié de cette consommation; de sorte qu'en termes de valeur unitaire des biens produits et des services fournis (i.e. produit intérieur brut par unité d'énergie consommée), le Québec utilise deux fois plus d'énergie que les pays de la Communauté économique européenne. Dans un pays comme la Suède dont la taille de la population, les conditions climatiques, les distances, l'activité industrielle et le niveau de vie sont assez semblables aux nôtres, la consommation d'énergie primaire par habitant est de 30% inférieure à la nôtre.

Dans le secteur des transports, qui est alimenté exclusivement par des combustibles importés, la consommation se répartit entre les véhicules routiers (70%), les avions (9%), les bateaux (7%) et les trains (4%). La circulation automobile est de loin la cause principale de la très forte consommation d'énergie dans les transports, d'une part à cause du faible rendement de ce mode en termes de kilomètres-passagers (environ 10 fois moins efficace que les autobus interurbains), d'autre part à cause de la domination de ce mode de transport [7]. Alors que le Québec comptait un demi-million d'automobiles enregistrées en 1951, ce nombre avait sextuplé en 1975. Le transport par avion augmente de façon spectaculaire depuis 1950, le nombre annuel de kilomètres-passagers augmentant d'environ 20% chaque année.

On prévoit que la demande d'énergie au Québec, bien qu'infléchie par la stagnation démographique, la tertiarisation de l'économie, la hausse des prix relatifs et les mesures de conservation qui s'amorcent, continuera de s'accroître d'ici la fin du siècle. Selon un scénario réaliste préparé par Roger A. Blais [8], le taux de croissance annuel de consommation d'énergie au Québec de 1974 à 2000 pourrait être de 2,1%, soit les deux-tiers du taux qui a prévalu de 1950 à 1974. Même avec une telle réduction relative, la quantité totale d'énergie consommée au Québec en l'an 2000 passerait à 123,0 millions de tonnes équivalent—charbon (Mtec) comparativement à

---

(7) Selon une étude de Statistique Canada et du laboratoire de recherche sur les routes et les transports de Crawthorne en Angleterre, le nombre annuel de kilomètres-passagers par habitant au Canada s'établissait en 1970 à 8 395 pour l'automobile et les camions, 629 pour l'avion, 550 pour l'autobus et 169 pour le train. La situation québécoise est nettement comparable à celle du Canada.

(8) BLAIS, R.-A. *Vers une vue prospective des besoins énergétiques du Québec.* École polytechnique de Montréal, rapport technique EP79-R-33, 1979, 85 p.

59,4 Mtec en 1974 et 18,0 Mtec en 1950. La consommation sectorielle qui pourrait en résulter est indiquée dans le tableau 3.1.

TABLEAU 3.1: Scénario de la consommation d'énergie au Québec, 1974 - 2000

Secteur et sous-secteurs	Année 1974 Mtec	(%)	Année 2000 Mtec	(%)
Résidentiel	12,2	(20,6)	22,1	(18)
Commercial	8,9	(14,0)	14,8	(12)
Industriel	21,1	(35,5)	51,7	(42)
- mines	2,4	(4,0)	6,2	(5)
- construction	1,4	(2,4)	4,9	(4)
- pâtes et papiers	5,1	(8,6)	12,3	(10)
- métaux primaires	2,8	(4,7)	7,4	(6)
- produits non métalliques	2,5	(4,2)	4,9	(4)
- autres secteurs manufacturiers	6,9	(11,6)	16,0	(13)
Transport	17,2	(28,9)	34,4	(28)
- routier	13,6	(22,8)	24,6	(20)
- ferroviaire	0,8	(1,3)	1,2	(1)
- maritime	1,2	(2,1)	2,5	(2)
- aérien	1,6	(2,7)	6,1	(5)
Totaux	59,4	(100,0)	123,0	(100)

Source des données pour 1974: Direction générale de l'Énergie du Québec. 1975.

D'autre part, si on examine les sources d'approvisionnement, on voit dans la figure 3.4 que la répartition des filiales énergétiques a beaucoup changé de 1950 à 1974. Selon un ensemble d'hypothèses, en partie empruntées au Livre blanc du ministre Guy Joron sur une politique québécoise de l'énergie, le même scénario fait intervenir les approvisionnements indiqués dans le tableau 3.2.

TABLEAU 3.2: Scénario des sources d'approvisionnement d'énergie au Québec, 1974-2000

	Année 1974 Mtec	(%)	Année 2000 Mtec	(%)
Pétrole	41,7	(70,1)	46	(38)
Gaz naturel	3,6	(6,1)	12	(10)
Charbon	1,1	(1,9)	1	(1)
Hydro-électricité	13,0	(21,9)	59	(48)
Nucléaire	—	—	3	(2)
Énergies nouvelles	—	—	2	(1)
TOTAUX	59,4	(100,0)	123,0	(100)

Source des données pour 1974: Direction générale de l'Énergie du Québec. 1975.

La réalisation de ce scénario d'anticipation entraînera des changements profonds, tant sur les modes de consommation d'énergie au Québec que sur les moyens d'approvisionnement. C'est ainsi qu'en freinant du tiers le taux annuel moyen de consommation d'énergie par habitant, on se doit de ne plus augmenter la consommation québécoise de pétrole en dépit d'un nombre sans cesse accru d'automobiles et de camions sur nos routes et des transports par avion toujours plus nombreux. Puisque le gaz naturel est une source de basse énergie beaucoup plus efficace que l'électricité et le pétrole pour le chauffage et maints usages industriels, et qu'en plus ce combustible fossile existe en abondance dans le sous-sol canadien, on peut prévoir un triplement dans sa consommation au Québec d'ici l'an 2000, alors que le charbon demeurera à peu près au même point. Avec les développements hydro-électriques prévus, on peut prévoir que l'électricité fournira près de la moitié des besoins énergétiques du Québec à la fin du siècle. Cependant, pour satisfaire ses besoins sans cesse croissants d'électricité et continuer à assurer son industrialisation, le Québec n'a vraiment pas d'autre choix que d'exploiter la filière nucléaire, qui devrait fournir plus de 4 000 mégawatts d'électricité avant l'an 2000. Ceci signifie l'installation graduelle, dès 1985, d'au moins deux autres grandes centrales nucléaires au Québec, chacune d'une puissance d'environ cinq fois celle de Gentilly-2. Quant aux énergies nouvelles, on peut raisonnablement prévoir qu'elles ne fourniront commercialement guère plus de 1 000 mégawatts avant la fin du siècle.

Concernant la consommation, les implications d'un tel scénario sont énormes: conversion massive au gaz naturel des systèmes de chauffage résidentiel, commercial et industriel; expansion des usages de l'électricité dans l'industrie; introduction massive, dès 1990, des systèmes solaires de chauffage et de climatisation des édifices commerciaux et de nombreuses résidences; adoption de mesures draconiennes pour freiner le taux de consommation d'essence dans les transports, y compris l'abaissement des limites de vitesse sur les routes et des surtaxes sur les grosses automobiles; recyclage des huiles usées; introduction de mesures généralisées d'économie d'électricité, etc.

Cette importante variable économique qu'est l'énergie continuera de peser lourdement sur le système socio-économique québécois au cours des prochaines décennies. Il existe en effet une étroite relation entre la croissance du produit national brut *per capita* et la consommation d'énergie par habitant. Cette forte tendance historique vaut pour un grand nombre de pays, y compris le Québec qui n'a pas encore atteint un plein statut d'industrialisation.

L'évolution de la demande d'énergie sera fortement influencée par

FIGURE 3.4: Bilan énergétique du Québec selon la répartition par formes d'énergie de l'énergie totale nette disponible à la consommation québécoise.

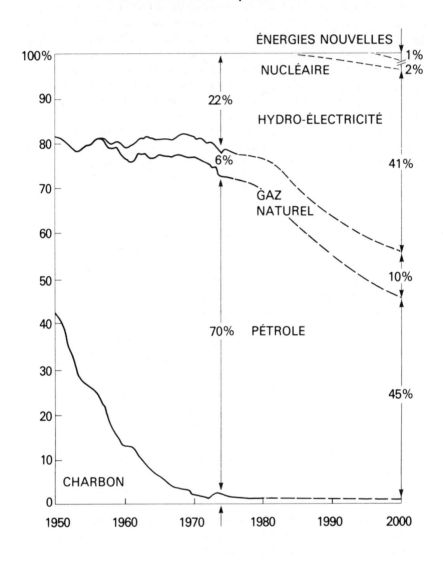

Source: Livre blanc sur la Politique énergétique québécoise. 1977, vol. 1.

Livre blanc sur la Politique québécoise de l'énergie. 1978.

Les extrapolations de 1990-2000 sont de l'auteur.

la santé générale de l'économie, la politique des prix, l'augmentation du nombre des ménages, l'essor de l'industrie, la hausse du niveau de vie des citoyens, les besoins croissants de transport, l'urbanisation et le développement régional, ainsi que par les mesures de conservation de l'énergie.

Cette évolution sera fortement influencée par les développements technologiques: développement d'appareils électro-ménagers plus efficaces, conversion des systèmes de chauffage et de climatisation, nouvelles normes de construction et d'isolation des bâtiments, véhicules automobiles plus compacts et moins gaspilleurs d'essence, augmentation des transports en commun, développement des capteurs solaires, utilisation d'éoliennes dans les endroits venteux reculés, télécommunications se substituant aux besoins de transport, développement de nouveaux appareils de contrôle de l'énergie, utilisation de nouveaux procédés de fabrication industrielle moins énergivores, substitution de nombreux matériaux par d'autres à contenu énergétique plus faible, modernisation des usines de pâtes et papiers, installation de broyeurs plus efficaces dans les mines, etc.

L'évolution de l'offre sera remarquablement influencée par le poids énorme des investissements à consentir et des risques à affronter dans la prospection pétrolière et gazière, l'exploitation des sables bitumineux, les nouveaux procédés de gazéification du charbon, les centrales nucléaires, les grands barrages hydro-électriques et la construction de nouvelles lignes à très haute tension. L'offre de pétrole étranger continuera évidemment d'être soumise aux aléas des crises géopolitiques qui secouent le Moyen-Orient, aux pressions exercées par l'OPEP et aux accords spéciaux pouvant être conclus avec le Vénézuela et le Mexique. Mais qualitativement, c'est surtout au chapitre de la recherche-développement et des innovations technologiques que l'évolution de l'offre sera la plus marquée: nouvelles technologies d'exploitation souterraine des sables bitumineux et des huiles lourdes de type Lloydminster, nouvelles techniques de prospection géophysique pour le pétrole et le gaz naturel, nouvelles méthodes de forage pétrolier en haute mer et en milieu envahi par les glaces, construction de nouveaux types de méthaniers pour le transport du gaz liquéfié venant de l'Arctique, emmagasinement souterrain de grandes quantités de gaz naturel dans certaines parties poreuses du sous-sol québécois, développement de gaz synthétique à partir du charbon, développement de l'hydrogène comme carburant des avions long-courrier, mise au point de nouvelles piles à combustible et, éventuellement, utilisation à grande échelle de véhicules automobiles électriques, raffinement dans la conception des centrales nucléaires de type CANDU et utilisation éventuelle des sous-produits de la combustion nucléaire, développement de cellules photovoltaïques de silicium amorphe dopé à l'hydrogène, développement d'hydrures métalliques permettant le stockage de l'hydrogène et son utilisation dans de nouveaux moteurs pour véhicules, utilisation de la force marémotrice, des vagues et des courants thermiques marins dans la production d'électricité, développement de réservoirs hydro-électriques à réserves pompées, utilisation répandue des basses chutes, avènement de la fusion nucléaire comme source autosuffisante d'énergie en l'an 2020 ou au-delà, etc.

Tout schéma réaliste de l'avenir énergétique du Québec doit compter sur des apports soutenus de pétrole à notre économie, ainsi que sur une demande croissante et des prix plus élevés pour l'électricité. Il faut aussi tenir compte de l'inertie du système qui est causée à la fois par les longs délais requis dans l'introduction généralisée de filières nouvelles et par la lenteur des changements d'habitudes de consommation dans tous les secteurs. On doit miser sur l'implantation progressive de filières de substitution pour remplacer peu à peu le pétrole et l'hydro-électricité, ainsi que sur l'introduction de plus en plus répandue des technologies de conservation. Enfin, l'omniprésence de l'État se fera sentir dans la gestion optimale des ressources énergétiques (recherche d'un compromis acceptable entre la conservation et le développement).

Dans la gamme des possibilités à envisager, deux scénarios contrastés pourraient retenir l'attention, l'un du moindre coût, l'autre de ''québécisation'' maximale. Le premier, assez classique, ferait intervenir massivement les technologies de conservation, la diversification des sources d'approvisionnements pétroliers en vue d'achats au moindre coût, l'utilisation accélérée du gaz naturel, l'adoption prochaine du nucléaire, l'augmentation de l'équipement hydro-électrique de pointe plutôt que de l'équipement de base, le recours à des systèmes intégrés d'énergie, le développement des basses chutes, l'encouragement aux autoproducteurs à pourvoir aux besoins d'électricité dans des endroits éloignés, et les efforts des entrepreneurs privés pour développer des systèmes décentralisés d'exploitation des énergies renouvelables.

Selon le second scénario, le Québec pourrait valoriser au premier chef les formes d'énergie qu'il peut produire ou contrôler et nouer des accords préférentiels avec certains pays afin d'assurer la sûreté de ses approvisionnements d'énergie à plus ou moins long terme. Ce faisant, il pourrait être appelé à sacrifier des avantages économiques à court terme. On réduirait alors de façon drastique et presque coûte que coûte la consommation de pétrole, on mettrait l'accent sur le chauffage à l'électricité ou au gaz naturel, et on utiliserait largement le chauffage à l'énergie solaire et les pompes à chaleur, le tout accompagné de réglementations et de mesures fiscales incitatives. On favoriserait en même temps l'adoption de schémas d'énergie globale (les "nuplex" en particulier) de façon à ce que les quali-tés thermodynamiques des diverses formes d'énergie soient le mieux adaptées aux usages finaux dans chaque secteur. On pousserait le déve-loppement de l'hydro-électricité à son ultime limite, pour développer gra-duellement une économie énergétique fondée sur des nouvelles technolo-gies à l'hydrogène. On encouragerait l'utilisation de la tourbe et d'autres formes de la biomasse. La prospection gazière en territoire québécois serait accélérée, et peut-être même que la SOQUIP serait encouragée à acquérir les actifs de certaines sociétés pétrolières et à entrer dans le marché de la pétrochimie.

Chacun de ces scénarios mériterait d'être explicité en détail, notamment au point de vue technologique. On peut toutefois penser que le scénario à privilégier serait un mélange approprié des deux...

3.5 LA RESSOURCE MATÉRIAUX

Omniprésents dans presque tous les secteurs de l'activité humaine, innombrables et extrêmement variés, les matériaux sont à l'enseigne de la technologie. Ils sont le fondement même de l'industrie. Ils symbolisent le progrès technique, le génie créateur de l'homme. Chacun a ses caractéris-tiques, qui sont autant marquées par leurs propriétés intrinsèques que par les procédés de transformation qui ont permis de les fabriquer et de les façonner. Chacun est susceptible d'être substitué ou d'être combiné à un autre, dans une gamme infinie de possibilités.

L'univers des matériaux est d'autant plus fascinant qu'il évolue constamment, grâce aux progrès de la science et de la technologie. Ainsi, en 1965, on comptait dans le monde quelque 950 revues spécialisées dans le domaine des matériaux, alors qu'en 1975, ce nombre dépassait 2 075. C'est d'ailleurs dans les industries fortement liées aux matériaux que se trouvent les entreprises à plus fort taux de croissance et à plus grande va-leur ajoutée. Par exemple, le développement des produits polymériques a été foudroyant aux États-Unis de 1950 à 1970, la valeur de la production des fibres synthétiques ayant augmenté de 48 fois, et celle des matières plastiques de 20 fois, alors que celle de l'aluminium a crû de 7 fois, et celle de l'acier de 3 fois. Il n'est donc pas étonnant qu'une forte activité de re-cherche-développement caractérise le secteur des matériaux en général, car ceux-ci constituent l'épine dorsale de l'industrie manufacturière.

Si, comme nous l'avons déjà souligné, le Québec est énergivore, il est également avide de matériaux. On estime en effet qu'en 1972 la consommation des matériaux au Québec dépassait 22 tonnes pour chaque homme, femme et enfant de la province. Ceci comprend en grande partie des matériaux non renouvelables.

Au point de vue économique et technologique, les matériaux les plus étudiés de nos jours se révèlent hautement prioritaires dans au moins un des secteurs d'impact suivants: communications, informatique et électronique, aéronautique et défense nationale, énergie, transports, services à la santé, environnement, bâtiment, routes et autres domaines de la construction, biens d'équipement, biens de consommation. C'est pourquoi au Québec, il n'existe pas moins de 1 650 entreprises et usines qui oeuvrent dans le domaine des matériaux, fournissant environ 240 000 emplois.

De cette tendance d'ordre technologique que constitue l'expansion rapide du secteur des matériaux se dégagent plusieurs idées majeures dont les suivantes:

a) *Contrairement à ce qu'affirment plusieurs prophètes de malheur, il existe assez de matières premières et de matériaux bruts sur terre pour satisfaire la demande à l'échelle mondiale, même à long terme.* Le problème en est un de répartition de ces ressources entre les pays. Par exemple, le tungstène — qui est un matériau stratégique — est très rare au Canada bien que notre pays possède la plus grande variété de métaux exploités au monde. Il y a aussi le problème des prix d'un matériau par rapport à un autre, et celui de l'énergie requise pour extraire, fabriquer et façonner un matériau. Chose certaine, les matériaux issus de ressources non renouvelables vont coûter de plus en plus cher. L'ère du gaspillage des matériaux est révolue.

b) *Les nouveaux matériaux qui seront couramment utilisés en l'an 2000 sont presque tous déjà connus. Il en est de même des nouveaux procédés qui seront alors utilisés à l'échelle industrielle.* Il s'écoule en effet une période d'environ 20 ans avant qu'un matériau nouvellement synthétisé ou breveté soit adopté commercialement à grande échelle. Il en est de même de la plupart des nouveaux procédés industriels qui sont en cours d'élaboration dans les laboratoires de recherche. Ces faits soulignent l'importance de l'information scientifique et technique pour les entreprises soucieuses de leur avenir. Même si les matériaux traditionnels vont continuer d'accaparer une large part du marché, les percées technologiques relatives aux matériaux vont engendrer des montées spectaculaires de petites industries innovatrices, qui sauront tirer profit des derniers progrès de la technologie.

c) *La redistribution des matériaux à l'échelle mondiale est critique.* Ce phénomène ne touche pas seulement les combustibles fossiles mais tous les matériaux. La non-disponibilité relative des matériaux empiète sur le libre mouvement des matières premières d'un pays à un autre, et donc sur la redistribution entre producteurs et consommateurs. À l'instar de l'OPEP, il existe déjà des associations de pays producteurs pour un certain nombre de métaux, dont le cuivre, l'étain, le zinc, l'uranium, etc. L'écart entre pays producteurs et pays consommateurs est élevé. Par exemple, avec 0,15% de la population mondiale, le Québec produisait en 1975 environ 0,6% des substances minérales consommées dans le monde, alors qu'avec 5,5% de la population du globe, les États-Unis en consommaient plus de 32%! Il en était de même pour leur consommation d'énergie. Il va sans dire que les disparités entre les pays industriels et le Tiers-Monde sont énormes en ce qui concerne ces deux types de ressources essentielles à l'industrialisation.

d) *D'ici 20 ans, avec un effort accru de recherche-développement, la technologie aura atteint de nouveaux sommets et aura engendré plusieurs nouveaux secteurs industriels très dynamiques.* Les progrès spectaculaires enregistrés par les semi-conducteurs au cours des 15 dernières années, qui ont révolutionné le monde de l'électronique et des télécommunications, sont un présage des changements industriels à venir. Il en est de même des fibres optiques dont le constituant de base est le silicium, une substance extrêmement abondante dans le monde. Les faits porteurs d'avenir dans le domaine des matériaux sont innombrables. Par exemple, en l'an 2000, on pourra sans doute utiliser les enzymes comme catalyseurs dans diverses industries. On produira du gaz synthétique à partir du charbon. On fabriquera des plastiques biodégradables et donc non polluants. On utilisera de l'aluminium ou des céramiques pour les moteurs de voitures dont la carosserie sera en fibre de verre. La coque des avions sera faite de matières plastiques renforcées par des fibres de graphite avec des propriétés structurales supérieures à celles des métaux conventionnels. On aura introduit dans tous les processus chimiques des contrôles automatiques régis par des microprocesseurs. Plusieurs chaînes de production industrielle seront dirigées par des robots électromécaniques. Les nouveaux accumulateurs permettront l'usage répandu de la voiture électrique. Les matériaux de construction seront inédits et fourniront intrinsèquement l'isolation requise. La radiochimie aura acquis droit de cité en métallurgie extractive, etc.

e) *En l'an 2000, on aura commencé à mettre en place une politique des matériaux tout comme après la guerre du Yom Kippur en 1973, alors que plusieurs pays ont commencé à esquisser une politique de l'énergie.* Les impératifs d'une telle politique seront dictés par les pénuries temporaires de certains matériaux critiques, par la flambée des prix pour certains, et par la nécessité évidente d'une utilisation plus rationnelle des matériaux, surtout en fonction des coûts croissants de l'énergie pour les extraire et les fabriquer. Grâce aux progrès scientifiques et techniques, on verra s'agrandir considérablement la gamme des choix possibles de matériaux pour une application donnée, ce qui causera une vive compétition parmi les fournisseurs. Parallèlement, les filières de substitution connaîtront une grande vogue. Les matériaux de recyclage donneront naissance à de nouvelles industries. La demande pour les métaux, les céramiques et les bois doublera en 20 ans, alors que la demande pour les matériaux polymériques sera conditionnée par la pénurie alors appréciable des combustibles fossiles. Plusieurs entreprises québécoises devront alors s'être tournées vers des domaines nouveaux, tels que les néo-céramiques, les verres spéciaux, les composites à base de bois, d'amiante et de matières plastiques, et les biomatériaux.

3.6 MAINTIEN DE LA QUALITÉ DE L'ENVIRONNEMENT

Bien que le souci écologique ne se soit vraiment généralisé qu'au cours des 15 dernières années, il n'en constitue pas moins une tendance lourde qui pèsera sûrement sur l'évolution de nombreuses technologies dans l'avenir. Cette tendance aura des effets négatifs et positifs. Négatifs, car elle freinera sûrement l'industrialisation en imposant des restrictions coûteuses aux industries extractives et manufacturières et en restreignant les choix d'implantation. Positifs, puisqu'elle augmentera sûrement la qualité de la vie, maintiendra les zones agricoles si nécessaires à nos besoins d'alimentation, et fournira probablement d'importantes possibilités d'innovation technologique et de croissance d'entreprises autochtones spécialisées dans l'instrumentation et la machinerie de dépollution, ainsi que dans les études d'impacts écologiques.

Il faudra cependant en arriver éventuellement à la détermination d'un taux ''acceptable'' de pollution, et à une répartition ''équitable'' des coûts sociaux de la pollution. Ainsi, on devra réprimer sévèrement les ''inconscients'' et taxer assez lourdement les entreprises qui négligent leurs responsabilités d'assainissement de leurs effluents ou de disposition de leurs déchets, avec le résultat que le prix des biens et services les plus polluants s'élèvera au profit de substituts moins polluants. Le produit des redevances ainsi prélevées pourra servir non pas à multiplier les fonctionnaires, mais plutôt à défrayer en partie les coûts des dispositifs de purification ou d'assainissement, ainsi qu'à la promotion d'innovations technologiques servant aux mêmes fins. On pourra ainsi encourager la naissance de technologies nouvelles mieux adaptées à l'environnement.

Alors que les études écologiques commencent à atteindre un certain degré de respectabilité, il faudra éventuellement établir une nouvelle discipline — le génie écologique — en faisant appel aux sciences de l'ingénierie et de l'écologie, au même titre que le génie civil a obtenu ses titres de noblesse au siècle dernier.

Le maintien de la qualité de l'environnement est une responsabilité collective, qui fait appel à l'éducation des individus et, inévitablement, à certaines réglementations. Certaines villes, comme Singapour, ont déjà beaucoup fait en ce sens. La dépollution concerne particulièrement les industries du transport et celles des matières premières. Ces industries doivent nécessairement réduire leurs émissions de matières polluantes et remédier aux bouleversements qu'elles créent autour de leurs installations.

Un aspect important de l'urbanisation est celui de la production localisée des déchets qu'elle entraîne. Plus la richesse augmente, plus le volume de déchets croît. Au seul chapitre des déchets municipaux, chaque Canadien produit environ une tonne de déchets par année: papier 53%, déchets de cuisine 24%, verre 6%, métal 5%, et autres matières 12%. Des $250 millions dépensés à enfouir ou à incinérer ces déchets en 1971, on estime qu'en l'an 2000, ces coûts s'élèveront à plus de $700 millions[9]. C'est pourquoi il importe de mettre au point une industrie locale de traitement des déchets municipaux, axée à la fois sur le recyclage des matériaux, la production d'énergie et la qualité de l'environnement. Les expériences en cours doivent être continuées afin de rentabiliser de telles opérations.

Les percées technologiques à venir dans le domaine de l'environnement ne seront sans doute pas spectaculaires, mais elles pourraient donner lieu à des améliorations appréciables si les incitations gouvernementales vont pour une part dans ce sens.

3.7 LA CROISSANCE DES TECHNOLOGIES ADAPTÉES ET SOUPLES

Sous la pression des travailleurs, des organisations plus souples de l'interface homme-machines se multiplieront grâce au progrès technique. Même dans les technologies de grande échelle, on verra un nombre croissant de processus axés sur des temps de production plus courts, des horaires flexibles de travail, des équipages d'usine intégrés permettant la permutation des postes et la réunification des tâches. Certains créneaux industriels permettront la rentabilité de productions à petite échelle, où des organisations originales du travail verront le jour sous forme de coopératives, de cogestion ou de sous-traitance. Alors que dans le passé les travailleurs devaient se plier complètement aux exigences des technologies,

---

(9)   MARLEY-CLARKE, B.-W.-C. et al. *Tendances de la fin du siècle au Canada.* Environnement Canada, 1975, 207 p.

on verra sans doute dans l'avenir un nombre croissant de technologies spécifiquement adaptées aux travailleurs.

Cette vision du milieu industriel de travail est moins sociologique qu'économique. C'est avant tout une question de productivité. Pour remédier aux coûts élevés de la main-d'oeuvre québécoise et livrer des produits à prix compétitifs sur les marchés internationaux, il faudra accroître la productivité québécoise en réalisant, entre autres, une plus grande synergie entre l'homme et la machine.

3.8 LES DISTORSIONS SUR LE MARCHÉ DU TRAVAIL DUES AU PROGRÈS TECHNIQUE

Le progrès technique est en soi une tendance lourde qui va persister sûrement jusqu'à la fin du siècle. C'est en effet la source primordiale d'une efficacité croissante dans la production des biens et services, répondant aux besoins de la collectivité. Toutefois, le progrès technique provoque une substitution du capital au facteur main-d'oeuvre, ainsi que des changements dans les qualités de travail nécessaires.

L'objectif de plein emploi ne saurait être substitué à celui du progrès technique, car ce progrès a créé plus d'emplois qu'il n'en a détruit dans le passé. Tout compte fait, la machine a contribué appréciablement à réduire l'injustice sociale. Il n'en reste pas moins qu'un certain niveau de chômage frictionnel s'avérera inévitable. Pour corriger ces distorsions le plus possible et prévenir les goulots d'étranglement qui affecteront le marché du travail aux prises avec le progrès technique, il s'avère de première nécessité de créer les technologies éducationnelles qui permettront une formation plus adaptée de la main-d'oeuvre, ainsi qu'un recyclage des travailleurs devant être affectés par le progrès technique. Si lourde soit-elle, cette ingénierie sociale doit être inventée et activement poursuivie par l'État, le patronat et les syndicats.

3.9 L'IMPORTANCE DES RESSOURCES NATURELLES

Enfin, il faut tenir compte de nos dotations initiales — ressources naturelles non renouvelables (les gîtes minéraux) et renouvelables (produits de l'agriculture, de la forêt, de l'eau). Cette tendance lourde va continuer encore longtemps, car elle est la clé de notre balance commerciale avec l'extérieur et le facteur décisif de notre autarcie.

Les faits porteurs d'avenir dans ces domaines sont très nombreux. Par exemple, dans le secteur minier, il faut prévoir une mécanisation de plus en plus poussée, des méthodes d'exploration de plus en plus sophistiquées et dispendieuses (il en coûte déjà en moyenne $25 millions pour découvrir un gisement d'importance commerciale au Canada), une exploitation de minerais à teneur de plus en plus faible et donc des mines à fort volume, etc.

Dans le secteur des pâtes et papiers, on peut déjà anticiper l'adoption de procédés plus efficaces au point de vue énergétique et moins polluants, tels ceux de la pâte thermomécanique, la formation de la feuille de papier à sec, la fabrication des pâtes synthétiques, etc. On verra l'émergence de nombreux matériaux composites à base de cellulose. Les rebuts de bois seront complètement utilisés. La sylviculture prendra de plus en plus d'importance.

Dans l'important secteur de l'agro-alimentaire, fort heureusement maintenant protégé par la loi du Zonage agricole, on verra sans doute apparaître plusieurs nouvelles technologies très utiles, par exemple, celles de l'ultrafiltration du lait et des techniques de génie chimique appliquées à la préparation des aliments. On peut anticiper l'automatisation des abattoirs et la coupe des viandes par ordinateur, l'utilisation de la génétique pour améliorer la qualité de la volaille, le développement de nouveaux incubateurs et de nouveaux vaccins pour l'industrie du poulet, la substitution des protéines animales par des protéines végétales dans la consommation humaine, l'apparition de viandes allongées de soya, l'utilisation accrue de simili-viandes et de mets préparés, la pisciculture, la consommation accrue du poisson de mer, la production de féveroles, l'apparition de nouvelles variétés de pommes, l'apparition de produits exclusifs à base de fruits locaux comme la pomme ou le bleuet, l'automatisation accrue des boulangeries et autres installations du genre, l'utilisation d'emballages constitués de matériaux biodégradables, le regroupement des services et achats alimentaires, l'utilisation répandue de la recherche opérationnelle dans la planification des parcours de distribution, etc.

3.10 CONCLUSION

Si ''le présent est le passé du futur'', il convient de retenir dans ces images plausibles du futur les possibilités technologiques qui répondront le mieux aux aspirations de la collectivité québécoise. Pour préparer ce futur et s'adapter aux changements inévitables qu'il comporte, le Québec n'a vraiment pas d'autre choix que de donner un vigoureux coup de barre en se dotant d'une véritable politique technologique de développement économique. Toute stratégie industrielle doit d'abord commencer par une stratégie de développement technologique, celle précisément qui mène à l'innovation industrielle autochtone. Il s'agit pour nous d'avoir la capacité d'engendrer plusieurs des technologies nouvelles dont nous aurons besoin afin, d'une part, de constituer la ''force de frappe'' technologique qui nous permettra de reconquérir nos propres marchés et de capter des marchés extérieurs, et d'autre part, de pouvoir mieux choisir et adapter les nombreuses technologies qui nous viennent de l'étranger.

La promotion de cette capacité d'innovation technologique requiert la création d'une importante demande interne pour les technologies que nous possédons ou que nous devons réaliser. Cette demande doit être fortement alimentée par une politique d'achat gouvernementale, afin d'encourager la créativité et l'entrepreneurship de nos ingénieurs et scientifiques québécois, et de stimuler la croissance de nos firmes innovatrices.

En outre, cette politique technologique doit aider les unités de fabrication à mieux assimiler les nouvelles techniques et à profiter davantage du savoir-faire existant, y compris l'expertise qui se trouve dans nos universités. Dans une certaine mesure, cette politique implique même la protection des technologies prometteuses inventées par des entrepreneurs québécois.

Cette politique doit être équilibrée et évolutive. Équilibrée, pour créer les degrés de complémentarité nécessaires entre les diverses dimensions du modèle technologique: accumulation et consommation des connaissances technologiques, alimentations interne et externe du savoir-faire technique, interventionnisme et décentralisation, protectionnisme et ouverture, sélectivité et diversification, offre et demande pour la technologie autochtone. Évolutive, parce que la priorité à accorder à chacune de ces dimensions est appelée à changer dans le temps, à mesure que le Québec avance dans le chemin de la "technologisation". Ce chemin est caractérisé par l'amélioration de l'équilibre entre le commerce externe et le commerce interne pour corriger la dépendance structurelle excessive du Québec des technologies importées, de façon à atteindre de plus hauts niveaux dans l'accumulation et la distribution du savoir-faire technique québécois et, par là, dans l'innovation industrielle.

Le tissu culturel et sociologique du système québécois ne peut être formé sans une importante dimension technologique indigène. Tel qu'illustré au tableau 3.3, le Québec de l'an 2000 est appelé à acquérir une certaine souveraineté technologique.

TABLEAU 3.3: Relations entre les stratégies de développement technologique, les ressources technologiques, le développement industriel et la capacité technologique d'un pays (adapté d'après **Máximo HALTY-CARRERE, 1979**[(10)])

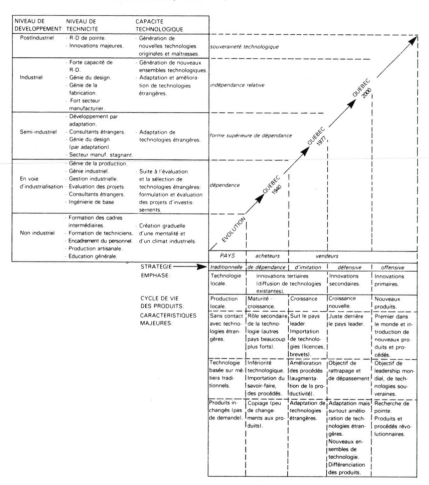

NIVEAU DE DÉVELOPPEMENT	NIVEAU DE TECHNICITÉ	CAPACITÉ TECHNOLOGIQUE
PostIndustriel	- R-D de pointe. - Innovations majeures.	- Génération de nouvelles technologies originales et maîtresses.
Industriel	- Forte capacité de R-D. - Génie du design. - Génie de la fabrication. - Fort secteur manufacturier.	- Génération de nouveaux ensembles technologiques. - Adaptation et amélioration de technologies étrangères.
Semi-industriel	- Développement par adaptation. - Consultants étrangers. - Génie du design (par adaptation). - Secteur manuf. stagnant.	- Adaptation de technologies étrangères.
En voie d'industrialisation	- Génie de la production. - Génie industriel. - Gestion industrielle. - Évaluation des projets. - Consultants étrangers. - Ingénierie de base.	- Suite à l'évaluation et la sélection de technologies étrangères; formulation et évaluation des projets d'investissements.
Non industriel	- Formation des cadres intermédiaires. - Formation de techniciens. - Encadrement du personnel. - Production artisanale. - Éducation générale.	- Création graduelle d'une mentalité et d'un climat industriels.

souveraineté technologique

indépendance relative

forme supérieure de dépendance — QUÉBEC 1977

dépendance — QUÉBEC 1940

QUÉBEC 2000

ÉVOLUTION

PAYS	acheteurs		vendeurs	
STRATÉGIE	traditionnelle	de dépendance	d'imitation	défensive	offensive
EMPHASE:	Technologie locale.	Innovations tertiaires (diffusion de technologies existantes).		Innovations secondaires.	Innovations primaires.
CYCLE DE VIE DES PRODUITS:	Production locale.	Maturité - croissance.	Croissance	Croissance nouvelle.	Nouveaux produits.
CARACTÉRISTIQUES MAJEURES:	Sans contact avec technologies étrangères.	Rôle secondaire de la technologie (autres pays beaucoup plus forts).	Suit le pays leader. Importation de technologies (licences, brevets).	Juste derrière le pays leader.	Premier dans le monde et introduction de nouveaux produits et procédés.
	Technologie basée sur métiers traditionnels.	Infériorité technologique. Importation du savoir-faire, des procédés.	Amélioration des procédés (augmentation de la productivité).	Objectif de rattrapage et de dépassement.	Objectif de leadership mondial, de technologies souveraines.
	Produits inchangés (pas de demande).	Copiage (peu de changements aux produits).	Adaptation de technologies étrangères.	Adaptation mais surtout amélioration de technologies étrangères. Nouveaux ensembles de technologie. Différenciation des produits.	Recherche de pointe. Produits et procédés révolutionnaires.

(10) HALTY-CARRERE, M. *Technological Development Strategies for Developing Countries — A Report for Decision Makers.* Montréal: Institut de recherches politiques, 1979, 155 p.

CHAPITRE 4

LES VALEURS[1]

4.1 DIFFÉRENCIATION OU CONFORMISME

L'analyse des "valeurs" québécoises constitue assurément la partie la plus difficile de l'étude prospective du système socio-économique, car il s'agit à la fois d'un sujet imprécis et normatif. Imprécis, car tout ce qui n'est pas facilement traitable au sein des autres sous-systèmes se retrouve ici; c'est un peu le fourre-tout dans lequel on a mis les éléments qu'on pouvait difficilement retenir dans les sous-systèmes extérieur, écologique, économique, technologique ou urbain et régional. C'est aussi le domaine où les études déjà réalisées sont les plus contestées ou du moins les plus contradictoires: les données disponibles dans ce cas sont soit absentes, soit fragmentaires, soit encore très volatiles selon les événements ou les circonstances en cours. Normatif, car non seulement l'analyse traite précisément de perceptions, d'évaluations, de coutumes, d'idées, bref de croyances subjectives au niveau de l'objet étudié - la société québécoise - mais c'est aussi le lieu privilégié où se retrouvent tous les jugements de valeur que les chercheurs ont essayé de mettre de côté en abordant les autres sous-systèmes.

Pourtant, ce sous-système de valeurs prend une importance particulière du fait qu'il est à la base de la spécificité du Québec, alors que la plus grande partie de l'économie, de la technologie, et jusqu'à un certain point de l'aménagement du territoire ressemble beaucoup à ce qui se passe ailleurs en Amérique du Nord. En d'autres termes, si l'économie québécoise est un rejeton de l'économie de l'Angleterre du XIXe siècle et plus tard des États-Unis, si le sous-système technologique continue à être presque entièrement redevable de nos voisins du Sud, si nos villes sont

---

(1)   Ce chapitre constitue une certaine mise à jour d'une partie des volumes nos 6.1 et 6.2
      de:
      LATOUCHE, D., JULIEN, P.-A., LAMONDE, P. et POLIQUIN-BOURASSA, D. *Prospective socio-économique du Québec*.
      LATOUCHE, D. *Une société de l'ambiguïté.* Montréal: Boréal Express, 1979.

marquées par le gratte-ciel ou le bungalow américains, et sont délimitées par les possibilités de l'automobile américaine, les valeurs, au contraire, à cause des différences linguistiques ou de divers aléas historiques, sont à la base même des différences de cette société[2]. Comme le dit Robert Charlebois, nous sommes "Presqu'Amérique", et notre particularité existe avant tout au niveau des valeurs.

Aussi, la question centrale qui sous-tend l'analyse de ce chapitre est la suivante: le système de valeurs du Québec va-t-il continuer à jouer son rôle de différenciation, ou au contraire, va-t-il se plier aux influences des autres sous-systèmes et finir par perdre son rôle? En d'autres mots, nous pouvons nous demander si les valeurs au Québec sont mues ou motrices, ou encore si elles constituent un champ privilégié d'intervention ou d'action pour cette société, en vue d'augmenter sa spécificité ou de la diminuer le cas échéant (pour ceux qui jugent cette spécificité mauvaise). Cette question est fondamentale pour tout cet exercice de prospective au Québec. En effet, si les valeurs qui sont à la base de la spécificité du Québec sont appelées à subir de plus en plus l'influence des autres sous-systè- mes, au point de finir par ressembler grosso modo aux valeurs de nos voi- sins, notre avenir ne pourra être que dicté par les autres. Comme le but de la prospective est d'éclairer le futur de façon à prendre les bonnes décisions pour augmenter ses chances d'être meilleur, si ces décisions ont trop peu de poids à côté des actions de tous ceux qui nous entourent, il ne reste qu'à se laisser faire; effectuer un tel exercice de prospective pour se faire dire que les autres décident pour nous devient presque inutile. Mais si les valeurs sont motrices, elles peuvent finir par influencer les autres sous- systèmes, de façon à leur donner un ensemble de caractères suffisam- ment particuliers pour faire en sorte que notre destin nous appartienne, et que cela vaille la peine de s'y intéresser[3].

Pour répondre à cette question, nous avons essayé d'examiner le système de valeurs à travers le concept de l'idéologie. Étudier les valeurs par l'idéologie nous permet de nous baser sur le vécu (c'est-à-dire les valeurs reflétées dans le foyer, l'école, le travail), plutôt que sur l'abstrait

---

(2)   Du moins si l'on accepte que la société québécoise soit différente... Voir à ce propos le Livre vert sur la culture, déposé par le gouvernement du Québec en 1979.

(3)   Nous ne prétendons pas ici que le renforcement de la spécificité québécoise ne relève que du seul domaine des valeurs; ce serait tomber dans cette vieille maladie québécoise reliée à l'idéologie messianiste du XIXe siècle, selon laquelle on abandonne l'économie aux autres, pourvu que l'on conserve l'essentiel (à l'époque la religion et la langue, c'est-à-dire des valeurs). Mais nous pensons que la réalité étant ce qu'elle est, le levier que nous contrôlons le mieux est le sous-système des valeurs, ou de façon plus dynamique, le politique; et c'est par là que nous pourrions peut-être reprendre en main notre économie et le reste. Mais cette hypothèse reste à confirmer.

ou sur le discours théorique stérile.

En procédant ainsi, nous évitons les grandes discussions sur ce qu'est une valeur, ou comment se manifestent les grandes valeurs que sont la beauté, la bonté, la survie et la justice, avec tout le discours abstrait que cela peut entraîner. De plus, nous renvoyons dos à dos Marx qui considérait les valeurs comme le résultat des changements dans l'infrastructure économique, et Max Weber ou Talcott Parsons qui, au contraire, donnaient une importance énorme aux valeurs. En utilisant la notion d'idéologie à la suite de Gramsci, nous admettons que les valeurs peuvent être aussi bien mues que motrices, selon les cas ou les moments, et surtout nous utilisons une notion englobante qui nous permet de regrouper jusqu'à un certain point des valeurs éparses, pour en faire un ensemble important dans le développement d'une société.

D'une part, l'idéologie est cet ensemble de représentations mentales (images, croyances, traditions, discours, valeurs, etc.) qui possède une existence et un rôle historique au sein d'une société donnée; c'est en quelque sorte l'actualisation pratique - dans le sens de praxis - d'un ensemble de valeurs. D'autre part, le fait de considérer les valeurs de façon dialectique va nous permettre de nous interroger sur la possibilité que les valeurs soient le moyen privilégié des Québécois pour agir sur leur développement, alors que le contrôle économique leur échappe en grande partie.

4.2 LES ÉLÉMENTS STRUCTURANTS

Mais quelle idéologie? Celle des groupes dominants[4] qui s'accommodent facilement du système actuel, c'est-à-dire de la surdétermination du développement sociétal du Québec, ou celle d'autres groupes qui cherchent à rompre le cercle vicieux dominant-dominé? Pour nous, les idéologies et les valeurs qui les sous-tendent peuvent indifféremment agir comme autant de "grains de sable" dans l'engrenage d'une société pour contribuer à briser le mécanisme bien huilé de cette machine, ou au contraire, comme une sorte de vaseline favorisant encore davantage le fonctionnement du système et donc le maintien d'un certain statu quo.

L'idéologie est portée principalement par des groupes qui s'en im-

---

(4)   Les groupes dominants peuvent être tout aussi bien ceux que l'on appelle les élites dirigeantes (traditionnelles ou nouvelles) que les groupes étrangers (politiques ou économiques), utilisant des "rois-nègres" pour arriver à leurs fins, groupes recherchant leurs propres intérêts au détriment des véritables besoins de la population. Voir à ce propos, CLEMENT, W. *Continental Corporate Power: Economic Linkages between Canada and the United States.* Toronto: McClelland and Stewart, 1977; FORTIER, P. *Le patronat québécois.* Montréal: Presses de l'Université de Montréal, 1979.

prègnent, la précisent et la diffusent. Ces groupes sont principalement les gouvernements, les syndicats, les ''groupes de pression'' (comme les Chambres de commerce ou la S.S.J.B.), les ordres professionnels, les entreprises québécoises, les firmes étrangères qui sont intéressées directement ou indirectement au Québec, etc.

La diffusion de l'idéologie se fait par l'information au sens large, mais elle est limitée par l'interprétation qui en est faite. De façon plus systématique, l'information provient de la tradition transmise par la famille, l'école, le travail, l'État et l'extérieur. Elle est véhiculée par les médias, l'appareil productif et les modes de vie. Elle atteint la société et finalement l'homme québécois. Elle est interprétée par la politique et par la critique. Elle est amplifiée par l'économie et par la technologie. Elle est affectée par les oppositions, par exemple celles qui naissent du syndicalisme.

Il est important de noter que plusieurs idéologies sont transmises en même temps. Cette tendance vers la diversité a eu pour conséquence de mettre fin au consensus qui avait été plus ou moins imposé par les élites canadiennes-françaises, appuyées par l'établissement anglophone. Si l'idéologie libérale au début de la ''révolution tranquille'' a dû se vêtir momentanément de nouveaux slogans nationalistes et d'un nouvel objectif de rattrapage et ''d'État-providence'', cela n'a pas suffi à freiner la montée de nouvelles idéologies qui cherchent à rompre ce cercle vicieux dominant/dominé. Cette fin du consensus, ce heurt de plusieurs idéologies, se fait souvent de façon insidieuse en jetant, qui des grains de sable pour ralentir ou briser les engrenages faisant tourner la société, qui du lubrifiant pour maintenir le statu quo. Cette action se joue dans un Québec qui se postindustrialise graduellement, en particulier dans ses appareils idéologiques (la politique, l'école, le travail, la santé, le mieux-être, etc.).

Le sociologue Marcel Rioux explique que l'histoire du Québec a connu trois idéologies, à savoir les idéologies de survivance, de rattrapage et de développement, cette dernière pouvant être divisée en courant ''social-démocrate'' et en courant ''plus à gauche''. Ces idéologies représentent un ensemble de valeurs qui s'opposent et cette opposition est en soi un facteur d'évolution du sous-systèmes de valeurs.

La postindustrialisation possède les caractéristiques suivantes: (1) une société de plus en plus urbaine, (2) où le taux de natalité baisse considérablement, (3) où la part des travailleuses sur le marché du travail augmente, (4) où l'abondance économique s'étend, (5) où la production se tertiarise de plus en plus, (6) où l'État devient présent à peu près partout, (7) où les professions scientifiques et techniques prennent de l'ampleur, (8) où la culture s'industrialise et se répand, et enfin, (9) où la science est de plus en plus omniprésente.

GRAPHIQUE 4.1: La constellation des valeurs

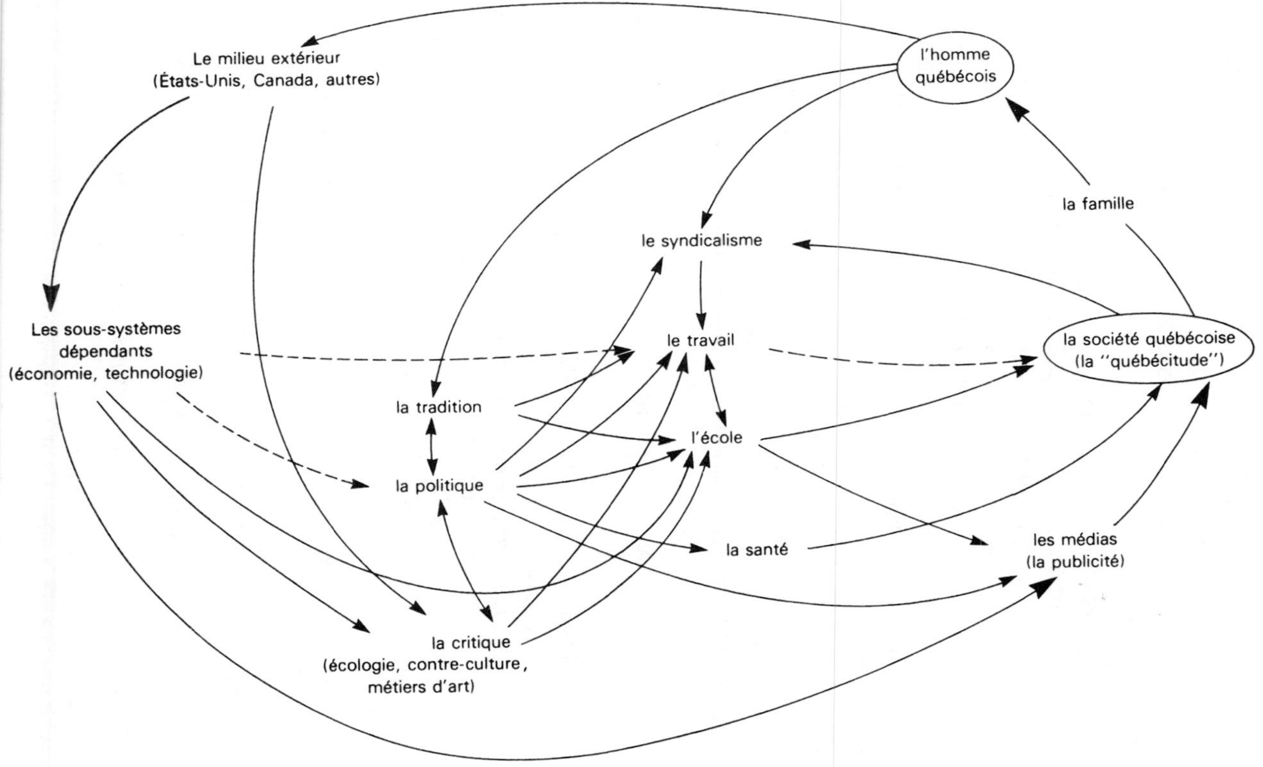

l'homme québécois

la famille

la société québécoise (la "québécitude")

Le milieu extérieur (États-Unis, Canada, autres)

le syndicalisme

les médias (la publicité)

le travail

l'école

la santé

la tradition

la politique

la critique (écologie, contre-culture, métiers d'art)

Les sous-systèmes dépendants (économie, technologie)

Il est vrai que cette postindustrialisation provient en grande partie des influences étrangères, en particulier économiques, ce qui diminue d'autant plus les possibilités de la société québécoise, déjà affaiblie par une répartition des revenus et des pouvoirs favorisant la minorité anglophone. Néanmoins, elle constitue dans les faits une évolution qui a son pendant au niveau des valeurs.

Le graphique 4.1 essaie de situer les différents éléments structurants dont nous venons de parler, soulignant les diverses interrelations permettant à l'homme québécois et à la société québécoise d'être ce qu'ils sont. La grosseur des flèches souligne le poids de l'extérieur et du couple économie-technologie sur leur développement. Au centre, on retrouve les appareils idéologiques dont nous allons traiter pour souligner les changements de valeurs qui ont eu lieu au cours des dix ou vingt dernières années.

Encore une fois, il reste à savoir si ces changements auront un effet sur le genre de société à venir et sur son contrôle, ou si plutôt ils ne feront que perpétuer la structure actuelle des pouvoirs. En d'autres mots, est-ce que l'évolution passée et présente est porteuse d'une certaine mutation ou simplement d'une extension du présent?

4.3 LES TENDANCES LOURDES ET LES FAITS PORTEURS D'AVENIR

Pour tenter de répondre à ce dilemme de valeurs mues ou motrices, nous nous sommes arrêtés à neuf tendances lourdes qui sont en train de façonner le nouveau visage du Québec des prochaines années, tout en reconnaissant d'une part, que cette analyse ne couvre évidemment pas tout le champ des valeurs au Québec, et d'autre part, que ces tendances peuvent se modifier, s'accélérer, ou au contraire, se ralentir au cours des années qui viennent.

Ces tendances lourdes ont donc la caractéristique d'être, dans leur prolongement, des faits porteurs d'avenir. Celles que nous avons retenues portent sur l'idéologie, l'État, la politique, la connaissance, le travail et la vie sociétale. Dans les prochaines pages, nous passons en revue chacune de ces neuf tendances lourdes et faits porteurs d'avenir. Le chapitre se termine par un diagnostic plus général sur notre société.

4.3.1 La nationalisation du champ social québécois

Depuis 1960, c'est sans contredit l'idéologie du nationalisme et les valeurs qui la sous-tendent qui ont dominé le sous-système idéologique québécois. La permanence et la diffusion de ce nationalisme à des secteurs jusque-là épargnés constituent sans doute la principale tendance lourde de l'univers idéologique québécois.

Impossible aujourd'hui de faire un pas sans se buter au mot QUÉ-BÉCOIS. Tout est devenu nationaliste et québécois au Québec, à partir d'un certain club de crosse jusqu'aux messages publicitaires. En effet, plus que tous les autres, les mots "Québec" et "nation" ont connu un essor considérable depuis 20 ans: Bibliothèque nationale, Assemblée nationale, Confédération des syndicats nationaux, Fédération nationale des enseignants du Québec, Presse étudiante nationale, Association des économistes du Québec, etc. On ne parle plus de province canadienne-française, on parle d'État québécois.

Sur le plan d'une sociologie de la langue, cette transformation de canadien-français en québécois n'est pas dénuée de toute signification. Après s'être longtemps appelés (avant 1760) Français puis Canadiens, et ensuite Bas-Canadiens et Canadiens français, voilà que les "francophones" du Québec ont décidé d'abandonner le nom composé pour le nom simple. Alors que le premier est le reflet d'une ambiguïté, d'un malaise, d'une difficulté à s'assumer, le second est simple, tout d'un bloc. Alors que le terme Canadien français fut imposé de l'extérieur et n'est que la traduction littérale de French Canadian[5], le terme Québécois s'est imposé de l'intérieur et a de plus l'avantage d'être pratiquement intraduisible pour ne pas dire imprononçable et donc "inappropriable" par un anglophone.

Ce terme QUÉBÉCOIS est plus qu'un jeu de mots ou le résultat d'une querelle d'intellectuels. Il marque d'une part une certaine différenciation de fait avec nos voisins anglophones, et d'autre part une volonté de renforcer cette différenciation.

Par le passé, c'est sur la langue française, le catholicisme et le "ruralisme" que les élites religieuses et politiques ont insisté pour convaincre les Québécois qu'ils étaient différents. On passa sous silence leur américanité; cette insistance sur la langue, la religion et la terre permit à ceux qui contrôlaient l'École, l'Église et l'État de préserver leur position de force.

Aujourd'hui, il s'agit avant tout d'affirmer le message d'une québécitude qui, au-delà des divisions et des conflits sociaux, réunit dans un grand tout homogène les Québécois. Cette québécitude veut se démarquer de l'ancien messianisme, où les Canadiens français pouvaient se

---

(5)   Ce processus de différenciation n'est pas nouveau alors que pour les générations précédentes, le terme "Canadien" ou "Canayen" était particulier aux francophones, "les autres" étant des "Anglais", différenciation d'ailleurs acceptée longtemps par plusieurs anglophones. Voir à ce propos, BOUTHILLETTE, J. *Le Canadien français et son double*. Ottawa: l'Hexagone, 1972.

croire investis d'une mission civilisatrice en Amérique du Nord, de leurs anciens complexes d'infériorité et enfin de l'image qu'on a tant cherché à leur imposer d'une société trop individualiste, mal instruite, pleine de préjugés, antidémocratique[6] et surtout sans aucun talent d'entrepreneur.

Ce nationalisme québécois, malgré l'échec des partisans du oui lors du référendum du 20 mai 1980, n'est pas près de disparaître, qu'on le déplore ou le dénonce, ou même qu'on s'en étonne ou s'en félicite. D'une part, le oui a retenu les votes de près de 50% des francophones malgré l'énorme battage publicitaire des tenants du non et la coalition de presque toutes les forces canadiennes hors Québec pour appuyer cette option. D'autre part, beaucoup de défenseurs du fédéralisme au Québec réclament plus de pouvoirs pour cette communauté et continuent à maintenir l'idée que cette province n'est pas comme les autres. Ainsi, si le Livre beige de Claude Ryan réclame en principe une meilleure répartition des pouvoirs en faveur de toutes les provinces, il admet en pratique qu'un certain statut particulier peut survenir pour le Québec, puisque plusieurs provinces préféreront à ce moment déléguer certains de leurs pouvoirs au gouvernement central.

Ajoutons que bien d'autres raisons permettent de croire au maintien de cette idéologie pour encore longtemps. Ainsi, malgré toute leur bonne volonté, les Québécois continuent à être mal reçus hors du Québec. À titre d'exemple, rappelons que les commissaires aux langues officielles, que ce soit auparavant M. Keith Spicer, ou maintenant M. Max Yalden, ont tous signalé la lenteur, le piétinement et même, dans certains cas, le retour en arrière de la politique du bilinguisme inaugurée en 1969 à Ottawa pour les fonctionnaires. De même, les changements constitutionnels réclamés par le gouvernement fédéral, s'ils veulent redonner des droits au point de vue scolaire aux anglophones venant au Québec, continuent à préserver les mêmes discriminations pour les francophones hors Québec, tant devant les administrations publiques provinciales que devant les tribunaux, sauf au Nouveau-Brunswick. De telles situations vont continuer à renforcer l'idée des Québécois francophones selon laquelle ils sont beaucoup mieux à l'intérieur de leurs frontières qu'ailleurs.

Disons cependant que certains faits porteurs d'avenir, telle l'importante minorité de jeunes (près de 40% des 18 à 20 ans) qui ont voté non lors du référendum, pourraient donner à penser que cette tendance peut

---

(6) C'est une des principales critiques de P.-E. Trudeau l'amenant à préconiser un gouvernement fédéral fort pour empêcher, par exemple, le retour du duplessisme. Dans: *Le fédéralisme et la société canadienne-française.*Montréal: Hurtubise—H.M.H., 1967.

s'atténuer; mais il faut se rappeler qu'une partie de ce vote a appuyé le Livre beige du Parti libéral du Québec, livre qu'on ne saurait taxer de non nationaliste!

Bref, du nationalisme des 92 résolutions de 1836 à Benjamin Viger, d'Honoré Mercier et du chanoine Groulx à René Lévesque, cette tendance n'est pas prête à disparaître rapidement. Mais cette idéologie est-elle mue ou motrice? S'il est difficile de répondre à cette question, il est plus facile de rappeler qu'elle demeure probablement la pierre d'assise de la différenciation soulignée plus haut, et qu'elle constitue l'élément principal pouvant peut-être entraîner les autres sous-systèmes vers une plus grande spécificité. Par contre, il faut aller plus loin pour voir si elle présage une certaine mutation au niveau des valeurs, c'est-à-dire si elle est source de libération, ou plutôt si elle constitue un mécanisme de récupération de la classe dominante, permettant de mieux canaliser les aspirations de la population vers des secteurs non essentiels, de façon à mieux contrôler les autres secteurs.

4.3.2 La social-démocratie comme nouvelle idéologie

Le nationalisme canadien-français traditionnel était avant tout un nationalisme culturel. Conservateur, il ne débouchait pas sur un projet politique concret, préférant se réfugier dans une sorte de messianisme. Appuyé sur une structure de classe précise (petite bourgeoisie traditionnelle, clergé), il contribuait à maintenir la domination hégémonique de cette classe.

Le nationalisme québécois d'après 1960 est tout différent. S'appuyant sur un cadre géographique précis (le Québec), il est tout entier orienté vers le développement plutôt que vers la tradition, et surtout il a fait sa jonction avec l'idéologie social-démocrate, maintenant devenue sinon l'idéologie dominante du moins l'idéologie gouvernementale officielle[7]. Le programme du Parti québécois est à cet égard très explicite; il préconise, entre autres, les mesures suivantes:

- démocratiser le fonctionnement de l'économie;
- établir un système économique éliminant toute forme d'exploitation des travailleurs;

---

(7) Ce qui montre que le remplacement des élites traditionnelles par de nouvelles élites ne constitue pas uniquement un simple changement d'une structure de classe par une autre; les nouvelles élites transportent avec elles de nouvelles idées ou de nouvelles valeurs qui peuvent orienter tout autrement (pour le bien du plus grand nombre ou pour les intérêts particuliers d'un autre groupe) le développement d'une société. Voir: ROCHER, G. ''Multiplication des élites et changement social au Canada français''. **Revue de l'Institut sociologique**. 1968, no 1, pp. 84-94.

- reconnaître entre autres la santé, le logement, l'éducation, le travail et la justice comme des droits;
- subordonner les critères de rentabilité économique aux critères de rentabilité sociale;
- assurer la diffusion de l'information;
- accroître le niveau de vie en s'assurant que l'augmentation des revenus profite d'abord aux plus défavorisés;
- réduire graduellement les écarts de revenus;
- assurer la participation locale dans les prises de décision.

Sur le plan des mesures concrètes, cela s'est traduit par diverses politiques dont entre autres:

- Une préoccupation constante pour les formes coopératives et autres catégories semblables d'organisations économiques; par exemple, le soutien des entreprises Tricofil et de la cartonnerie de Cabano, l'appui à la Société de développement Desjardins ou encore la création d'emplois communautaires du programme Opération solidarité économique (OSE).

- Des mesures de démocratisation économique, telles le développement du tourisme social, la loi de Protection des terres agricoles, une première mesure de revenu minimum garanti, etc.

- Des mesures de démocratisation politique comme l'application de la loi 101 en faveur de la langue de la majorité, la création de divers organismes conseils pour faire participer le public, des réformes du processus électoral (abolition des caisses électorales occultes, démocratisation du processus électoral municipal), etc.

- Des politiques favorisant le caractère public ou collectif de l'économie, telles l'élargissement du concept de gratuité de certains services publics (les médicaments pour certains groupes défavorisés, les soins dentaires pour les jeunes), le régime public d'assurance-automobile, le soutien au développement du transport en commun, etc.

Ces politiques sociales n'ont pas commencé uniquement en 1976 et ne sont pas uniquement l'apanage du Parti québécois. La révolution tranquille avait entamé ce processus avec l'assurance-hospitalisation et l'assurance-maladie, la syndicalisation de la fonction publique, la création des multiples entreprises d'État, la nationalisation de l'Hydro-Québec, la création d'un poste de protecteur du citoyen, etc.; mais l'accent social-démocrate est devenu plus officiel depuis quelques années.

Cette social-démocratie en est une avant tout de "concertation".

Tous y trouvent leur compte: les femmes, les mères, les mères défavorisées, les étudiants, les jeunes, les jeunes cadres, les travailleurs, les agriculteurs, les locataires, les propriétaires, les investisseurs (gros et petits), les touristes, les consommateurs, les sportifs, les artistes, les professeurs, les médecins, les avocats, les fonctionnaires, les mineurs, les pêcheurs. Tout le monde y ramasse quelque chose. Cela sera possible, pense-t-on, grâce surtout à l'augmentation du "gâteau" québécois et non pas tellement à sa répartition plus équitable.

Mais il faut se demander si cette social-démocratie n'est pas, à toutes fins utiles, vide de sens. Elle n'implique peu ou aucun coût d'option. Elle n'exclut personne. À cause de cela, elle peut difficilement être considérée comme un véritable programme offrant des options, des priorités, des décisions. C'est pourquoi elle est très critiquée.

Bref, cette social-démocratie n'est pas encore bien établie, ou en d'autres mots, elle ne se rattache pas encore à un véritable projet collectif. Elle hésite faute de consensus même si elle établit certaines balises qu'il sera difficile de rayer par la suite.

4.3.3 Une présence systématique de l'État

Ce qui caractérise avant tout l'État québécois avant 1960, ce n'est pas tant son absence totale que son caractère supplétif et parcellaire. L'État est là avant tout pour compléter, favoriser, sanctionner. Mais la révolution tranquille a vu la montée de l'État québécois et la modernisation de l'appareil administratif. Cette tendance a revêtu plusieurs aspects:

- L'initiative de formuler une problématique, de mettre en branle des projets pilotes, de suggérer, de commencer ou même de cesser quelque chose a été en quelque sorte monopolisée par l'État.
- C'est du côté de l'État que l'on trouve maintenant, du moins formellement, le pouvoir et l'autorité, phénomène que l'étude des budgets gouvernementaux ne nous révèle certainement pas.
- La force d'attraction de la bureaucratie gouvernementale constitue elle aussi un phénomène nouveau. Avant 1960, un emploi gouvernemental, obtenu par faveurs interposées, était le plus souvent considéré comme une récompense ou une charité. Depuis 1960, une carrière dans la fonction publique est considérée comme un débouché envié par les finissants universitaires;

on remarque surtout un va-et-vient constant entre les secteurs privé, public et universitaire, notamment dans le cadre de la recherche.

● Les structures constituent aussi un autre indice de cette prédominance de l'État québécois. Dès qu'un secteur d'activité est "reconnu", on s'empresse de créer un organisme pour y oeuvrer. Cette structure, par les hommes et les budgets qu'elle implique, assure la permanence de la présence étatique.

● Finalement, cette importance accrue de l'État est rendue possible par le caractère systématique de la présence étatique. Il s'agit bel et bien d'un réseau d'organismes autonomes: régies, comités, commissions, conseils, centres, services, bureaux, sociétés, offices, commissariats, caisses, tribunaux, tous reliés entre eux par des liens organiques, par les personnes qui les composent ou par les tâches qu'elles accomplissent. C'est une toile d'araignée que l'État a tissée et ce quadrillage est peut-être fragile en un point donné, mais c'est de l'ensemble que lui vient sa force.

La présence systématique de l'État prend également la forme de l'essor de la bureaucratie. Depuis 1960, le nombre de fonctionnaires provinciaux (administrations et régies) a augmenté de façon considérable. De 6 770 qu'ils étaient en 1933, ils sont passés à 30 000 en 1960 et à 65 000 en 1979. Il semble que cette tendance ne soit pas près de se retourner, même si sa croissance peut ralentir à la suite de certains mouvements conservateurs. On peut avancer trois raisons pour justifier cette montée et le maintien probable de l'importance des administrations publiques:

● la socialisation de la vie, liée à l'urbanisation et ainsi à l'augmentation des occasions de contacts et donc de conflits possibles entre les citoyens, d'où la nécessité d'un arbitrage entre citoyens assuré par l'État, comme les plans d'urbanisme par exemple;

● l'émergence de nouveaux droits (droit au logement, droit à la protection juridique, droit au travail, droit à la garde des enfants, droit à l'air pur, etc.) signifient aussi de nouveaux services publics pour les produire ou les administrer;

● l'existence même du fonctionnarisme fait en sorte que son personnel cherche à justifier son nombre et à étendre ses fonctions.

De plus, la multiplication des fonctionnaires, surtout pendant les belles années de la révolution tranquille, s'est accompagnée d'un choix délibéré de multiplier les institutions administratives. Au niveau ministériel, tout d'abord il y a eu la création de nouveaux ministères ou quasi-ministères (Affaires culturelles, Consommation, Environnement, Immigration, Office franco-québécois pour la jeunesse, Haut-Commissariat à la jeunesse, aux loisirs et aux sports), ce qui confirme l'importance qu'ont prise certains secteurs d'activité, à un point tel qu'ils sont maintenant jugés dignes de faire l'objet de querelles administratives et partisanes. Mais cette création, ou regroupement de ministères (11 entre 1960 et 1980) apparaît finalement comme un phénomène secondaire si on le compare à la prolifération d'institutions administratives — plus de 157 d'après A. Gélinas[8] — plus ou moins autonomes qui parsèment maintenant le paysage politico-administratif québécois.

Les conséquences de ce mouvement de déconcentration et de décentralisation sont nombreuses. La plus importante pourrait sans doute être la fragmentation de l'autorité politique qu'elle entraîne. Il continue certes d'exister un seul État (encore qu'au Canada il faille compter avec l'État fédéral, provincial et local), mais cet État parle avec plusieurs voix. Cela permet sans aucun doute à un plus grand nombre de citoyens, particulièrement s'ils sont organisés, de se faire entendre et surtout d'obtenir des décisions en leur faveur, car les points d'entrée dans le système d'autorité politique ont ainsi été multipliés.

Cette multiplication d'entités administratives a sans doute contribué à faire émerger des conflits jusqu'ici latents, et même à créer de toutes pièces des occasions de conflits, car chaque nouvel organisme impose une redéfinition du champ d'autorité, des canaux de communication, une remise en cause de la définition que les autres organismes s'étaient donnée du problème ou de leur clientèle. Si les conflits sont multipliés, ils sont aussi en quelque sorte temporisés. Plus nombreux sont les organismes d'administration, plus grandes sont les possibilités d'appel. Par ailleurs, la décentralisation fonctionnelle peut aussi accroître le haut degré de cynisme déjà existant chez les citoyens, car chaque nouvel organisme n'est pas nécessairement considéré comme un futur terrain d'action, mais plutôt comme un obstacle additionnel posé en travers de la route de ceux qui sont plus intéressés à agir qu'à parlementer.

Dans cette perspective, il n'y a donc pas de diffusion et de décentralisation effective du pouvoir, mais une occultation de celui-ci. Tous ces organismes décentralisés ne peuvent-ils pas être considérés comme autant de tranchées de première ligne derrière lesquelles le

---

(8) GÉLINAS, A. *Organismes autonomes et centraux.* Montréal: Les Presses de l'Université du Québec, 1975.

pouvoir étatique peut continuer à s'organiser sans entrave? Il y aurait là autant d'écrans de fumée qui viendraient masquer le fait que, dans nos sociétés de capitalisme avancé, si la décision ne repose plus sur les élus siégeant à l'Assemblée, cette décision n'est pas pour autant remise entre les mains des citoyens, mais se trouve davantage concentrée entre les mains de quelques-uns: Conseil exécutif, Conseil du Trésor, cabinet du Premier ministre et Sous-ministres.

On est loin ici du tableau idyllique décrit plus haut. La multiplication des organismes administratifs offre de nombreuses possibilités d'action aux citoyens et aux groupes désireux d'en profiter. Mais la réalité de ces possibilités va de pair avec une autre possibilité, tout aussi réelle, celle de voir ces nombreux organismes servir de paravent à un pouvoir qui continue de s'exercer de façon aussi autoritaire et au profit des mêmes intérêts. Grain de sable ou vaseline? C'est tout le dilemme de la participation, que nous traitons de façon plus approfondie à la section suivante.

4.3.4 Un intérêt nouveau pour la politique "officielle" et pour de nouvelles formes de politisation

Si on se fie aux quelques données empiriques que nous possédons pour les années 60, il était difficile de conclure à ce moment que les Québécois apportaient une attention toute particulière à la base politique. Ainsi, un sondage réalisé au début de cette période concluait qu'au moins 40% des citoyens se déclaraient "non intéressés" à ce domaine[9], ce qui est énorme; en 1970, les choses ne semblaient pas tellement avoir changé alors que ce pourcentage, du moins quant aux électeurs montréalais, passait à 42%[10], malgré toutes les péripéties politiques survenues au Québec durant cette période. De plus, ils étaient peu convaincus de pouvoir influencer le cours des choses en politique. Leur sentiment de compétence demeurait très bas.

Le même diagnostic vaut pour la participation des citoyens à la vie politique. Même après 1960, le degré de participation demeurait relativement faible. Bien sûr, en 1970, le Québec avait connu un des plus hauts taux de participation électorale de son histoire, soit 82,6%, mais il s'agit là d'une forme très conjoncturelle de participation politique. Le pourcentage des Québécois qui militaient dans des partis ou des associations politiques, ou qui jouaient même un rôle un peu plus actif que celui d'électeur lors d'une consultation électorale, demeurait très faible. Ainsi,

---

(9)   Groupe de recherches sociales. *Les électeurs québécois.* Montréal: G.R.S., 1960.

(10)   Voir: CARLOS, S. et LATOUCHE, D. "La composition de l'électorat péquiste". *Le processus électoral au Québec.* Montréal: Hurtubise - H.M.H., 1976, pp. 187-213.

seulement 23% de citoyens participaient de près ou de loin de façon active ou purement formelle à des associations ou organisations de toutes sortes[11].

Mais la situation a commencé à changer avec les années 1970. Ainsi, un autre sondage en 1970 montre que 85% des répondants ont un niveau moyen ou élevé de connaissances politiques, tandis que 92% ont accès de façon quotidienne à de nombreux médias d'information[12]. En 1973, 61% de l'électorat québécois disait avoir écouté souvent ou très souvent les émissions de radio ou de télévision consacrées à la campagne électorale, et chose assez étonnante à une époque où l'imprimé est censé être mort, 41% des électeurs affirmaient aussi lire souvent les journaux[13].

C'est évidemment autour de l'idée de l'indépendance du québec que ce changement a eu lieu, idée dont un des points culminants a été le référendum de 1980 avec une participation électorale encore plus élevée, soit près de 86% de la population. De 1970 à aujourd'hui, la plus grande partie de l'avant-scène du débat politique est monopolisée par cette question. Au moins deux points peuvent ressortir de cette période:

- Entre 1970 et 1973, le nombre de personnes qui se disaient indifférentes devant ce débat est passé de 25% à 16%[14], et il est probable que ce pourcentage a systématiquement diminué en approchant de 1980.

- Il commence à se faire des clivages de plus en plus précis entre les citoyens. Le premier, qui était à prévoir, est la polarisation des anglophones - se sentant menacés - contre le Parti québécois et la plupart de ses interventions. Le second repose sur les générations: les jeunes sont beaucoup plus portés aux changements que leurs aînés[15]. Le troisième est l'évolution politique différente des femmes par rapport aux hommes, clivage dont nous parlerons à la section suivante.

L'absence de politisation massive chez les Québécois ne cache-t-

---

(11) CARLOS, S. et LATOUCHE, D. *Op. cit.*

(12) CARLOS, S. et LATOUCHE, D. *Op. cit.*

(13) CARLOS, S., CLOUTIER, E. et LATOUCHE, D. ''L'élection de 1973''. *La Presse.* 11-29 novembre 1973.

(14) *Ibidem.*

(15) Cf.: BLAIS, A. ''Le vote référendaire: le changement dans la continuité''. *Le Devoir.* 16 juin 1980.

elle pas des changements profonds parmi certains secteurs particuliers de la population? Les femmes, par exemple, sont-elles plus attentives et plus impliquées dans le phénomène politique qu'elles ne l'étaient il y a vingt ans? Que dire aussi des jeunes, des consommateurs, des écologistes, etc.? Le vote et l'intérêt pour les élections sont-ils les seuls critères qui doivent nous guider dans notre évaluation?

Une action politique parallèle (ou non officielle) a vu le jour depuis quelques années un peu partout dans nos sociétés et elle semble s'étendre. Devant des problèmes relativement nouveaux (la pollution, le contrôle des marchés par les monopoles), des groupes jusqu'alors silencieux (jeunes, pauvres, noirs, femmes, consommateurs) demandent non seulement à être entendus mais décident de prendre en main les structures de décisions qui les concernent.

Il faut dire que ce phénomène n'est pas nouveau. Aujourd'hui, ce sont les homosexuels ou les opposants aux centrales nucléaires, il y a dix ans, c'étaient les étudiants et les jeunes travailleurs, et au siècle dernier, les premiers syndicalistes. D'ailleurs ces groupes évoluent vite. Certains d'entre eux qui hier avaient le vent dans les voiles, par exemple les étudiants, sont aujourd'hui presque disparus de la scène politique.

Actuellement au Québec, plusieurs mouvements, dont par exemple les femmes et la contre-culture, ont contribué à renouveler considérablement le discours et la pratique politiques.

Concernant le mouvement féministe, c'est la radicalisation politique de ce mouvement qui nous paraît la caractéristique la plus lourde de signification, non pas tant pour le nombre d'adhésions qui y correspond mais plutôt pour la brisure idéologique qu'elle représente. Le ***Manifeste des femmes québécoises***[16], lancé en 1972, en est probablement la meilleure illustration. On y énonce clairement qu'il est nécessaire que le mouvement des femmes se situe à l'intérieur du mouvement de libération nationale et sociale. Par contre, il ne saurait être question de confondre la lutte des femmes et la libération nationale, ni de subordonner l'un à l'autre.

À propos du mouvement de la contre-culture, notons tout d'abord que cette vision de la politique est essentiellement négative et marque un fort sentiment de méfiance. De plus, il est apparu que dans la très grande majorité des cas, on ne s'intéresse à la politique que dans la mesure où on

---

(16) ***Manifeste des femmes québécoises.*** Montréal: L'Étincelle, 1971. Cité dans: ***Le manuel de la parole: recueil de manifestes québécois, 1760-1975*** (D. Latouche, éd.). Québec et Montréal: Éditions du Boréal-Express, 1979, p. 1912.

est touché par elle, ou qu'elle a une incidence sur la vie et les idéaux du mouvement contre-culturel. L'*Establishment* est responsable de tous les maux, mais le mouvement contre-culturel se refuse à l'attaquer autrement que par la conscientisation. En fait, le mouvement contre-culturel parle de politique mais n'a pas de pratique politique. Le mouvement contre-culturel préconise avant tout la libération individuelle et le changement des valeurs. Pour ce faire, l'idéologie humaniste est l'atout majeur.

Ces mouvements féministes ou de contre-culture marquent indéniablement une brèche importante dans le système idéologique dominant, mais pas nécessairement de la même façon. Dans le premier cas, le mouvement féministe constitue non seulement une remise en question de l'hégémonie masculine, mais apporte avec lui des idées ou une idéologie nouvelle pouvant peut-être transformer les solutions traditionnelles aux problèmes de notre temps. Dans le deuxième cas, si le mouvement contre-culturel rejette carrément les bases de l'idéologie dominante, son mode d'action très individualiste, par contre, où de petits groupes ont relativement peu de liens entre eux, porte en lui son propre échec vis-à-vis de cette idéologie. Le mouvement contre-culturel, attaquant l'*Establishment* par la responsabilité individuelle, dépend pourtant trop pour sa survie de ce monde de la production et des producteurs, ou encore de l'État-providence.

4.3.5 L'accessibilité à la connaissance et à une éducation polyvalente et permanente

L'éducation est probablement le plus important appareil idéologique qui ait permis à l'élite hégémonique d'affirmer son pouvoir, notamment avec l'avènement de l'éducation populaire à la fin du XIXe siècle.

Depuis 1960, deux changements importants ont transformé l'école au Québec. D'une part, les progrès de l'accessibilité physique ont été spectaculaires. Par exemple, avant 1950, sur 100 élèves qui commençaient des études primaires, 2 seulement se rendaient jusqu'à la 12e année, alors que dix ans plus tard ce chiffre passait à 66. D'autre part, l'accessibilité sociale, sans avoir autant progressé, s'est quand même considérablement améliorée. Ainsi en 1954, les enfants d'ouvriers spécialisés, constituant 43% de la population d'enfants de 13 ans, ne représentaient que 7% des inscriptions dans les classes d'éléments latins des collèges classiques. Or vingt ans plus tard, si 65% de la population était représenté par les occupations de classe moyenne ou inférieure (ouvriers, journaliers, employés de service...), les enfants de ces classes occupaient 59% des places au secondaire I et 51% de celles du cégep I.

Mais ces deux constatations ou tendances peuvent aussi bien aider à mieux diffuser l'idéologie dominante chez un grand nombre de jeunes Québécois qu'à remettre en question celle-ci en les aidant à se poser des questions. C'est donc sur le plan du contenu et de la façon dont celui-ci est transmis que les valeurs peuvent évoluer ou non.

En outre, celui qui parlait d'éducation au Québec jusqu'à la fin du régime duplessiste, parlait avant tout de formation religieuse; alors que maintenant l'éducation est non seulement polyvalente, offrant un ensemble de matières fort variées pouvant donner lieu à plusieurs options, mais tend à être de plus en plus permanente.

Concernant le contenu, nous sommes en présence d'un système en constante évolution, au point que les lignes de force présentées par le rapport Parent sont remises en question par le Livre vert sur l'enseignement primaire et secondaire, visant à offrir un enseignement plus formateur et moins encyclopédiste, et par le rapport Nadeau demandant de ne pas spécialiser les étudiants.

De même, dans le domaine de l'éducation permanente, les dés sont loin d'être jetés. Certes, depuis la réforme du système scolaire, le concept d'éducation permanente a beaucoup évolué; jusque-là, la tendance était d'une part à l'éducation des adultes, c'est-à-dire à la scolarisation de ceux qui n'avaient jamais poussé très loin leurs études, et d'autre part, au recyclage, soit l'adaptation de la main-d'oeuvre aux changements technologiques. Aujourd'hui, tout en conservant ces deux objectifs, l'éducation permanente s'adresse autant aux jeunes qui désirent reprendre leurs études, qu'à ceux qui veulent compléter une scolarité ou améliorer leurs connaissances.

Mais l'ouverture du système scolaire ne s'applique pas à toutes les sphères de connaissances, et la formation de systèmes d'éducation parallèles démontre que l'éducation "officielle" refuse la politisation du débat si cette politisation peut contester le pouvoir établi. Tout en prônant l'école pour tous, l'État refuse à certains le droit de s'exprimer avec leurs moyens. Ici encore la lutte ne fait que commencer.

4.3.6 Une remise en question du travail, la politisation du débat sur le travail et la réponse du monde industriel

La tertiarisation de la main-d'oeuvre québécoise est sans aucun doute le principal changement survenu dans le monde du travail au Québec depuis quarante ans. Ainsi, la part du secteur tertiaire est passée de 41,5% en 1941 à 67,2% en 1978, et à l'intérieur du tertiaire, ce sont les services communautaires, commerciaux et personnels qui prennent la part la plus importante de tous les groupes industriels. Avec la tertiarisation, la nature même du travail est profondément affecté. Les tâches de bureau et intellectuelles remplacent les tâches manuelles. La contrainte de la bureaucratie tend à se substituer à celle de la machine.

La pression syndicale et la technologie ont permis de faire passer la semaine de travail de 46 heures en 1945 à moins de 40 heures aujourd'hui pour les travailleurs rémunérés à l'heure dans l'industrie manufacturière. Le temps de vacances s'allonge et le nombre de jours fériés augmente. Enfin, l'entrée sur le marché du travail est retardée par la scolarisation, et la sortie est accélérée par l'abaissement de l'âge de la retraite. La syndicalisation accrue constitue un autre changement important survenu dans le monde du travail québécois. En 1976, plus de 37% de la main-d'oeuvre était syndiquée contre 12% en 1941.

Malgré les progrès que nous venons d'énumérer, les formes et les niveaux d'aspiration se sont aussi transformés et les travailleurs demeurent insatisfaits et fort critiques.

Une productivité qui ralentit[17], un taux de malfaçon qui monte en flèche, un roulement de personnel et un absentéisme à la hausse, des grèves sauvages, etc., voilà autant de symptômes des tensions qui continuent de se perpétuer. Une des manifestations les plus apparentes de cette insatisfaction est l'augmentation du nombre de jours perdus par grève ou lock-out depuis quelques années.

Cette insatisfaction est évidemment un facteur de tension et peut entraîner facilement une remise en question de l'idéologie dominante, surtout dans la production, domaine qui constitue le moteur du système capitaliste avancé. Cette remise en question passe avant tout par les syndicats ouvriers.

Après le régime duplessiste, la révolution tranquille constitue une accalmie dans la critique syndicale du système économique nord-américain, accalmie qui sera de courte durée. Durant ces quatre ou cinq années, non seulement les syndicats sont acceptés par le nouveau régime, mais on semble vouloir tenir compte de leurs analyses. Cette période euphorique permet cependant aux syndicats de prendre conscience de leur force. Pour un temps, cela s'exprime par une collaboration avec le gouvernement, considéré comme le premier levier d'émancipation des Québécois. On préconise la planification économique, on accepte de participer à différents "conseils" gouvernementaux ou paragouvernemen-

---

(17)   Ralentissement qu'on remarque dans la plupart des pays industriels occidentaux et en particulier aux États-Unis, surtout depuis 1965. Ainsi, dans ce pays, si le taux de croissance annuel moyen de la productivité était de 2,5% entre 1950 et 1966, il n'était plus que de 0,5 entre 1966-1980.

taux, on réclame des nationalisations et des créations d'entreprises publiques.

Mais lorsque la révolution tranquille s'essouffle, la critique reprend de plus belle. L'État redevient l'adversaire qui collabore directement avec le régime capitaliste. L'idéologie de remplacement se précise. À la CSN, cette idéologie est d'abord une critique de l'impérialisme anglo-américain et du capitalisme tant canadien-français qu'anglo-saxon; sur ce point, la FTQ n'est pas en reste même si son langage est moins virulent. En retour, les syndicats proposent une société nouvelle, de gauche et québécoise[18].

Il demeure que les décisions des syndicats ne sont pas nécessairement acceptées d'emblée par les ouvriers de la base; les positions extrêmes appartiennent plus souvent aux dirigeants (ou aux permanents). Mais elles représentent une facette qu'on ne peut négliger, et qui explique que le syndicalisme québécois, à l'encontre du syndicalisme prévalant en Amérique du Nord, en est un de combat. La réélection des dirigeants syndicaux, la stagnation de la CSD beaucoup plus timorée dans ses revendications sociales, et diverses manifestations d'appui aux dirigeants dans les moments critiques semblent confirmer que, si les discours ne sont pas suivis tels quels par la base, le syndicalisme demeure une force de contestation du système.

Face à cette critique du système, la réponse du patronat a été une certaine volonté d'expérimenter. En effet, si l'action politique constitue une réponse des syndicats à l'insatisfaction des travailleurs, la réforme de l'entreprise constitue la réponse privilégiée par les éléments les plus progressistes du patronat.

Certaines de ces réformes portent sur l'aménagement des temps de travail par le décalage des horaires imposés, par le choix entre des horaires fixes, par des horaires variables ou encore par la semaine comprimée. Certaines réformes portent sur le contenu du travail et ont pour but de parer à la monotonie, à la charge excessive ou au caractère pénible de certaines tâches en faisant alterner les employés entre deux ou plusieurs tâches (l'enrichissement des tâches). D'autres réformes peuvent augmenter l'autonomie des travailleurs et améliorer leur statut en pariant sur leur sens des responsabilités et sur leur créativité. On considère le travail en équipe, un groupe se voyant confier différentes responsabilités, comme le partage et le déroulement des tâches. Ce travail en équipe peut aller jusqu'à "la démocratie industrielle", comme l'ont nommé exagérément certains spé-

---

(18)   On se rappelle que les deux grandes centrales syndicales ont pris position pour le oui lors du référendum.

cialistes.

Passé la période de nouveauté, un grand nombre de ces formules de renouveau du travail - surtout celles qui portent sur le temps et le contenu du travail - sont rejetées par les travailleurs, parce qu'elles ne sont qu'une façon plus insidieuse d'augmenter la productivité au bénéfice des patrons. D'autre part, plusieurs patrons les refusent parce qu'elles vont, d'après eux, à l'encontre de l'organisation scientifique de l'entreprise (taylorisme) si chère au libéralisme économique, et qu'ils considèrent comme la source du progrès technique et économique.

De plus, les réformes qui touchent à la gestion finissent par se heurter à l'idéologie même du capitalisme, basée sur la propriété du capital et sur son contrôle par les capitalistes. En outre, pourquoi les travailleurs s'arrêteraient-ils à une autonomie limitée? Pourquoi ne remettraient-ils pas en question toute la gestion de l'entreprise, à partir du principe que l'entreprise appartient autant aux employés qu'aux patrons? Pourquoi se contenteraient-ils d'une fraction marginale des profits? Pourquoi ne remonteraient-ils pas plus loin à la source de l'aliénation? Autant de questions que le patronat peut se poser et que certains travailleurs se posent certainement.

Mais le système n'est pas complètement fermé aux possibilités de changement; les soupapes peuvent permettre l'introduction de grains de sable: les changements peuvent à l'occasion se retourner contre les détenteurs du pouvoir. Certains faits porteurs d'avenir peuvent favoriser les pouvoirs dominants, mais d'autres sont peut-être susceptibles de produire une véritable transformation des rapports de production.

C'est à cette seconde catégorie qu'appartiennent sans doute des expériences d'autogestion comme les chantiers coopératifs mis sur pied dans les régions défavorisées du Québec, Tembec en Abititi, Tricofil à Saint-Jérôme, et jusqu'à un certain point la cartonnerie de Cabano; peut-être ces innovations auront-elles non seulement une existence durable, mais un rayonnement significatif susceptible de contribuer à affaiblir le système de travail actuel.

Donc, les jeux ne sont pas faits, rien n'est vraiment décidé entre des réformes patronales du type "enrichissement des tâches", le statu quo rigide des Chambres de commerce et les tentatives d'autogestion des travailleurs.

4.3.7 Une participation au bien-être

Depuis le rapport Beveridge, qui a jeté les fondements de la politique sociale moderne en 1944, les pays industrialisés de l'Ouest se sont donné graduellement toute une série de programmes d'intervention. L'ère de l'État-providence commençait; à la croissance, à la stabilisation conjoncturelle, à l'éducation, etc., venait s'ajouter un nouveau rôle gouvernemental, celui de la santé et du bien-être social.

En fait, l'originalité du Québec en matière sociale ne tient pas au fait que les Québécois veulent de meilleurs services de santé, de meilleurs logements, des garderies ou même des loisirs organisés. Cela, toutes les sociétés y aspirent. L'originalité québécoise est ailleurs, en l'occurrence dans la façon qu'ils ont choisie de se donner ces services sociaux. Il ne veulent pas seulement de meilleurs services, ils veulent aussi participer à l'élaboration et à la distribution de ces services.

Les Centres locaux de services communautaires en sont un exemple (CLSC). Ce sont des expériences à l'échelle des quartiers de centres populaires de services sociaux qui ont servi de point de départ à l'implantation des CLSC, à la suite des recommandations de la commission d'enquête sur la santé et le bien-être social (commission Castonguay-Nepveu).

Prioritairement, ces CLSC doivent offrir quatre types de services: l'accueil, les soins, les services sociaux et l'action communautaire; selon les besoins de chaque population, ils insistent sur l'un ou sur l'autre. De plus, chaque centre offre les services qui sont réclamés par les usagers; ainsi, dans les quartiers où la population est âgée, on organise des soins à domicile, dans d'autres, ce sont des cours destinés aux jeunes mères ou des services de consultation pour drogués. On essaie donc d'intégrer le plus de personnes afin de justifier l'existence du CLSC: il est possible d'affirmer que parmi les 81 CLSC qui existent présentement, chacun possède une personnalité propre qui reflète les principales caractéristiques de son milieu.

Comment juger les CLSC? S'agit-il d'une formule originale permettant à la fois une plus grande efficacité des services de santé, une meilleure médecine, une plus grande participation des citoyens, ou plutôt une tentative de l'État d'accaparer un secteur qu'elle juge prioritaire? Le CLSC constitue une tentative intéressante qui démontre la volonté de déconcentration dans le domaine de la santé. Mais il ne faudrait pas croire qu'elle est unique en son genre: la cour des petites créances, les cliniques d'aide juridique, les bureaux régionaux de certains ministères en sont autant d'exemples. Mais par delà la déconcentration et la participation souvent illusoire des citoyens à l'administration des CLSC, ceux-ci constituent-ils un fait porteur d'un avenir libérateur pour les Québécois?

Le grand avantage du CLSC, et la raison d'être de son existence, est qu'il permet l'accès d'un grand nombre de personnes aux services de santé, tout en ne nécessitant pas d'investissements aussi coûteux que les hôpitaux traditionnels. Cet objectif d'accessibilité semble avoir été largement atteint. Le CLSC permet aussi un contrôle plus étroit et une planification étatique plus cohérente et plus souple des services de santé. D'autre part, le CLSC ne représente pas une menace à l'exercice d'une médecine privée et/ou de luxe, puisque les citoyens ne sont pas obligés de passer par le CLSC, pas plus que les praticiens ne sont obligés de s'insérer dans le régime d'assurance santé. Quant à la participation des usagers, son importance réelle est si minime - et d'ailleurs en régression - qu'elle ne constitue pas une menace au contrôle des CLSC par les spécialistes de la santé.

En tant qu'innovation sociale, le CLSC n'est pas une illusion. Son objectif d'une plus grande accessibilité aux soins de la santé demeure appréciable et susceptible de contribuer à une plus grande justice sociale. Mais cela demeure à l'intérieur d'un cadre limité. Ici encore, la vaseline semble l'emporter sur le grain de sable.

4.3.8 La recherche d'un mieux-être écologique

Depuis les analyses du Club de Rome, depuis la crise de l'énergie, depuis la redécouverte de la nature, la qualité de la vie est devenue l'une des principales préoccupations de nos sociétés occidentales. Défense du consommateur, lutte contre la pollution, protection de l'environnement, réhabilitation des quartiers, rénovation historique sont ainsi devenues autant de manifestations de ces nouvelles inquiétudes, et l'action des groupes écologiques semble la plus spectaculaire.

Cependant, un survol, même rapide, de l'action de ces groupes écologiques québécois nous révèle immédiatement la faiblesse de leurs moyens, leur petit nombre et surtout la précarité de leur existence. Au Québec, on ne compte pas encore d'association d'envergure nationale, si on fait exception du Conseil de l'environnement, mis sur pied avec l'aide gouvernementale. La majorité des associations écologiques opèrent à Montréal et celles qui ont vu le jour ailleurs en province n'ont duré en général que l'instant d'un communiqué de presse ou d'une lettre de protestation. L'action qu'elles mènent est non seulement fort récente mais elle demeure aussi essentiellement ponctuelle, sans grand impact et surtout largement symbolique.

Cette action ponctuelle est fondée sur une vision entièrement apolitique de la lutte pour l'environnement. En insistant sur le fait que l'homme fait partie avant tout d'un système biophysique, on en vient à noyer la spécificité politique et économique dans un grand tout systémique. En niant une responsabilité précise et en privilégiant plutôt une responsabilité collective, la collectivité étant ici un ensemble d'individus, on se trouve par le fait même à nier toute responsabilité: si tout le monde est responsable, personne ne l'est! Ceux qui ont tout à gagner de cet apolitisme, ce sont, bien sûr, le gouvernement et l'entreprise, qui peuvent ainsi se cacher sous cette pensée englobante.

Mais il ne faudrait pas croire pour autant que la lutte pour la sauvegarde de l'environnement n'est qu'une illusion dangereuse. Au contraire, elle renferme des promesses, souvent inexploitées, qu'il importe de souligner. Le combat pour la protection de l'environnement, doit être mené jusqu'au bout, quelles que soient ses limites ou l'utilisation idéologique qui en est faite. Il y a aussi le fait que cette action implique l'individu directement. Parce qu'il fait de chaque individu la cause et la solution à la crise de l'environnement, l'écologisme peut constituer un processus très efficace d'éducation et d'apprentisssage à l'action politique. Ainsi, l'association "Sauvons Montréal", qui à ses débuts s'était surtout intéressée à la préservation des édifices historiques, en est venue à élargir son champ de vision pour y inclure le logement, que l'on considère maintenant comme un droit social au même titre que l'éducation, la santé ou la sécurité sociale.

Parce qu'elle cherche à impliquer l'individu dans des actions concrètes, l'action écologique peut contribuer à diminuer la dissonance cognitive qui affecte ordinairement les militants politiques, dont les actions ne correspondent pas toujours à ce qu'ils prêchent. Dans la mesure où on élimine ainsi la contradiction entre le discours et le geste, on permet à l'individu d'accorder sa pratique à sa théorie et de se réconcilier avec lui-même. Sur ce plan, les groupes écologiques constituent sans aucun doute des laboratoires où des individus sont mis en contact avec un militantisme d'un nouveau genre.

4.3.9 L'expansion culturelle

Sur le plan culturel, le Québec continue de vivre apparemment l'explosion déclenchée par la révolution tranquille. Si, d'un côté, un nombre croissant d'individus utilisent leur tête pour travailler, on constate aussi, au Québec comme ailleurs, qu'une part importante d'entre eux utilisent aussi leur tête pour se divertir. Parallèlement à l'intellectualisation du travail humain, on remarque une expansion de la culture, expansion qui se manifeste dans toutes les directions[19].

Mais en même temps que l'on parle d'expansion culturelle, ne doit-

---

(19)   Sur ce sujet, voir COTTA, A. *La société ludique.* Paris: Grasset, 1980.

on pas aussi parler d'une accélération de la consommation des signes culturels? Ce qui importe dans un Picasso, ce ne sont plus les couleurs ou ce qu'il nous dit sur l'artiste, mais son prix, et ce qu'il nous dit sur son acheteur. On consomme de l'imaginaire et on en vend très cher les signes. Ces signes ne sont pas neutres, ils ne sont pas inoffensifs, ils servent à quelque chose. Ils témoignent d'une appartenance ou d'une exclusion par rapport à une classe et à ses privilèges. Mais leur sens n'est pas fixé une fois pour toutes.

Alors que la consommation et même la surconsommation peuvent être considérées comme des solutions à la contradiction d'une société qui proclame bien haut, mais les ignore en pratique, ses idéaux d'égalité et de partage des richesses, la nouvelle consommation culturelle pourrait bien être la nouvelle réponse à une nouvelle contradiction dans une nouvelle société, qui chante bien haut, mais ne les respecte pas vraiment, ses nouveaux idéaux de qualité de la vie. Dans un cas comme dans l'autre, le système, pour survivre à ses contradictions, cherche à impliquer les individus dans ce que Beaudrillard appelle "un système de différences dans un code de signes"[20]. Si une telle analyse a un certain sens, la culture, telle qu'elle est prise en charge par les technocrates du ministère des Affaires culturelles, est condamnée à un bel avenir au Québec... Plus ça change, plus c'est pareil, ce ne sont que les "différences" qui changent!

4.4 UN DIAGNOSTIC PRÉLIMINAIRE: VERS UN CAPITALISME INVISIBLE OU UNE SOCIÉTÉ DE L'AMBIGUÏTÉ

Concernant les valeurs, le Québec a connu en ces vingt dernières années de grands changements dont certains ont été particulièrement originaux. Il n'est pas certain cependant que ces changements remettent en question l'idéologie dominante, pas plus d'ailleurs qu'ils en assurent la survie. La société québécoise, malgré sa faible population, a suscité régulièrement, et peut-être en plus grand nombre que dans d'autres sociétés, de nouvelles formes de vie sociale, d'institutions, de pratiques, qui ont fini le plus souvent par être récupérées par le système; mais ce qui en ressort, c'est un système qui n'est plus tout à fait le même, qui a été affecté par ces changements d'une façon ou d'une autre. Aussi, il est très difficile dans la plupart des cas de conclure que les valeurs sont soit mues soit motrices. Elles sont souvent les deux à la fois.

L'importance des valeurs au Québec réside d'abord dans le fait que sur le plan de l'économie et de la technologie, nous ne contrôlons pas

---

(20) BEAUDRILLARD, J. *La société de consommation*. Paris: Gallimard, 1970, p. 142.

actuellement beaucoup de choses. Certes, le levier économique est disponible à qui voudra s'en servir (État, coopératives, entreprise privée), mais on est en droit de se demander si le point d'appui n'est pas tellement bas, que la force déplacée malgré l'effort déployé ne demeurera pas minime.

C'est par le biais des valeurs et de toute la superstructure sociale que se jouera peut-être la partie. En fait, il est possible qu'on assiste à un double spectacle: une bataille livrée au niveau de l'infrastructure sociale (sous-système technologique et économique) pour renforcer sinon pour créer une certaine spécificité québécoise, et une seconde bataille, plus défensive, pour préserver les valeurs au niveau de la superstructure. Dans les deux cas, l'influence dominante du sous-système extérieur pèse très lourd.

Mais ce diagnostic est préliminaire. Il demanderait à être complété par l'analyse d'autres valeurs, telles celles de la religion ou de la famille, par l'étude d'autres problèmes tels celui de la violence ou celui des attitudes en face de la mort. Il pourrait être enrichi de quelques recherches tant sur certaines réactions de conservatisme chez certains groupes (malgré l'échec systématique du regroupement des forces de droite au Québec) que sur certaines critiques contre plusieurs mesures sociales dans la situation économique actuelle difficile. Il faudrait aussi tenir compte de certains faits porteurs d'avenir comme la remontée très récente du taux de natalité, l'expansion prochaine des moyens de communication électroniques, l'impact du chômage prolongé chez une partie importante de la jeunesse, etc.

Pourtant, il semble bien encore une fois que les jeux ne sont pas faits. D'ailleurs, puisque l'histoire est aussi bien une accumulation qu'un syncrétisme, aussi bien une référence qu'un oubli, aussi bien une tendance qu'une confusion et une dispersion[21], tout est possible comme tout est difficile. Cela dépend de ce que nous voulons: un capitalisme fonctionnant à l'invisible, une société évoluant à l'ambiguïté, ou un Québec pour les Québécois!

---

(21)   BRAUDEL, F. *Le temps du monde.* Paris: Gallimard, 1980.

CHAPITRE **5**

L'ÉCONOMIE

5.1 NATURE DU SOUS-SYSTÈME ÉCONOMIQUE

L'économie est envisagée comme le sous-système qui vise *l'administration des ressources rares en vue de satisfaire les besoins humains.* Une telle définition n'a rien d'original et son intérêt est de permettre une meilleure approche du champ d'étude, ainsi que des acteurs et variables à retenir. Il s'agit:

• Des *particuliers*, acteurs considérés dans leurs activités de consommation et de perception de revenus. Les particuliers se regroupent à l'occasion en associations et en syndicats.

• Des *entreprises* qui réalisent la production sous la pression du mobile du profit.

• Des *gouvernements* qui assument un certain nombre de fonctions collectives avec une motivation non lucrative.

• De l'*extérieur* qui satisfait des besoins non satisfaits à l'intérieur des limites du Québec.

• Du *milieu naturel* qui a occupé une place centrale dans les premiers écrits des économistes (et notamment ceux de l'école physiocratique). Il a ensuite été évacué du champ de l'analyse économique, dans la mesure où les ressources naturelles étaient considérées comme disponibles en quantité illimitée, et où les problèmes de détérioration du milieu n'étaient pas aigus. L'évolution des dernières années et la mise en lumière des limites physiques de la croissance ont montré la nécessité de considérer le milieu naturel comme une variable déterminante des phénomènes économiques.

Dans les premiers écrits des économistes, et notamment ceux de l'école ''classique'', nous trouvons un modèle simple du fonctionnement du système économique qui constitue un point de départ utile. Dans ce modèle, le consommateur est souverain. Les entreprises fonctionnent pour satisfaire les besoins et constituent le chaînon intermédiaire entre le marché des biens et services demandés par les particuliers et celui des facteurs de production (connaissances technologiques, biens et services extérieurs, matières premières, main-d'oeuvre...). Le consommateur décide d'après un système de valeurs qui est une donnée exogène. Ce système de valeurs vient d'on ne sait trop où: histoire, philosophie, religion... Le schéma 5.1 résume cette analyse centrée autour de la satisfaction des besoins des consommateurs. Au sommet, le système de valeurs détermine le comportement des consommateurs. Les entreprises satisfont les besoins des consommateurs. Les entreprises puisent dans la technologie, le stock de ressources humaines, le stock des matières premières pour satisfaire les besoins des particuliers. L'accroissement de, la population détermine un accroissement quantitatif de la demande des particuliers. Les gouvernements sont très discrets dans ce monde où tout fonctionne pour le mieux. Ils assurent l'ordre public et le respect des principes essentiels du capitalisme (droit des contrats). Les ressources naturelles sont inépuisables. L'environnement naturel est une donnée qui n'est pas rare (il y a de l'air pur en quantité infinie).

SCHÉMA 5.1: **Le sous-système économique: modèle simple (école "classique" et "néo-classique")**

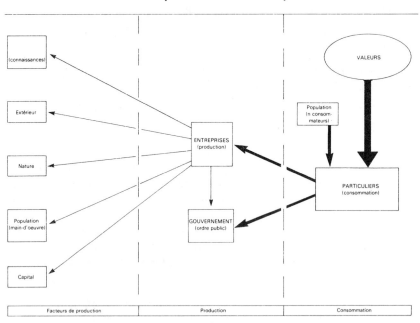

Ce schéma simplifié n'a pas perdu toute pertinence. Il s'applique à une partie de la réalité. Dans tous les domaines qui demeurent proches de "l'économie de marché", c'est-à-dire ceux pour lesquels le consommateur rencontre des entreprises de taille limitée (entreprises artisanales, petites et moyennes entreprises du secteur manufacturier, entreprises de services...), les principes de l'économie classique conservent leur pertinence. Un certain nombre d'aspects bouleversent toutefois le fonctionnement du sous-système économique:

• *Les effets exercés par les grandes entreprises sur les consommateurs.* Pour satisfaire aux impératifs de la production dans un certain nombre de domaines, les entreprises ont accru leur taille, ce qui a impliqué des marchés plus étendus et a incité les entreprises à agir sur la demande pour mieux la contrôler (publicité, action sur le système de valeurs...). Le consommateur n'est plus souverain.

• *L'intervention massive des gouvernements.* Cette intervention vise en particulier à satisfaire les besoins des consommateurs (besoins de sécurité de revenu, éducation, santé, loisirs...), mais aboutit à modifier ces besoins. Il y a une rationalité des choix collectifs, indépendante de la rationalité des choix individuels.

• *L'influence des syndicats et autres associations de travailleurs et de consommateurs.*

• *L'épuisement des ressources naturelles (tout au moins de certaines d'entre elles) et la détérioration du milieu naturel posent de nouvelles contraintes aux entreprises et aux gouvernements.*

• *Le rôle moteur de la technologie.* L'innovation technologique entraîne des modifications des techniques de production. Celles-ci entraînent des modifications de taille des entreprises. Les grosses entreprises sont suffisamment puissantes pour modeler le système de valeurs des individus.

• *Dans le contexte particulier du Québec se pose un problème spécifique: le rôle prééminent de l'extérieur.*

C'est en tenant compte de l'ensemble de ces relations qu'il est possible d'étudier les tendances lourdes, les déséquilibres et tensions ainsi que les faits porteurs d'avenir qui animent le sous-système économique.

5.2 TENDANCES D'ENSEMBLE

Trois séries de tendances ont affecté l'ensemble du sous-système économique au cours des trente dernières années, et elles auront des prolongements dans l'avenir. Elles sont relatives à la croissance économique, l'intervention de l'État, et l'évolution de la population.

SCHÉMA 5.2: Une vision plus réaliste du sous-système économique québécois

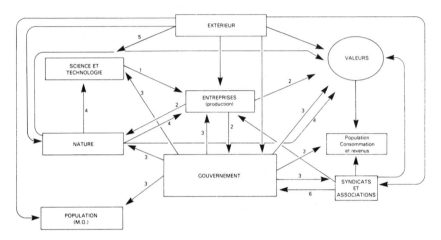

1 Rôle moteur de la technologie

2 Rôle moteur des entreprises

3 Intervention du gouvernement dans divers domaines

4 L'épuisement des ressources naturelles modifie l'orientation de la recherche scientifique, des actions des entreprises, du système de valeurs (psychologie de la conservation)

5 Rôle moteur de l'extérieur

5.2.1 La croissance économique

Les trente dernières années ont été marquées pour le Québec comme pour l'ensemble des pays industriels par des taux de croissance tout à fait exceptionnels. C'est l'époque de la grande croissance. La population a presque été multipliée par 2. La productivité en dollars constants[1] a plus que triplé. Le produit intérieur brut au coût des facteurs en dollars constants de 1961 est passé de 4,8 milliards à 19 milliards en 1979. La croissance de la production, une plus grande efficacité des facteurs de production, ainsi qu'un enrichissement considérable des particuliers ont caractérisé l'évolution économique du Québec.

Satisfaisante en soi, l'évolution du Québec est toutefois plus inquiétante si elle est comparée à celle de ses voisins. Au cours de cette période s'est affirmé un déclin du Québec. La notion de déclin retenue ici

---

(1) i.e. le rapport $\dfrac{\text{produit intérieur brut au coût des facteurs}}{\text{main-d'oeuvre}}$ en \$ constants.

est une notion spécifiquement économique. Elle intéresse les grandeurs généralement invoquées par les économistes et ne permet pas de porter de jugement de valeur sur d'autres aspects. À l'intérieur des phénomènes économiques, elle met l'accent sur les aspects qui touchent plus particulièrement l'appareil productif. Le déclin de certains espaces et la progression relative d'autres espaces est un phénomène inhérent au processus de croissance. La naissance de nouveaux besoins, l'apparition de nouveaux produits, l'ouverture de nouveaux marchés font en effet constamment varier les avantages comparatifs des régions les unes par rapport aux autres. Ce déclin a été marqué:

a) par la diminution à peu près constante depuis plus de trente ans (en dépit de retournements sur de courtes périodes) du poids relatif du Québec dans l'ensemble canadien au niveau des investissements de la population, de la productivité, etc. (tableau 5.1);

b) par une évolution défavorable de l'efficacité de la combinaison des facteurs productifs (tableau 5.2). Sur le plan de la productivité, la situation relative du Québec s'est à peu près constamment détériorée[2]. En ce qui concerne le revenu par tête au cours des dernières années, le revenu personnel a souvent crû plus vite que dans le reste du Canada. Cette situation s'explique par deux facteurs. Le déclin démographique, en diminuant le volume et en changeant la structure d'âge de la population, a automatiquement amélioré le rapport revenu total/population. La croissance des revenus de transfert qui a été très rapide au Québec a, par ailleurs, contribué à faire croître artificiellement le niveau du revenu personnel[3];

c) le déclin du Québec s'est également manifesté sur le plan de l'évolution des principaux secteurs d'activités. Normalement, dans le processus de développement, les activités se déplacent du secteur primaire (agriculture, forêts, pêche) vers les activités secondaires (industries manufacturières et construction) et surtout vers les activités tertiaires. Les industries manufacturières constituent toutefois dans le contexte des économies de marché contemporaines une des bases irremplaçables du développement. Ce sont elles qui fournissent une partie des ressources nécessaires à l'accroissement des activités tertiaires. Or au Québec, les activités manufacturières sont en déclin constant depuis un quart de siècle. Le déclin se constate depuis 1951. L'hypothèse que l'on peut faire ici est que le dynamisme des activités tertiaires a été un substitut à la croissance du

---

(2)   À noter toutefois qu'au cours des toutes dernières années il y a eu un regain de vitalité.

(3)   Le revenu personnel inclut les revenus de transfert.

secteur manufacturier. Cette hypothèse est confirmée par le fait que, au Canada, contrairement à ce que la théorie des trois secteurs permet de prévoir, le niveau du revenu par tête varie en proportion inverse de l'importance des activités tertiaires. Ainsi en 1971, les activités tertiaires occupaient 68% de la population active au Nouveau-Brunswick, 66% de celle du Québec et 64% de celle de l'Ontario.

TABLEAU 5.1: **Le poids relatif du Québec par rapport au reste du Canada, 1946-1976**

$$\left(\frac{\text{données du Québec}}{\text{données du reste du Canada}} \times 100 \right)$$

Années	Population	PIBCF	Investissements	Bénéfices des sociétés avant impôt
	(1)	(2)	(3)	(4)
1946	41.4	35.5	-------	-------
1951	40.2	35.0	35.0	48.7
1956	39.8	34.5	-------	41.2
1961	40.0	34.3	32.5	40.3
1966	40.2	33.8	30.8	34.9
1967	40.1	34.4	27.7	31.4
1968	39.9	33.0	27.4	30.4
1969	39.6	32.3	26.1	30.9
1970	39.5	32.9	25.1	32.9
1971	38.9	32.1	26.2	30.4
1972	38.5	31.6	27.6	29.8
1973	38.1	30.5	27.8	26.4
1974	37.8	30.8	28.9	27.5
1975	37.5	31.2	30.2	26.7
1976	37.3	31.09	28.8	25.7
1977	37.04	30.62	30.1	24.5
1978	36.6	31.09	28.13	26.78
1979	36.2	------	27.23*	-------
1980	35.9	------	-------	-------

(1)   Revue *Banque du Canada.* Avril 1980.

(2)   *Comptes économiques provinciaux.* Stat. Canada 13-213, fév. 1980.

(3)   *Investissements privés et publics au Canada.* Stat. Canada 61-206.

(4)   Stat. Canada 13-213. *Op. cit.*

*   Estimé.

Les perspectives de croissance à long terme, tant pour le Québec que pour les pays industriels à économies de marché, sont celles d'une

TABLEAU 5.2: La productivité et les revenus par tête au Québec et dans le reste du Canada

$$\left(\frac{\text{données du Québec}}{\text{données du reste du Canada}} \right)$$

Années	Productivité (1)	Revenus par tête (2)
1946	.93	.76
1951	.90	.80
1956	.89	.83
1961	.88	.88
1966	.87	.86
1967	.88	.87
1968	.86	.85
1969	.86	.84
1970	.88	.85
1971	.86	.85
1972	.86	.86
1973	.83	.86
1974	.85	.87
1975	.86	.91
1976	.87	.91
1977	.86	.91
1978	.88	.92

---

(1) *PIBCF du Québec*
pop. active du Québec
PIBCF reste du Canada
pop. active du Canada
données sur le PIBCF: Stat. Canada. **Comptes économiques provinciaux (1966 @ 1978)**, 13-213.
données sur la population active: **Revue de la Banque du Canada.** Tableaux (1966 @ 1978) 57-58, avril 1980.

(2) *Loc. cit.*

croissance ralentie. Il sera difficile de maintenir des taux de croissance aussi élevés que dans le passé. Parmi les éléments qui expliquent cette tendance, notons:

a) l'influence centrale du vieillissement démographique;

b) les fortes hausses du prix de l'énergie;

c) les incertitudes quant à l'offre de ressources naturelles;

d) la pollution du milieu ainsi que les difficultés sociales qui en découlent;

e) l'émergence de changements de valeurs importants.

Les limites physiques à la croissance ne sont pas les plus redoutables. À long terme, il est possible de faire face à la rareté croissante des sources d'énergie conventionnelles ou à l'épuisement de certaines matières premières. Les limites sociales sont, par contre, beaucoup plus fondamentales. Elles prennent d'abord la forme d'une complexité sociale et technique accrue. Cette complexité tire son origine du développement de l'information et des connaissances qui entraîne une plus grande spécialisation, laquelle suscite l'interdépendance entre les organisations, la production et les procédés de fabrication. Cette complexité a diverses implications: rigidité dans le fonctionnement du marché du travail (aggravation du chômage structurel, nouvelles exigences des demandeurs d'emploi, politiques gouvernementales, etc.), interventionnisme accru de l'État, nouveau protectionnisme dans le domaine des relations internationales, accroissement soutenu du nombre et des pouvoirs des groupes de pression, etc. Il faut également compter avec les conséquences profondes des changements de valeurs. Ces changements de valeurs et de priorités individuelles seront les facteurs les plus importants qui contribueront dans la prochaine décennie à faire baisser les taux de croissance. Il se produit, dans les vieux pays industriels, une certaine satiété vis-à-vis des biens matériels dont le volume est mesuré dans les comptes nationaux. Cette satiété se manifeste par la recherche de nouvelles satisfactions qui se traduisent par: le régionalisme, la recherche de loisirs, la protection de l'environnement, certaines attitudes antitechnologiques et anti-industrielles. Les limites ultimes à la croissance ne reflètent pas la rareté des ressources mais sont l'expression de préférences individuelles pour de nouvelles satisfactions et de nouveaux défis essentiellement non économiques. Une étude récemment réalisée par l'OCDE [4] montre la coexistence parmi les jeunes générations notamment en Amérique du Nord de valeurs ''matérialistes'' traditionnelles et ''postmatérialistes'' qui correspondent plus à des attitudes nouvelles. Ce dualisme constitue indiscutablement un fait porteur d'avenir dont l'importance est considérable (tableau 5.3).

---

(4) OCDE. *Face aux futurs, pour une maîtrise du vraisemblable et une gestion de l'imprévisible.* Paris, juin 1979 (Étude *Interfuturs*).

5.2.2 L'intervention de l'État

La tendance à une plus grande intervention publique dans l'économie est une des caractéristiques les plus évidentes au cours de la période envisagée. Le secteur public a vu croître d'une façon à peu près constante son poids relatif comme producteur et consommateur de biens et services et comme agent de redistribution des revenus. L'ensemble des dépenses des administrations publiques qui représentaient 19% du produit national brut québécois en 1930 en constitue 22% en 1950 et près de 43% en 1975.

TABLEAU 5.3: **Priorités des valeurs dans les pays développés**

Générations de 65 ans et plus	Europe de l'Ouest	USA	Japon
"Matérialistes"	entre 37% (GB) et 62% (RFA)	40%	58%
"Postmatérialistes"	entre 6% (Suisse) et 1% (RFA)	7%	2,5%
Générations de 20 à 29 ans			
"Matérialistes"	entre 18% (Belgique) et 27% (GB)	24%	33%
"Postmatérialistes"	entre 23% et 11% (mêmes pays)	17%	11,5%

Note:

Besoins "postmatérialistes"
- Embellissement des villes/protection de la nature
- Une société où les idées comptent plus que l'argent
- Protection de la liberté de parole
- Une société moins impersonnelle
- Participation accrue dans le cadre de vie et de travail
- Participation accrue au niveau politique

Besoins "matérialistes"
- Une défense nationale puissante
- Lutte contre la criminalité
- Maintien de l'ordre
- Stabilité de l'économie
- Croissance du PIB
- Lutte contre la hausse des prix

Source: OCDE. *Op. cit.*

Divers points doivent être soulignés:

• L'évolution a été plus rapide au Québec que dans les autres provinces. L'écart est particulièrement important sur le plan des transferts. Depuis 1961, les transferts payés par le secteur public québécois représentent 30 à 35% de tous les transferts payés par les administrations publiques au Canada.

• Le secteur public a joué un rôle moteur en matière d'investissement. Le total des opérations effectuées en matière de formation brute de capital fixe a plus que quadruplé depuis 1961. Depuis 1963, le secteur public est responsable de 30 à 40% des dépenses totales d'investissement. L'évolution a été marquée par la réalisation de grands projets gouvernementaux: barrage de Manic-Outardes, exposition universelle de 1967, construction du métro de Montréal, projet de la Baie-James, Jeux olympiques. L'industrie de la construction a connu des périodes de ralentissement et d'expansion qui correspondent aux dépenses d'immobilisation du secteur public. L'intervention de l'État s'est affirmée par ailleurs dans des domaines réservés au secteur privé, notamment dans les secteurs de l'assurance et des richesses naturelles.

• L'accroissement des activités gouvernementales ne s'est pas affirmé d'une façon identique dans les divers domaines d'intervention publique. Parmi les quatre "missions" (mission sociale, éducative et culturelle, économique, gouvernementale et administrative), ce sont les deux premières qui ont connu la progression la plus significative, et ce sont les progrès de la mission économique qui apparaissent les plus limités.

L'interventionnisme accru de l'État s'est accompagné d'une socialisation de la consommation des particuliers et d'une croissance des dépenses de la santé et de l'éducation. Dans le domaine de la santé, il faut souligner les progrès réalisés en matière d'espérance de vie à la naissance. Mais le système ne répond pas adéquatement aux besoins actuels. En effet, les causes de décès sont, par ordre d'importance: les maladies de l'appareil respiratoire, les tumeurs, les accidents. Ce sont avant tout des "maladies de civilisation" liées aux modes de vie. Or, l'organisation des soins de la santé demeure en majeure partie structurée pour répondre à une morbidité relevant de la biologie humaine. En matière d'éducation, des progrès considérables ont été réalisés mais l'accessibilité sociale est peu satisfaisante.

Pour l'avenir, il faut compter avec une résistance croissante au développement des dépenses publiques qui résultera d'une croissance économique plus limitée, de la révolte des contribuables, ainsi que des courants idéologiques qui dénoncent les effets néfastes de l'intervention gouvernementale. Du côté des dépenses, par contre, certains facteurs tendent à accroître le volume des dépenses sociales (hausse des coûts due au vieillissement de la population, hausse des allocations sociales avec l'accroissement du revenu par tête...). Il y aura une pression à la hausse pour les dépenses d'assistance à l'agriculture et à l'industrie à la suite de la croissance ralentie de l'économie et de la concurrence accrue des nouveaux pays industriels. Deux types d'intervention vont s'avérer particulièrement indispensables: l'aide aux industries de pointe (particulièrement faibles au Canada notamment dans le domaine de la télématique), l'assistance aux secteurs "mous" en déclin. D'autres pressions pourraient s'affirmer: accroissement des dépenses militaires dans l'hypothèse de tensions internationales, hausse des charges du service de la dette nécessitée par une politique de stimulation plus vigoureuse, à la suite du ralentissement de la croissance économique, intervention plus intense pour protéger l'environnement.

Quelques observations complètent les remarques précédentes:

• De grands conflits vont s'affirmer autour de l'enjeu que représente pour les divers groupes la part des dépenses publiques dans le revenu national.

• Il devrait y avoir une tendance à une gestion plus rigoureuse des fonds publics. Une des causes de la hausse des dépenses publiques réside dans la gratuité de certains services. Pour mieux les contrôler, il faut établir des liens plus rigoureux entre les usagers et les gestionnaires des services. Il est nécessaire que les citoyens puissent établir un rapport entre l'accroissement des services reçus et la hausse des impôts. Diverses procédures pourraient alors introduire certains mécanismes de l'économie de marché dans le processus gouvernemental.

• Il n'y a pas de tendance très nette à un rapprochement de la situation des divers pays quant à l'action gouvernementale (tableau 5.4), ce qui indique que la décision quant à l'importance du secteur public est un choix plus politique qu'économique.

En face de ces constatations assez contradictoires, une récente étude de l'OCDE conduit à l'hypothèse qu'au cours des dix prochaines années, le poids du secteur public dans le produit national brut pourrait rester constant [5].

5.2.3 La population

Les dernières décennies ont été marquées, au Québec et dans les

---

(5)   OCDE. *Public Expenditures Trends*. Paris, 1978.

TABLEAU 5.4: Part des dépenses publiques en pourcentage du PIB (incluant la formation brute de capital) (pays choisis par l'OCDE en ordre décroissant des parts en 1976)

	1965	1972	1976
Pays-Bas	n.d.	47,1	56,2
Suède	35,4	46,0	54,0
Royaume-Uni	35,2	39,1	46,0
Italie	35,6	41,1	45,5
Belgique	32,3	38,9	45,4
Allemagne de l'Ouest	34,8	37,9	44,4
France	n.d.	37,9	43,7
Québec	28,6	38,2	42,5
Canada	29,3	37,2	39,2
États-Unis	28,3	32,8	34,9
Australie	26,2	27,2	33,3
Japon	20,0	21,9	27,5

Source: Gouvernement du Québec. *L'état de la situation socio-économique.* Québec, 1979.

autres pays industriels à économies de marché, par un certain nombre de tendances "lourdes": (1) la croissance démographique, (2) l'arrivée massive sur le marché du travail et dans la société en général d'une main-d'oeuvre jeune, (3) la disparition progressive des prérogatives liées à la vieillesse; le patriarche ne joue plus son rôle traditionnel, (4) une polarisation des préoccupations sur les problèmes de la jeunesse.

Depuis quelques années, les problèmes ont changé de nature:

a) Toutes les projections s'accordent pour mettre en lumière un ralentissement de la croissance démographique pour la période 1976-81. La fourchette des dernières projections de Statistique Canada s'établit entre + 3,75% et + 1,99%. Pour 1976-2001, la même fourchette se situe entre + 2,66% et − 0,80%.

b) Un processus de vieillissement se propage aux divers niveaux de la pyramide des âges. Il ne se limite pas à un accroissement des effectifs de la population de 65 ans et plus, mais implique aussi un vieillissement à l'intérieur de la population adulte.

d) D'ici l'an 2000, il n'y a pas d'accroissement du coefficient de dépendance (effectifs des inactifs/effectifs des actifs). Il faut toutefois interpréter cette observation dans une juste perspective. Dans notre société, les moyens utilisés pour satisfaire les besoins de la population inactive sont différents selon qu'il s'agit d'une population jeune ou âgée. Dans le premier cas, la satisfaction des besoins se fait à l'intérieur de l'unité familiale, et les parents acceptent d'autant plus facilement de supporter les coûts relatifs à l'éducation des enfants qu'ils ont en principe choisi d'avoir. Il n'en va pas de même en ce qui concerne la population âgée. C'est la société qui doit pourvoir aux besoins de ces personnes, et ceci se traduit par un niveau plus élevé d'impôts. Or, la population de 65 ans et plus qui représente 7,7% de la population en 1976, en représentera entre 11,3% et 12,8% en l'an 2000 (selon les hypothèses extraites de Statistique Canada).

Les implications de l'évolution démographique en cours sont multiples et généralisées.

• Il y aura, d'ici l'an 2000, une baisse du volume de l'accroissement de main-d'oeuvre, mais cette situation ne conduira pas automatiquement à une diminution des tensions dans le domaine du chômage pour diverses raisons: existence d'un important chômage caché, allongement de la vie active, disparition possible de certaines industries en raison de la pression de la concurrence des nouveaux pays industriels, accroissement du taux d'activité des femmes.

• Les comportements de consommation d'une population plus âgée pourraient être plus rationnels et davantage orientés vers une société de conservation que vers une société de consommation.

• Le cycle de vie de la population pourrait évoluer et conduire à l'allongement de la vie active, ainsi qu'à la promotion du concept de retraite intermittente (période de vie inactive à l'intérieur de la vie active).

• Des conflits de génération pourraient s'affirmer.

• La société pourrait être plus prudente en face des valeurs nouvelles et plus orientée vers un néo-conservatisme.

5.3 TENDANCES SPÉCIFIQUES

Les trois séries de tendances qui viennent d'être analysées ont une portée générale et influencent l'ensemble de la réalité socio-économique québécoise. D'autres tendances intéressent plus spécifiquement les particuliers, les entreprises, l'extérieur, la structure urbaine et régionale.

5.3.1 La distribution des revenus

L'enrichissement des Québécois s'est traduit au cours des trois dernières décennies par des progrès importants du revenu par tête, comme il a déjà été noté. En dépit de cet enrichissement, les inégalités de revenu ne se sont pas rétrécies, tout au moins depuis les années cinquante. Les données portant sur la période 1961-1973 montrent même un accroissement des inégalités. L'accentuation de l'inégalité au cours d'une période de croissance économique peut laisser supposer à première vue que les classes les plus riches bénéficient davantage des retombées de la croissance. Ceci semble d'autant plus surprenant qu'au cours de la période étudiée, les transferts ont connu un développement rapide. Entre 1961 et 1971 par exemple, alors que le revenu personnel s'accroît en moyenne de 8,9% par an (dollars courants), les transferts augmentent de 11,2%. Il faut donc constater que certains facteurs créateurs d'inégalités ont joué de façon à contrebalancer l'influence égalisatrice des transferts.

Pour l'avenir, il faut donc retenir l'hypothèse suivante: les inégalités tendent nettement à se maintenir. En particulier, il ne faut pas compter sur une élimination automatique de la pauvreté sous l'influence des forces de l'économie de marché.

5.3.2 Les modes de vie

Au cours des trois dernières décennies, d'importants changements ont marqué l'évolution des modes de vie. La logique de l'évolution a été celle d'une société de consommation, et il s'est produit un important accroissement quantitatif des dépenses, accompagné d'une tendance à la socialisation de la consommation (consommation accrue d'éducation et de santé). L'éthique dominante a été celle d'une société de consommation. Le développement de la consommation constitue à la fois le moteur de la société et la motivation principale des individus. Des tendances nouvelles apparaissent toutefois et peuvent constituer d'importants faits porteurs d'avenir. Un certain nombre d'individus s'éloignent des valeurs matérielles orientées vers la consommation et influencées par la publicité. Il faut notamment souligner ici la recherche d'une plus grande rationalité dans les décisions de consommation, et le désir de mettre fin aux abus du système actuel (développement de groupes d'éducation du consommateur, action d'organismes comme les cooprix, les associations de défense des consommateurs, etc.). La recherche d'une nouvelle éthique s'affirme pour les nouvelles générations, et est marquée notamment par une plus grande considération pour les problèmes écologiques: le retour

Les coopératives ont réalisé de notables progrès. Leur présence est importante en agriculture, dans le secteur des pêches, et dans celui des finances-assurances. Elle se fait sentir également, mais avec moins d'intensité, dans les activités suivantes: abattage et travail du bois, aliments et boissons, communications, commerce et détail, services communautaires, commerciaux et personnels.

Les entreprises publiques ont représenté une autre force motrice du développement. Elles se sont développées sous l'impulsion du gouvernement fédéral aussi bien que sur celle du gouvernement provincial. Il y a au Canada une longue tradition en matière d'entreprises publiques, qui correspond à une attitude pragmatique des pouvoirs publics. À la base, il y a une croyance fondamentale en la supériorité du système de l'entreprise privée. Le gouvernement n'intervient que lorsqu'il est bousculé par les événements. La création d'entreprises publiques vise donc à "boucher les trous" laissés béants par l'action de l'entreprise privée. L'aménagement du canal Rideau fut réalisé par le gouvernement parce que l'entreprise privée était défaillante. Le CN fut créé parce que l'entreprise privée avait fait faillite. Polymer commença à fabriquer du caoutchouc synthétique lorsque les Japonais coupèrent la route du caoutchouc. La Commission canadienne du blé régla un problème très spécifique d'exportation et de concurrence entre les producteurs de blé.

Les interventions sont en général plus récentes en ce qui concerne le gouvernement du Québec. La plupart des entreprises publiques ont été créées après 1962. Cette période d'intervention intense fut précédée de la récession de 1957-1961. Cette récession a rendu plus sensible un certain nombre de faiblesses permanentes de la structure économique québécoise qui ont suscité un désir de changement, changement qui s'est traduit par une croissance importante du secteur des entreprises publiques au moment de la révolution tranquille: l'Hydro-Québec a été prise en main (1964), SIDBEC a été créée (1964) ainsi que la SOQUEM (1965), SOQUIP (1969), la Caisse des dépôts et placements (1965), la CRIQ (1969), la SDI (1971), REXFOR (1969), la SGF (1962). Plus récemment ont été créées la Société de développement de la Baie-James, la SOQUIA, Interport, la Régie de l'assurance-automobile, la Société nationale de l'amiante, etc.

Bien que l'action des entreprises publiques soit très discutée, le bilan de l'évolution depuis 1961 est clair (graphique 5.2) et montre une progression soutenue des entreprises publiques, tant pour les effectifs que pour les investissements.

(c) La "faiblesse" des structures industrielles

La "faiblesse" des structures industrielles canadiennes et québé-

GRAPHIQUE 5.2: Entreprises publiques provinciales et fédérales au Québec 1961-1974

Graphique A
Formation brute du capital
fixe en millions de $
Entreprises fédérales et provinciales

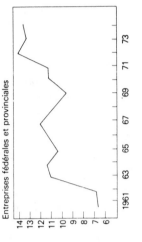

Graphique B
Formation brute du capital
fixe en % du total de la formation
brute du capital fixe
Entreprises fédérales et provinciales

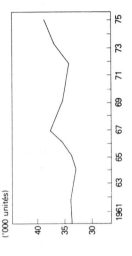

Graphique C
Nombre d'employés, entreprises
publiques provinciales,
1966-1974

('000 unités)

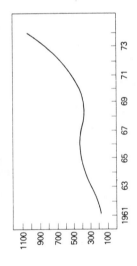

Graphique D
Nombre d'employés, entreprises
publiques fédérales au Québec,
1960-1975

('000 unités)

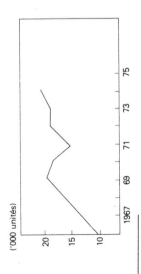

Source: Statistique Canada

coises est reliée à deux constatations principales: (1) Le Québec et le Canada figurent parmi les pays les plus tertiarisés du monde et ceci en grande partie à cause du développement de services socio-culturels depuis 1960. Cette situation correspond à une faiblesse dans la mesure où l'importance du tertiaire ne tient pas à un développement du tertiaire moteur. Elle ne tient pas non plus à un développement des services consécutif à une forte efficacité du secteur manufacturier (situation suédoise). 2) L'analyse des activités tertiaires ne peut se réaliser sans tenir compte en effet des problèmes des activités manufacturières (importance des unités traditionnelles à faible productivité et à faible taux de croissance, importance des activités situées au premier stade de transformation de matières premières...). Au Québec, l'évolution des vingt-cinq dernières années a été caractérisée par des performances très médiocres en termes de croissance de la production et de l'emploi. Par ailleurs, les signes de renouvellement de la structure de l'industrie manufacturière ne sont pas évidents [8].

Au Québec comme au Canada, l'industrie manufacturière constitue "one of the weakest link" des structures économiques, selon l'expression d'un récent rapport du Conseil des sciences du Canada.

5.3.3.2 Les dimensions de l'avenir

Les atouts économiques du Québec les plus fréquemment cités au début des années 80 sont: (1) la présence de ressources naturelles et d'hydro-électricité, (2) les progrès accomplis en matière de scolarisation de la population, ainsi que l'implantation d'un système de santé efficace, et (3) les progrès récents de l'entrepreneurship.

Ces atouts déterminent les tendances de l'avenir, mais il faut aussi tenir compte des facteurs qui dans les pays industriels conditionnent l'évolution de certains types d'entreprises ou de sociétés multinationales. Dans ces conditions, les tendances sont loin d'être claires. Les constatations qu'il est possible de faire sont en partie contradictoires, ce qui n'a rien de décourageant: l'existence de divers futurs potentiels conditionne l'exercice de la liberté d'action individuelle et collective.

(a) Nouvelle configuration de la grande entreprise

Les premières multinationales sont nées à la fin du siècle dernier. Nestlé et Unilever ont dû franchir les frontières trop limitées de leur pays d'origine (la Suisse et la Hollande). Les progrès les plus spectaculaires se

---

(8)   Ils existent toutefois, et dans le secteur tertiaire, certains domaines moteurs se développent, notamment celui des sociétés de gestion (SNC est une des cinq plus grandes sociétés d'ingénieurs-conseils au monde).

sont toutefois réalisés au lendemain de la Deuxième Guerre. Les entreprises, après avoir investi l'Amérique, ont développé leur action en Europe, qui a connu après les années 50 une période de forte croissance.

La puissance actuelle des entreprises multinationales est impressionnante. Le quart de la production industrielle du monde est contrôlé par 300 entreprises. Les firmes multinationales sont américaines mais aussi européennes, japonaises et canadiennes. Elles sont implantées dans les vieux pays industriels, mais également dans le Tiers-Monde et même en Europe de l'Est. Ces firmes multinationales réalisent le tiers du commerce international. Le Canada est le pays du monde où les investissements étrangers par tête sont les plus élevés. La présence du capital étranger est généralisée et souvent prédominante.

Une extrapolation sur l'avenir des tendances passées indique des possibilités de croissance brillantes, même en tenant compte d'une hypothèse d'infléchissement vers le bas des tendances historiques. Les indices d'une politique propre des entreprises multinationales s'affirment périodiquement. Ainsi, dans un reportage du "Monde" du 4 mai 1978, nous pouvons lire:

> Les représentants de 55 multinationales ... ont jugé que le climat n'était pas aussi favorable en Inde... où pourtant les profits sont en moyenne de 12%... qu'au Brésil, en Indonésie ou en Corée du Sud...

Les clubs d'investisseurs constituent une des principales forces potentielles des vingt-cinq prochaines années.

Le pouvoir des grandes entreprises multinationales devrait donc logiquement s'affirmer d'ici la fin du siècle, en s'appuyant sur les avantages de la grande taille: possibilités d'efforts efficaces en matière de recherche-développement, possibilités d'économies d'échelle au niveau de la production et des achats, exercices d'une influence économique et politique. Certains ont déjà soutenu l'hypothèse d'États-entreprises qui entreraient en conflit ou coopéreraient avec les États-nations. Pour certains, l'allégeance envers l'État-entreprise pourrait prédominer sur l'allégeance envers l'État-nation.

L'affirmation du pouvoir de la grande entreprise devrait entraîner un interventionnisme accru des pouvoirs publics. La méfiance vis-à-vis des grandes entreprises continuera à animer certains groupes de la société, d'où la nécessité pour la grande entreprise de tenir compte de l'impact qu'elle peut exercer sur la société et sur l'environnement, ainsi que du sort réservé à ses employés.

La croissance des grandes entreprises et les exigences croissantes du milieu pourraient amener les multinationales à décentraliser leur processus de décision. Cette évolution pourrait être facilitée par les progrès de la télématique: téléconférences et terminaux domestiques seront les instruments de nouveaux modes de relations pour lesquels les déplacements physiques seront remplacés par les moyens modernes de communication.

Les entreprises multinationales de l'avenir seront américaines, mais les possibilités du Japon sont impressionnantes ainsi que celles de l'Europe, alors que déjà certains pays comme la Corée du Sud manifestent un dynamisme évident.

Il faut noter au cours des dernières années un certain ralentissement de la croissance des grandes entreprises multinationales. La bureaucratisation croissante de ces grandes unités est particulièrement un obstacle à la croissance économique [9].

(b) Forces de la PME

Le dynamisme des PME au Québec au cours des dernières années n'est pas un fait isolé. Les PME privées ou coopératives, indépendantes ou associées en groupe possèdent des atouts importants. Dans de nombreux cas, la productivité est plus forte lorsque la taille est plus faible. Les PME possèdent des qualités de souplesse et d'adaptabilité aux conditions nouvelles qui sont fondamentales à une époque de changements rapides. Elles peuvent s'ajuster rapidement à la demande et introduire des innovations. Elles offrent des possibilités d'épanouissement individuel réelles compte tenu de leur taille limitée. Elles sont mieux perçues par la société que les grandes entreprises. Elles n'apparaissent pas porteuses des mêmes risques, "Small is beautiful".

(c) Les mutations des structures industrielles

Les entreprises dans les vingt prochaines années oeuvreront dans un paysage économique fortement modifié par l'irruption de la société télématique, qui transforme de plus en plus nos sociétés en des sociétés de l'information électronique. Le développement du complexe télématique, de l'industrie électronique et des communications, des services informatiques, marque l'évolution en cours. 80 ou 90% de la population active pourrait être occupée au traitement de l'information selon certains futurologues.

Cette évolution se combine avec le redéploiement industriel qui im-

---

(9) "Why the multinational tide is ebbing?". **Fortune**. Août 1977.

plique des mouvements importants d'industries entre les vieux pays industriels, les pays nouvellement industrialisés et les pays sous-développés. Parmi les activités de l'avenir, citons:

- l'agriculture (besoins alimentaires du Tiers-Monde), la mariculture (fermes sous-marines)...;
- l'énergie (utilisation des énergies traditionnelles et recherche d'énergies nouvelles);
- l'industrie aérospatiale;
- l'industrie des soins de la santé;
- l'industrie des matières synthétiques;
- l'industrie des loisirs;
- l'industrie des soins gériatriques;
- le recyclage des matériaux;
- la bio-industrie;
- etc.

5.3.4 Villes et campagnes

Au cours de la période 1946-1966, les tendances de l'évolution à l'intérieur des pays industriels à économies de marché ont été remarquablement simples: progrès rapides et constants des grandes métropoles (Mégalopolis, Oecumenopolis...), déclin des régions périphériques. Au Québec, cette évolution s'est traduite par le développement continu et désordonné de l'agglomération montréalaise et l'érosion de l'importance des autres régions en dehors de celle du Québec.

Depuis quelques années, les indices d'un changement se multiplient. Il est de plus en plus question du "déclin" de Montréal et du dynamisme des régions rurales. Aux États-Unis, on a constaté que les zones métropolitaines ont crû moins rapidement que l'ensemble du pays depuis 1966. Parmi les facteurs qui expliquent cette situation, il faut noter: l'attrait des nouveaux quartiers qui conduit la population à quitter les anciens, le rapprochement avec la nature, la grande mobilité de la population (un Américain change 14 fois de résidence dans sa vie), la violence ainsi que la détérioration des grands centres.

Tout ceci peut constituer l'amorce d'un nouvel équilibre entre les villes et les campagnes. La crise de l'énergie peut toutefois, à court terme du moins, contrecarrer ce mouvement de déconcentration que la révolution télématique en cours peut au contraire accentuer (substitution du transport de l'information au transport des personnes). La diminution de la durée du travail et l'émergence d'une société de loisirs peuvent également accentuer le "retour à la terre".

CHAPITRE 6

L'ÉCOLOGIE[1]

La méthodologie écologique, dès ses débuts, a toujours distingué deux perspectives inverses. La *synécologie* s'adresse à un espace donné avec tout ce qu'il contient et cherche à comprendre les forces qui l'animent. L'*autécologie*, au contraire, dirige son investigation du milieu en se demandant comment les forces ambiantes affectent un organisme en particulier et comment celui-ci répond. On aura ainsi une autécologie de l'érable, du maïs, de l'orignal, de l'homme de Cro-Magnon, du Montréalais, etc. Justement, notre recherche est autécologique en ce qu'elle est restreinte à l'homme du Québec 1976-2000.

Faut-il ajouter que toute étude autécologique s'encadre forcément dans un contexte *synécologique*, et fait appel à des connaissances portant sur les milieux (les écosystèmes) habités ou utilisés par le groupement dont on fait l'autécologie? Les traités et manuels font tous état de l'indispensable échange entre ces deux méthodologies.

Une troisième dimension est celle de la *dynécologie*, c'est-à-dire du dynamisme interne des écosystèmes et des échanges entre écosystèmes.

L'analyse *autécologique* perçoit donc l'ensemble à partir des intrants subjectifs d'un des éléments présents et actifs. Si c'est le développement de l'homme qui nous intéresse, il s'agira d'un point de départ que nous appellerons *anthropocentrique* (en opposition à *biocentrique*). Si c'est l'intérêt d'un groupe ou d'une ethnie au sein de l'espèce humaine qui nous préoccupe, nous qualifierons ce point de départ d'ethnocentrique. Si enfin, dans le cas limite, il s'agit de l'intérêt d'une seule personne, en l'occurrence le sujet lui-même faisant l'analyse, nous parlerons d'attitude égocentrique ou encore *idiocentrique*.

La conception même du présent projet impose une vue nécessairement *ethnocentrique*. Il s'agit de l'évolution socio-économique du Québec et de l'interaction de celle-ci avec les divers écosystèmes qui condition-

---

(1) Une abondante bibliographie fournie par Pierre Dansereau n'a pu être introduite dans cette présentation compte tenu des contraintes de l'édition.

nent son existence. Cette interaction est évidemment réciproque, car il existe des boucles de rétroaction agissant dans les deux sens. Le système québécois et ses composantes influencent et modifient les éléments structurants des écosystèmes, et ceux-ci à leur tour agissent et réagissent sur le système socio-économique.

L'objectif écologique de l'étude est donc assez circonscrit et peut s'exprimer de la façon suivante:

Identifier les impacts sur l'environnement de l'activité bio-socio-économique québécoise et inversement l'influence des écosystèmes sur la nature, les modalités et les types d'activités humaines qu'on retrouve dans l'espace québécois.

Dès lors, il nous est apparu nécessaire de percevoir les forces du milieu (le système écologique) à la fois comme un avantage et une contrainte vis-à-vis des forces exploitantes que sont les autres sous-systèmes. Le système écologique offre des avantages dans la mesure où notre dotation naturelle de ressources nous permet de nous engager dans une voie d'utilisation sociétale particulière. Il s'agit donc en premier lieu d'identifier le potentiel écologique et d'en faire le diagnostic prospectif.

Le système écologique est également une contrainte dans la mesure où l'existence de limites naturelles à certains processus de développement influencent la nature, l'intensité et la direction de l'expansion socio-économique. On connaît bien le débat international sur les limites à la croissance. Ce débat, quoique déformé par des prises de position extrémistes et souvent gratuites de part et d'autre, ne peut être ignoré sans péril. La croissance économique de demain devra se faire d'une façon beaucoup plus subtile et équilibrée que ne l'est le laisser-faire désordonné d'hier et d'aujourd'hui. Pour offrir à cette croissance une ouverture écologique, il faut percevoir la nature non seulement comme une mère nourricière généreuse et comme un adversaire à vaincre, mais aussi comme un environnement délicat qu'il faut préserver précieusement.

Pour être efficace, la prospective écologique devrait précisément s'adonner à une triangulation dont les points de repère sont les suivants:

a) les cheminements de la matière et de l'énergie dans le turnover des écosystèmes du monde;

b) les impacts escaladés de l'homme dans les divers paysages de la planète èt du système solaire;

c) les trajectoires historiques des systèmes d'exploitation et de contrôle.

Le premier volet encadre les ressources et la capacité variable des agents d'emprunter des processus productifs. La méthodologie est essentiellement écologique, l'unité fondamentale est l'écosystème. Les recherches qui s'y déroulent sont de la nature de l'inventaire dynamique.

Le second volet cerne les paysages en les classant surtout dans l'ordre de leur intensité d'exploitation et de rigueur de contrôle par l'homme. La pondération des mosaïques d'écosystèmes qui forment des unités spatiales cohérentes relève d'une géographie interprétée.

Le troisième volet affiche une représentation des continuités réelles dans le harnachement des paysages par le pouvoir humain. L'histoire (dans toutes ses dimensions: ethnique, politique, militaire, économique, sociale, psychologique) aligne les moments successifs des interactions de l'homme avec la nature et des hommes entre eux, et surtout la métabolisation des ressources par l'individu et la société. C'est là qu'on rejoint la stratégie écologique de l'accès aux ressources (de l'individu, de la société, de l'espèce humaine) et des degrés de satisfaction (physiologique, économique, culturelle).

On peut voir là trois ordres de grandeur à observer et trois étapes dans la recherche.

Nous reprendrons donc ici des notions et des modèles plus amplement développés ailleurs:

a) un modèle de l'écosystème (figure 6.2) pour y situer un inventaire de ressources selon l'ordre trophique;

b) une allusion à la classification écologique des terres (figure 6.2) pour y retrouver les éléments d'occupation spatiale basée sur l'escalade de l'impact humain;

c) un modèle du gâteau de l'environnement (figure 6.6) qui indique l'accessibilité et l'utilisation par l'homme des ressources disponibles à un endroit et à un moment donnés.

6.1 LES RESSOURCES À CHAQUE NIVEAU TROPHIQUE

Le type d'inventaire écologique qu'on pourra dresser des ressources du Québec actuel et futur se situe d'abord au sein des variantes géographiques. Celles-ci présentent une gamme très considérable à tous points de vue: climat, topographie, hydrographie, sol, végétation, faune, agriculture, transport, industrie, urbanisation, administration, culture. C'est pourquoi il est utile de regarder d'abord une carte généralisée des zones de végétation du Québec (figure 6.1) et, par conséquent, une image bioclimatique qui cerne les interrelations proprement écologiques d'une façon très différente selon les régions. On y verra un cadre de contraintes climatiques majeures. Elle est introduite afin que nous ne perdions pas de vue le glissement des valeurs qui affecte les ressources dont il va être question. Sur cette carte des zones de végétation, il nous faudra superposer et comparer des cartes parallèles pour d'autres paramètres. Or, il ne s'agit pour le moment que de repérer ces paramètres, et de les placer les uns par rapport aux autres.

Ce sera la tâche d'une recherche beaucoup plus détaillée que de qualifier et de quantifier d'abord les ressources selon le niveau qu'elles occupent (géologie, sol, végétation, migration animale, régime agricole, industrie, population, urbanisation, langue, religion, etc.) et ensuite, à plus grande échelle, les mosaïques d'écosystèmes.

FIGURE 6.1: Les grandes zones de végétation (ou zones bioclimatiques) du Québec

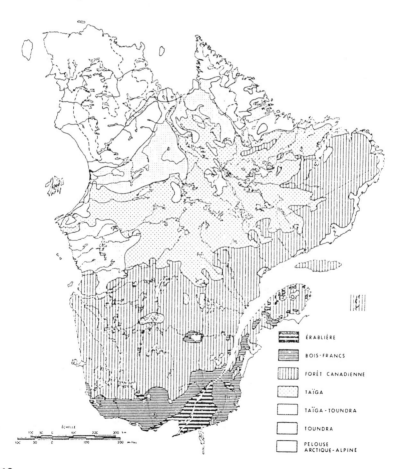

ÉRABLIÈRE

BOIS-FRANCS

FORÊT CANADIENNE

TAÏGA

TAÏGA-TOUNDRA

TOUNDRA

PELOUSE
ARCTIQUE-ALPINE

FIGURE 6.2: Les six niveaux trophiques (de bas en haut): I. minérotrophique; II. phytotrophique; III. zootrophique (herbi-
vore); IV. zootrophique (carnivore); V. d'investissement; VI. de contrôle (ou noötrophique). Le flux
d'énergie principal monte (partie centrale) de I à VI,
cependant que les apports de ressources à tous les niveaux sont indiqués à gauche, et les réinvestisse-
ments à droite, à l'intérieur de la sphère. Les importations venues d'autres systèmes frappent la sphère à
gauche, tandis que les pertes s'en échappent à droite

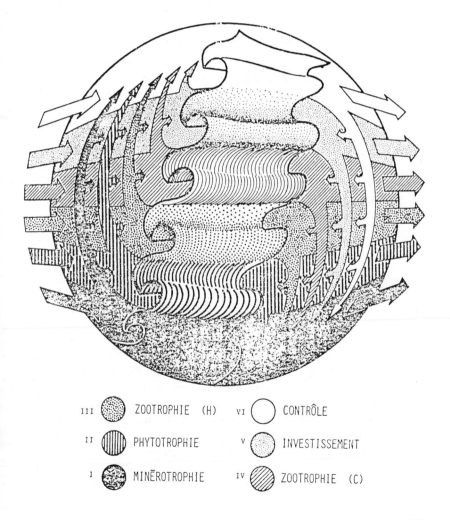

III ⬤ ZOOTROPHIE (H)   VI ◯ CONTRÔLE

II ⬤ PHYTOTROPHIE   V ⬤ INVESTISSEMENT

I ⬤ MINÉROTROPHIE   IV ⬤ ZOOTROPHIE (C)

CADRE A: L'écosystème et ses composantes par les agents

Écosystème: un espace limité où le cyclage des ressources à travers un ou plusieurs niveaux trophiques est effectué par des agents plus ou moins fixés et nombreux, utilisant simultanément et successivement des processus mutuellement compatibles qui engendrent des produits utilisables à courte ou longue échéance.

Les termes de cette définition peuvent s'analyser de la façon suivante.

Ressources: les éléments qui alimentent de diverses façons les processus de cyclage, qu'ils soient de nature minérale, biologique ou fonctionnelle (fer, blé, bétail, bois d'oeuvre, information).

Agents: éléments ou organismes capables d'enclencher les différents processus du métabolisme par absorption, transformation, emmagasinage, canalisation et transport des ressources (vent, plante, animal, homme, banque, État).

Processus: mécanismes par lesquels les ressources subissent toute sorte de changements ou de transmutations: anaboliques, métaboliques et cataboliques, ils impliquent tous un transfert d'énergie (pédogénèse, photosynthèse, absorption, prédation, endiguement, transmission d'électricité, mise en marché, spéculation boursière, législation).

Produits: objets ou services résultant de processus empruntés et qui sont consommés, emmagasinés, perdus ou réinvestis par le cyclage (humus, amidon, chair, automobile, poème). (Le produit émergeant à un niveau donné devient donc une ressource à un autre niveau.)

Niveaux trophiques: étapes plus ou moins marquées, et stratifiées dans l'espace et dans le temps, à travers lesquelles les processus du cyclage transforment les ressources d'un état à un autre (e.g. du minéral au végétal puis à l'animal). Chaque niveau est caractérisé par un ensemble de processus qui constitue un régime: (I) minérotrophie (désagrégation, corrasion, érosion, pédogénèse...); (II) phytotrophie (photosynthèse, respiration, enracinement, dispersion...); zootrophie ([III] phytophagie et [IV] prédation); (V) investissement (mise en réserve, endiguement, labour, construction, urbanisation); (VI) contrôle ou noötrophie (aménagement, planification, financement).

Aborder le paysage québécois par le biais de l'écologie, c'est le soumettre à une analyse de ses écosystèmes. La figure 6.2 est le modèle sur lequel est axé le présent essai. Il convient de signaler qu'il diffère des schémas proposés par beaucoup d'écologistes. Les définitions utiles sont regroupées dans le cadre A.

Il est indispensable de noter que ce modèle va se prêter à une typification des divers écosystèmes selon les critères suivants:

a) l'identité, la nature, l'abondance et la force des agents (par exemple: espèces végétales et animales, types et groupes humains, institutions);

b) la charge trophique, c'est-à-dire l'intensité du cyclage à chaque niveau et la productivité qui en résulte;

c) l'autarcie relative, ou l'apport extérieur de ressources (input) et l'exportation vers d'autres écosystèmes de produits et déchets (output).

Il s'agit donc de gravir de I à VI les degrés représentés par les niveaux trophiques, de signaler les principales qualités d'un certain nombre de ressources critiques, et d'esquisser leur force et leur utilisation actuelles, tout en ayant un oeil sur les facteurs naturels et humains, mondiaux, régionaux et locaux qui les affecteraient positivement et négativement.

À propos de chaque ressource, on se posera des questions sur l'abondance/rareté, diversité/uniformité, accessibilité/non-accessibilité, exploitation/potentiel, spécificité/compensabilité, productivité/stérilité, etc. On en dressera éventuellement des tableaux (probablement régionaux). De plus, on se demandera d'une part quelle est l'origine de la ressource, et d'autre part, quelle forme elle assume une fois transformée, puisque les produits d'un niveau trophique deviennent des ressources à un ou plusieurs autres niveaux (l'eau qui nourrit les plantes [II] et les animaux [III-IV] et qui active les usines [V]). Signalons déjà que la longueur des circuits et le nombre des transformations ont un rapport direct avec le caractère fondamental de l'économie régionale ou nationale. L'exportation relative de matières premières et de matières ouvrées ne fournit-elle pas un indice de ''développement''?

On comparera constamment l'aspect positif et négatif, la contrainte et l'avantage, le rendement et le stress. Il serait désirable, en fait, de dresser dans tous les cas des tableaux comparatifs, ce que nous ne pouvons entreprendre dans le présent essai qu'à titre d'exemple.

Puisqu'il sera question plus loin d'équivalences écologiques/économiques, rappelons le sens que donnent les écologistes et le vocabulaire dont ils se servent en parlant des produits du cyclage à un niveau donné.

Les plantes vertes (niveau II de la figure 6.2) sont considérées comme producteurs primaires: la matière végétale est donc une production primaire. Les animaux herbivores (ou plutôt dans un sens plus étendu: phytophages) sont les consommateurs primaires et les producteurs secondaires: la chair, la chitine, la peau, etc., sont des produits secondaires.

Faisons un rapide inventaire des ressources. Ou plutôt, tentons de dresser le cadre écologique d'un tel inventaire, niveau par niveau.

6.1.1 Ressources minérales

Le *climat*, l'*air*, l'*eau*, le *sous-sol* et le *sol* contiennent des ressources qui pourraient s'épuiser, et d'autres que le temps pourrait libérer ou détruire avec ou sans l'intervention humaine.

Climat. Le contrôle exercé actuellement par les masses d'air sur le Québec est déterminant: même dans la Plaine de Montréal, les hivers subarctiques et les étés quasi tropicaux imposent leur épreuve aux pierres, aux plantes, aux animaux et aux hommes. Ce climat continental, violent et variable, détermine un certain nombre de processus géomorphiques, pédogéniques, biologiques, sociaux et psychologiques. La basse productivité relative de la forêt et de l'agriculture, l'immobilisation du travail, dans ces secteurs, par la neige et les basses températures sont des contraintes majeures.

Les changements involontaires causés par l'homme peuvent vraisemblablement améliorer certaines unités et productions d'une part, et aggraver les adversités d'autre part. Maintenant que beaucoup de météorologues acceptent des changements macroclimatiques comme une hypothèse sérieuse, on voit sans peine les conséquences d'un enneigement prolongé sur la culture des céréales et sur le déblaiement des rues de Montréal. On cherche actuellement à assigner une responsabilité distincte aux charges industrielles plus lourdes dans l'atmosphère et aux cycles cosmiques à court et à long terme. La technologie canadienne de l'énergie, de la construction et du transport progresse (voir les rapports de la section ad hoc du Conseil national de recherche du Canada); cependant, il n'est pas certain qu'elle soit prête à répondre à des mouvements dans les frontières bioclimatiques de la figure 6.1.

La pollution de l'air est une menace de grande envergure non seulement dans les villes, mais jusque dans les milieux forestiers. Ainsi, il est bien connu que les forêts suédoises accusent une chute de productivité engendrée par la dérive d'émanations des usines britanniques. On détecte un phénomène semblable ici dans le cas des pluies acides.

Eau. L'eau est surabondante au Québec. Les précipitations (également réparties sur douze mois, dans le sud) sont immobilisées (investies) sous forme de neige et de glace plusieurs mois par année. La neige présente des avantages localement (Laurentides et Cantons de l'Est) pour les sports d'hiver, et ailleurs, elle coûte très cher à déblayer. Les crues printanières connaissent des fluctuations qui ont été grandement affectées par le déboisement. Mais ce n'est pas le seul, ni peut-être le plus important facteur, puisque le Saint-Laurent québécois est le déversoir des Grands-Lacs qui drainent des régions bioclimatiques dont les précipitations, les ruissellements et les évacuations ne sont pas synchroniques. Sous ses diverses formes, l'eau est un agent de transformation et un véhicule de la matière minérale, un solvant de matières nutritives et un irrigateur pour les plantes et animaux, et un élément d'énergie pour la navigation et l'industrie. Mise en réserve et canalisée, elle répond à mille besoins de l'usine et de la ville. La diversification de ses usages a peut-être atteint son terme, au Québec, mais le bilan des dommages et obstacles versus les bénéfices et avantages pourrait subir des décalages dans les vingt prochaines années, si l'on réalise le projet ''Archipel'', par exemple.

Dès maintenant, le ravitaillement en eau potable subit une crise non seulement dans certains aménagements touristiques mal conçus, mais aussi dans les grands centres urbains. Quant à l'eau navigable et propice à la baignade, les cercles concentriques d'interdit vont en s'élargissant autour de Montréal et des autres grandes villes, alors que le besoin de récréation ne cesse d'augmenter. La non-planification des îles du Saint-Laurent (entre Montréal et Sorel) illustre bien ce problème.

Roche-mère. La roche-mère du territoire québécois est relativement peu variée, puisqu'elle n'offre que des formations précambriennes, paléozoïques et quaternaires, et une absence complète de roches secondaires et même tertiaires. Les minéraux utiles sont assez nombreux: fer, cuivre, zinc, nickel, or, argent, plomb, bismuth, colombium, titanium, sélénium, lithium, molybdène. La prospection minière révélera de nouveaux gisements sans aucun doute, surtout dans le Nouveau-Québec. L'amiante est une richesse remarquable, puisque le Québec contribue depuis longtemps à un fort pourcentage de la production mondiale. Les forages à la recherche du pétrole n'ont donné jusqu'ici aucun résultat encourageant. Par contre, les Îles-de-la-Madeleine recèlent d'importantes réserves de sel. Les minéraux de construction de routes et d'édifices, d'autre part, comprennent surtout le granite, le calcaire et les schistes, en plus du gravier et du sable, et même un peu d'argile servant à la briqueterie et à la céramique. Ces dernières ressources, d'origine géologiquement récente, sont en très grande abondance et facilement accessibles. Si l'on ne distingue guère de signes d'épuisement des minéraux industriels, les extractions à ciel ouvert engendrent des conflits qui vont sans cesse en s'aggravant: modification de micro- et macrorelief, déplacement de la nappe phréatique, effondrements, etc., qui appellent de toute urgence un aménagement planifié.

Les incidences de l'extraction minière atteignent des proportions dramatiques dans le cas de l'amiante, pour laquelle le Québec est à la tête de la production mondiale. Asbestos fut la scène d'un conflit syndical historique en 1949, lequel révélait des dangers mortels pour la santé des ouvriers (qui n'ont pas encore été corrigés d'ailleurs, voir l'enquête du juge René Beaudry en 1976). Le produit lui-même a mauvaise réputation un peu partout dans le monde.

Sol. Le sol, c'est-à-dire la partie de la croûte terrestre suffisamment altérée par la corrasion pour se prêter à la croissance des plantes à racines, présente une mosaïque qui s'avère assez complexe quand on la regarde de près. Toute la partie habitée du Québec (l'écoumène) a été cartographiée non seulement quant au type de sol (série, etc.), mais aussi quant au potentiel agricole et forestier (Inventaire des terres du Canada). Nous sommes donc en mesure de comparer l'utilisation (ou la non-utilisation) actuelle et le potentiel et de cartographier la marge de rendement actuel et futur pour les diverses affectations possibles.

Les sols des catégories 1 et 2 pour le potentiel agricole n'occupent pas 5% du Québec méridional. La "pierrosité", le mauvais drainage et les 13 autres facteurs adverses, reconnus par l'Inventaire des terres du Canada, imposent des restrictions graves. L'empiètement urbain n'a connu de contrôle que très récemment (loi du Zonage agricole, novembre 1978). Il a réduit considérablement le potentiel agricole québécois, et de plus, certains sols parmi les plus fertiles (argiles de la Mer de Champlain) se sont révélés extrêmement sensibles à l'occupation après les glissements de terrain de la Plaine du Saint-Laurent (Nicolet) et la catastrophe de Saint-Jean-Vianney au Saguenay.

6.1.2 Ressources végétales

La figure 6.1 montre les zones de végétation du Québec. L'indice de productivité naturelle, selon les normes utilisées par le Programme biologique international, nous avertit que la zonation sud-nord, au Québec, reflète une diminution progressive du pouvoir énergétique de la végétation. Si l'on se base sur les normes données par Lieth, l'érablière et les bois-francs ont une production primaire nette moyenne estimée à 1000 g/m^2/an; la forêt canadienne (boréale) en aurait 500, la toundra 140. Il convient d'ajouter que la productivité des forêts québécoises est inférieure à celle des forêts au sud du 45e parallèle, qui bénéficient d'une saison de végétation plus longue, d'un budget de chaleur plus élevé, et souvent d'un sol plus fertile.

Ces estimations sont basées sur la végétation indigène spontanée et plus ou moins stabilisée. Il est bien connu que des cultures à court terme, dans les mêmes régions, peuvent donner des rendements plus élevés. Cela découle du principe général qui reconnaît aux écosystèmes naturels un équilibre et une permanence qui se sont maintenus au détriment de l'efficacité. Cette notion fondamentale n'est sans doute pas évidente pour tous. En fait, l'importance critique de la *survie* au cours de l'évolution d'une espèce s'accompagne souvent d'une *perte d'efficacité*. Le jeu de ces deux aspects de l'adaptation permet à l'écosystème tout entier de réaliser, à long terme, une large mesure d'autorégulation. Comme il sera dit plus loin, c'est une des principales différences entre les écosystèmes naturels et artificiels.

Les diverses fonctions de la gamme de végétation naturelle, qui occupe chacune des zones représentées sur la figure 6.1, sont: le tamponnement des éléments atmosphériques (surtout la chaleur et l'eau), la régulation du drainage, la production d'abri, de nourriture et de matériaux pour le vêtement et la construction. La composition et le comportement de ces unités spontanées nous donnent la clef du potentiel biologique du paysage pour les animaux et pour l'homme.

À vrai dire, la flore indigène québécoise a peu contribué à l'alimentation humaine: le sucre d'érable, les atocas, les bleuets, les fraises, les framboises, les groseilles sauvages sont au sommet d'une liste très longue d'éléments comestibles, mais sont les seuls à y avoir contribué d'une façon significative, depuis le début de la colonisation européenne. Malgré l'existence déjà longue d'une société de mycologues, les Québécois se sont peu intéressés aux champignons comme complément de subsistance ou comme aménité.

On a d'autre part introduit dans le sud du Québec des plantes bien éprouvées en Europe: blé, orge, seigle, avoine, sarrasin; pois, haricots, fèves; carottes, pommes de terre, betteraves, radis; laitue, épinards, céleri, rhubarbe, chou; pommes, cerises, prunes; fraises, framboises, pour ne nommer que les plus importantes espèces alimentaires; et des fourrages aussi: mil, pâturin, trèfle, luzerne, maïs; des ornementales: rose, dahlia, oeillet, pétunia, chrysanthème, pied-d'alouette, pensée, rose trémière et bien d'autres. Personne n'a encore compilé la liste de ces introductions, encore moins leur provenance immédiate (France du Nord-Ouest) ou lointaine (Andes, Palestine), ni leurs conditions d'acclimatation. Nous sommes mieux renseignés sur les quelques espèces qui ont été l'objet de sélection en Amérique du Nord (maïs), au Canada (blé), et même au Québec (avoine, melon).

Cette recherche, axée sur des programmes d'''amélioration des plantes'', ne connaît pas actuellement une grande faveur. Tant la flore indigène que la flore introduite (acclimatée ou naturalisée, selon le cas) recèlent incontestablement des possibilités inexploitées et même insoupçonnées. Il est salutaire de nous rappeler (dans la rétrospective nécessaire à la présente prospective) qu'aucune denrée alimentaire importante n'a été découverte par l'homme postnéolithique, lequel s'est contenté d'améliorer par la sélection les espèces et les variétés déjà utilisées par ses lointains ancêtres. Même la guerre de 1939-45 n'a pas suscité de recherches importantes, si ce n'est parmi les plantes médicinales.

Il se peut que les mouvements naturistes et conservationnistes, qui remettent à l'honneur les plantes spontanées, leur accordent enfin une utilisation plus répandue. Les ''nouveaux alchimistes'' (d'abord Californiens, puis Bostonnais, plus récemment enracinés à l'Île-du-Prince-Édouard) travaillent sur une base scientifique solide et montrent la voie.

L'approvisionnement des Québécois en matière végétale pour leur alimentation n'exige guère, de prime abord, une révolution scientifique et de grandes innovations techniques. Les connaissances actuelles, animées par une meilleure gestion, suffiraient à augmenter sensiblement la production agricole et à diversifier son utilisation et sa mise en marché.

Nous n'avons presque pas touché à la matière première végétale destinée à l'industrie, i.e. aux algues, aux plantes médicinales et aromatiques (sauf le tabac), aux fruits fermentescibles.

Seul le bois est l'objet d'une exploitation majeure. Ici, il convient de nous tourner de nouveau vers la carte de la végétation (figure 6.1) pour constater que c'est sur la forêt canadienne (conifères boréaux) qu'est centrée la récolte massive, pour la fabrication du papier et souvent même d'un produit non ouvré (la pulpe). Bien que les bois-francs et l'érablière qui englobent l'écoumène le plus dense n'abritent désormais presque plus de grandes forêts, les essences qui les composent sont d'une valeur supérieure, particulièrement comme bois d'oeuvre. L'histoire de nos forêts témoigne d'une incurie et d'une imprévoyance générales, dont les Québécois de 1850-1950 ne sont pas plus coupables que d'autres. L'émergence d'un système de sylviculture et même le début des plantations (1950-1975) nous font espérer une meilleure économie de cette ressource. Or, des décisions majeures doivent être prises en ce moment, où sont enfin reconnus les besoins de la diversification des usages d'une part, et de l'usage multiple d'autre part.

La forêt, la taïga et la toundra livrent toutes trois une quantité de produits, mais elles offrent aussi des milieux contrastants de conservation et de récréation, puisqu'elles abritent une faune très précieuse. À la suite des inventaires du Programme biologique international (section Québec), on a passé une législation identifiant des "réserves écologiques". Il ne faut pas voir là de simples "refuges". Il faut bien constater que nos inventaires végétaux ne sont pas terminés, que notre cartographie de la végétation en est à ses débuts, que la paléographie couvre un faible réseau et que seules les grandes lignes de la dynamique sont connues. Pour axer validement le futur du Québec sur le paysage végétal mouvant, il nous faut certes mieux connaître le présent et le passé des unités naturelles et le potentiel biologique qui s'offre aux implantations exotiques.

6.1.3 Ressources animales

Un parallèle s'impose entre les ressources phytotrophiques et les ressources zootrophiques d'autant plus que celles-ci dépendent au plus haut point de celles-là. Si le déboisement, le drainage, la culture, l'industrie et l'urbanisation ont morcelé et transformé la masse végétale, et permis l'invasion plus ou moins spontanée de plantes étrangères, les animaux indigènes ont été diversement affectés par ces bouleversements des paysages régionaux.

Le cas extrême est l'extinction du grand pingouin dans l'Arctique et du pigeon voyageur dans les forêts décides. D'autres espèces sont fortement menacées, comme le faucon pèlerin. Le caribou a survécu dans les montagnes isolées des Chic-chocs, alors qu'il a disparu des Adirondacks. Le wapiti, encore abondant dans les provinces de l'Ouest, a disparu depuis longtemps du Québec. Le couguar (lion de montagne) est devenu d'une grande rareté. Le loup est l'objet de battues périodiques et s'est éteint dans plusieurs régions. D'autre part, le coyote et le petit lapin "cottontail" sont en pleine expansion vers l'est et le nord du Québec. Le chevreuil a agrandi son aire au nord et à l'est. Quelques-uns de nos oiseaux les plus familiers (à l'instar de la marguerite et du pissenlit) sont des envahisseurs européens: étourneau, moineau domestique. Il en va de même d'une foule d'insectes.

Les animaux indigènes réellement importants au point de vue alimentaire ne le sont guère que pour les Indiens et les Inuits. Pour ceux-ci, qui occupent la toundra, ce sont avant tout les mammifères marins, les poissons et les oiseaux migrateurs. La productivité secondaire de la toundra et des eaux froides fonctionne à un niveau remarquablement élevé. Pour les Indiens, plus nombreux dans la taïga-toundra et dans la taïga, mais aussi présents dans la forêt canadienne, où cette productivité est peut-être plus faible, ce sont plutôt le caribou, l'orignal, le chevreuil, le castor, les oiseaux gallinacés et anséridés, et les poissons. Ces animaux, dans le patron de vie traditionnel de ces chasseurs, contribuaient aussi au vêtement, à l'abri, et à l'éclairage. Leur consommation par les Européens coureurs des bois, puis sédentaires, a toujours été secondaire, bien que la famille d'''habitants'' ait traditionnellement fait des réserves de gibier (chevreuil, lièvre, perdrix) assez importantes. Aujourd'hui, le privilège de la chasse et de la pêche au Québec est très réglementé, comme dans le reste du Canada, et aucun mammifère, aucun oiseau sauvage ne peut être mis sur le marché; il en est de même, parmi les poissons, pour la truite mouchetée. À ceci, il faut ajouter les ''chasses gardées'' concédées à des clubs privés, quoique le nombre et l'étendue aient beaucoup diminué ces dernières années. Les restrictions récentes de la pêche, à cause de la contamination par le mercure, risquent d'immobiliser une ressource alimentaire importante.

Beaucoup d'observateurs du paysage et de la faune du Québec s'étonnent du peu de potentiel animal indigène dont nous tirons parti, autrement dit de la production spontanée primaire et secondaire. Alors que notre sylviculture dépend toujours du prélèvement d'une productivité primaire spontanée, nos pêcheries marines taxent également la productivité secondaire non aménagée. Or, la forêt révèle de plus en plus le besoin d'un aménagement plus rationnel selon un programme de coupe et de plantation. La pêche sportive en eau douce est presque uniquement l'objet de restrictions susceptibles de maintenir les effectifs par la régénération naturelle. La pisciculture n'est pas l'objet d'un programme commensurable au potentiel productif de nos lacs et nos rivières. Ainsi, de très nombreux lacs des Laurentides, abusivement pêchés, n'ont jamais été restockés. On imagine l'étonnement d'un Suisse ou d'un Philippin qui ne laisseraient pas sans emploi une telle ressource. (J'ai vu une ferme, dans l'Ontario, qui m'a rappelé les Philippines par l'intégration d'un étang piscicole dans son économie.) Même si notre climat, comparé à celui du sud des Appalaches, ne permet ni aux arbres ni aux poissons un taux de croissance annuel très élevé, il nous reste néanmoins une bonne marge d'exploitabilité.

C'est tout le problème de la domestication/aménagement/industrialisation qu'il faut évoquer dans un pareil contexte, depuis la mise en boîte de la viande de phoque jusqu'à la création d'un parc aux cerfs (pas celui de Louis XV ni de Norman Mailer). La Nouvelle-Zélande nous donne un exemple en ce qui concerne, justement, les cervidés introduits dans ce pays et qui causent beaucoup de dommages. Même si la controverse sur les moyens de contrôle de ces animaux à l'état libre continue, quelques fermiers élèvent des troupeaux dans de grands enclos et en mettent la chair sur le marché, alors que les animaux en liberté ne sont accessibles aux chasseurs sportifs qu'en saison légalement définie. Dans l'Ouest canadien, nous avons une pratique analogue: celle-ci consiste à mettre sur un marché privilégié (certains clubs très huppés) la viande des bisons abattus annuellement par les gardiens pour maintenir le taux de la population. Quelques excentriques (plus gentlemen que "farmers") élèvent des faisans et des cailles. Pourquoi pas l'oie blanche? la bernache? la gélinotte (perdrix)? Et que dire du caribou, du chevreuil? Les tentatives de domestication du boeuf musqué, commencées il y a trente ans au Vermont, se continuent à Fort Chimo. La laine de cet animal est plus précieuse que celle du yak et de la chèvre angora. Il semble que l'École de médecine vétérinaire de Montréal (St-Hyacinthe) se préoccupe de ce problème. Quelques étudiants feraient même des travaux de pionniers en ce sens. Le braconnage au Québec est un problème sérieux, paraît-il. (Nous ne connaissons pas d'étude documentée sur ce sujet.) Il faudrait donc envisager les risques de fraude si les animaux indigènes domestiqués étaient mis sur le marché.

Or, nos domestications, animales comme végétales, sont presque entièrement exotiques. Si le dindon est un oiseau américain de la forêt décidue, les autres volailles, ainsi que le porc, les bovins, le mouton et le cheval, sont tous importés d'Europe. La poule Chantecler, la vache canadienne et le cheval canadien, sélectionnés tous trois dans les basses terres du Saint-Laurent pour leur frugalité, leur rusticité et leur productivité, ont eu leur heure dans l'économie rurale québécoise. Sont-ils aujourd'hui des objets de musée? Pourraient-ils être à l'origine d'un nouveau départ zootechnique? Il est permis de le croire en ce qui concerne la vache canadienne (va-t-on la rebaptiser la vache québécoise?), car il se fait des expériences très prometteuses à Deschambault, et la Société des éleveurs de bovins canadiens est très active; elle publie un bulletin ("Entre-Nous") conjointement avec la Société des éleveurs de chevaux canadiens. L'élevage de ces derniers évolue vers la chasse à courre et vers la monture. La faveur que connaît l'équitation depuis quelques années a conduit à une augmentation totale de la population chevaline qui dépasse, dans l'Ontario, le maximum atteint autrefois par les "chevaux de ferme".

Il va sans dire que beaucoup d'autres introductions demeurent possibles: le bétail Charolais témoigne d'une expérience récente et réussie. N'est-on pas allé jusqu'à élever le zébu?

Concernant tout ce qui entoure les produits alimentaires, le climat et le sol ne sont pas toujours les obstacles majeurs. Le rejet traditionnel par les Canadiens français de la viande de mouton est un exemple d'inhibition psychoculturelle. L'attitude pénitentielle vis-à-vis du poisson en est un autre. La consommation de bigorneaux, d'oursins, de moules est restreinte à une minorité gastronomique. On ne fume pas la morue, etc.

6.1.4 Ressources investies

Un investissement, rappelons-le, est une ressource résultant d'un travail ou d'un ensemble de processus assurant une exploitabilité continue, à long terme ou différée. Telles sont les substances accumulées dans les arbres et dans les bulbes, dans les tissus d'animaux migrateurs ou hibernants, dans les galeries, abris, barrages, nids ou autres artefacts fabriqués par divers animaux et, bien entendu, dans les constructions et équipements de l'homme.

L'inventaire des ressources québécoises actuellement investies ou favorables à l'investissement, d'ici l'an 2000, peut se faire d'une manière rationnelle en les répartissant dans les quatre types de paysages, dont les éléments sont illustrés à la figure 6.5, et qui sont dominés respectivement par la nature, la campagne, l'usine et la ville.

La nature québécoise (dont les principaux éléments ont été définis aux niveaux I-IV) est protégée par une législation assez complexe, qui nécessite des stations de recherche et de contrôle munies d'un matériel et d'un personnel répondant aux besoins de l'instruction, de la recherche et de la protection. Les tours d'observation, les barrages, les routes, stratégiquement disposés, les épandages de pesticides par avion sur les forêts, le harnachement des cours d'eau, les abris de chasse et de pêche et les parcours de safaris sont tous des investissements censément respectueux des équilibres et du renouvellement naturel. Il est à prévoir que les parcs, réserves et zones de récréation augmenteront en milieu sauvage. Il est déjà à propos de planifier des utilisations successives et même en rotation, particulièrement aux abords des grands centres. Les îles du Saint-Laurent nous offrent un excellent exemple d'un appel à une planification qui n'existe pas actuellement, et qui est pourtant urgente. Une législation nouvelle sur les parcs et réserves, annoncée depuis 1967, se fait encore attendre.

Le milieu rural québécois connaît peut-être la crise la plus grave de son histoire. Ni la grandeur des terres, ni l'outillage agricole, ni parfois la main-d'oeuvre ne sont à la hauteur des besoins alimentaires d'une part, et du potentiel de production d'autre part. Le déséquilibre des investissements agricoles/industriels/urbains exige:

1) protection des terres arables contre la spéculation et l'empiètement non agricole;
2) regroupement des terres en unités exploitables et rentables;
3) diversification et amélioration des cultures;
4) diffusion des techniques et des crédits;
5) syndicalisation/coopération des propriétaires/ouvriers;

6) régionalisation des productions;
7) coordination fédérale/provinciale des priorités.

En un mot, ce déséquilibre exige la planification de l'espace rural. La construction, le régime des engrais, la mise en marché, la transformation industrielle des produits de la ferme constituent, à l'heure actuelle, des investissements involontaires et surtout mal coordonnés, s'ils ne sont pas subordonnés aux fins de l'industrie et de l'urbanisation. Sous chacune des en-têtes précédentes, on peut envisager des initiatives qui s'accordent avec le potentiel de la terre québécoise et qui répondent à des besoins qui existent déjà: culture de la betterave, élevage du mouton et du lapin, introduction du soja, rationalisation de l'exploitation des érablières et des bleuetières, ouverture de la vocation agricole aux citadins et aux vieillards.

Une publication officielle du ministère de l'Agriculture du Québec présente un inventaire généralisé qui se termine par des recommandations dont l'application est impossible sans planification générale. Il est bien connu que le développement urbain empiète depuis trop longtemps sur les champs cultivés et (surtout dans la région de Montréal) sur les meilleures terres arables. Il en va de même du développement industriel, aéroportuaire par exemple. La promulgation de la loi du Zonage agricole (1978) a causé un émoi d'autant plus grand que les spéculateurs et ''développeurs'' se croyaient depuis toujours à l'abri d'un tel redressement. À vrai dire, son efficacité et son équité dépendent d'une planification plus stricte des autres secteurs.

L'industrie québécoise d'extraction a été mentionnée au niveau minérotrophique. Il convient de signaler (au Québec comme dans l'Ontario, sur les bords du Saint-Laurent comme sur les rives du Rhin) les problèmes que cause l'excavation des gravières. La législation et la pratique (récentes!) de l'Ontario montrent peut-être la voie d'un meilleur investissement dans cette richesse, grâce à une planification à long terme qui prévoit des usages successifs des sites riches en sable ou en gravier. La France, sur ses dunes méditerranéennes et atlantiques, a aussi quelques exemples à nous offrir. L'extraction de la tourbe, telle qu'on la pratique dans le Maine et le Nouveau-Brunswick, se fait dans Témiscouata-Rimouski, mais pourrait se faire aussi au nord du Saint-Laurent où cette ressource ne manque pas. Les industries de transport et de communications ont une forte priorité, si l'on en juge par les budgets qui leur sont consacrés. Il est clair que les travaux de déblayage, de déneigement et de réparation (le curetage et la cosmétique) sont énormément coûteux et ''improductifs''. Les nombreux impacts du système de transport sont enfin l'objet d'une étude sérieuse effectuée par le ministère.

Il reste que le réseau routier, les chemins de fer, les ports et aéroports, les lignes de transmission, sont l'objet de placements particulièrement bien accordés aux besoins des Québécois. D'ici l'an 2000, par exemple, un réseau aérien beaucoup plus développé dans le Nouveau-Québec est destiné à déplacer le centre de gravité vers le nord. Cet objectif a été promu par le groupe du "Mid-Canada Corridor" qui a documenté son plaidoyer surtout sur les plans économique et politique, et qui a laissé les planificateurs (et encore plus les écologistes) sur leur faim et par conséquent un peu méfiants. Quoi qu'il en soit, un tel projet se justifie fort bien, à condition qu'on n'oublie pas que Fort Chimo, Schefferville, Radisson, Mistassini, Matagami, Chibougamau font partie du Québec et doivent élargir le cercle de leurs aménités. L'investissement hydro-électrique de la Baie-James a été acclamé comme le "projet du siècle". Inspiré au départ par une politique à courte vue basée sur des valeurs à la fois contestables et historiquement menacées, il est quand même axé sur un potentiel spatial et humain qui permet les plus grands espoirs.

Nous ne savons pas aborder l'aménagement du Grand-Nord sans y transposer nos notions et nos projets "sudistes". Les Canadiens ont fait chez eux ce que les puissances coloniales européennes avaient fait dans les pays tropicaux. Une planification redressée par l'influx de critères écologiques et de valeurs sociologiques semble quand même être en voie d'élaboration, et l'on commence à sortir du colonialisme en se demandant comment et pourquoi notre économie (par exemple, forestière ou portuaire) fonctionne tellement en deçà de son potentiel. Rattraper ce "lag" est assurément une priorité.

Quant aux manufactures et aux usines, elles forment actuellement un réseau qui n'a suivi aucune logique visible de développement, mais qui a obéi aux occasions fournies par le capital disponible, la main-d'oeuvre accessible (et autrefois docile) et l'approvisionnement en matières premières. Une politique de préférence aux entreprises employant le fer, le bois, le poisson, les matériaux indigènes abondants, est peut-être en train de s'affirmer. L'avenir de l'industrie québécoise, selon les intentions exprimées récemment par les leaders, est prometteur, puisque les trois éléments constituants sont abondamment disponibles: matière première, énergie, main-d'oeuvre. Que les progrès escomptés s'accomplissent au détriment du milieu naturel (sauvage) et du milieu nourricier (rural) ne semble aucunement les troubler.

Peut-être nous trouvons-nous, historiquement, au point maximum d'aveuglement vis-à-vis de l'utilisation de nos ressources, et singulièrement de celles de la ville. La société de consommation ne peut pas aller beaucoup plus loin dans les voies de la surenchère et du gaspillage. La fascination des biens industriels et urbains est loin d'être un phénomène capitaliste-démocratique: le monde socialiste et le Tiers-Monde lui-même nourrissent les mêmes rêves d'affluence et de prestige que suscite la quincaillerie moderne. Les gestes posés par les gouvernements reflètent cette mentalité. Citons un cas assez récent: une subvention de $5 000 000 du gouvernement canadien à de puissantes compagnies responsables de la pollution des rivières (et des poissons) par le mercure qui met en danger la santé des Indiens. En page éditoriale, le "Montreal Star" (29 juillet 1976) écrivait: "...offering grants of five million dollars to the creators of the pollution and nothing at all to its victims is tragically symbolic of where the government's priorities lie."

Le développement urbain au Québec, plus rapide que celui de l'industrie, tout au moins dans sa phase récente, est complètement anarchique. La ville de Laval présente un des exemples les plus flagrants de non-planification, d'abandon complet au gré des spéculateurs et des "développeurs". Les investissements résidentiels et commerciaux d'après-guerre (1945-1975) sont sans précédent. Dans le choix des emplacements, des patrons architecturaux, des matériaux de construction, de la qualité des services, l'expansion urbaine récente est axée sur des valeurs socio-économiques qui pourraient se révéler historiquement aussi éphémères que le monocle, les guêtres, le yo-yo, la crinoline et la brosse à dents électrique. Les extensions suburbaines, en particulier, contrarient plusieurs tendances fondamentales: intimité de la famille, identité de la résidence, besoin de marcher, désir de la diversité de contact, etc.

Le rapport du comité ad hoc du Conseil des sciences avait reconnu cinq éléments cruciaux: le besoin d'un institut national d'études urbaines, les crises du transport et du logement, la technologie, l'économie et la sociologie du recyclage, et l'inefficacité des communications.

Les ressources des villes québécoises sont considérables: Montréal, une des rares villes cosmopolites de l'Amérique du Nord; Québec, ville historique; Chicoutimi, Trois-Rivières, Rouyn, Drummondville, Sept-Îles, villes industrielles. Toutes ces villes sont des centres de gravitation importants. Ces agglomérations urbaines (et d'autres de moindre importance) rendent disponibles (bien qu'inégalement accessibles) les bénéfices d'une production industrielle et culturelle mondiale.

La conservation de sites, d'édifices, de monuments, ayant une valeur esthétique et/ou historique, a été très faiblement encouragée. Les Canadiens français (ou les Québécois francophones) des dernières générations (depuis 1900, si l'on veut) se sont montrés fort épris de libertés collectives, de sauvegardes institutionnelles et éventuellement de profits économiques. Or, c'est plutôt l'apparente sentimentalité (paternaliste?) des anglophones du Québec qui a sauvé des sites (comme le Mont Joli et le

Cap Barré à Percé), des maisons historiques, et des meubles et objets artisanaux du bulldozer et de la poubelle.

Le présent contexte ne se prête pas à un catalogue des ressources urbaines ni même à un inventaire de ces crises. Il faut nous contenter de signaler la résistance prolongée à la planification, concrétisée par les délais apportés à la canalisation du Saint-Laurent et à la formation de la communauté urbaine de Montréal. L'honorable G.-A. Nantel, dans son livre *La métropole de demain* (1910), recommandait l'union administrative et la fusion des services de circulation, de santé et de police sur toute l'Île de Montréal! Le ministre Jean-Paul L'Allier (1976), dans son Livre vert (document de travail), nous offre une bonne rétrospective où l'on constate le peu de prix accordé par les gouvernements québécois successifs aux investissements "culturels", qui ont dépendu d'un ministère sans budget et sans autorité. (La même chose est vraie de l'environnement.) La sévérité même de cet inventaire et la lucide définition des problèmes de coordination, de subvention et de législation semblent témoigner d'un meilleur appui de l'opinion publique.

Il est encourageant de noter un progrès réel, entre 1970 et 1980, sur deux plans: la consultation plus précoce des environnementalistes au sujet des grands développements, et leur présence (au moins occasionnelle) à la table des décisions. D'autre part, les ministères provinciaux de l'Environnement et des Affaires culturelles sont désormais investis d'une autorité plus grande que favorisent des budgets plus adéquats.

L'"autonomie culturelle", que le gouvernement québécois a mise à son programme, ne saurait devenir réalité si le tissu urbain se développe d'une façon cancéreuse, aux dépens des terres agricoles les plus productives à sa périphérie, et s'il se laisse gruger à l'intérieur par des "rénovations" inhumaines. La "hiltonisation" de la colline parlementaire elle-même fait éclater au grand jour la colonisation multinationale.

6.1.5 Contrôle des ressources

Quelles sont les forces, dans le milieu québécois, qui ont contrôlé les ressources dont il a été question ci-dessus: le groupe I, air, eau, sol, minéraux; le groupe II, plantes spontanées et cultivées; le groupe III-IV, animaux sauvages et domestiqués; le groupe V, investissements, placements, constructions, artefacts divers, fermes, routes, usines, villes?

C'est toute l'histoire politique, économique et sociale qu'il faudrait retracer pour répondre à une pareille question. La pondération de l'emprise matérielle de l'Église et de l'État, de la finance et du commerce, suppose un itinéraire historique qui dépasse de loin la compétence d'un écologiste. Or cet itinéraire, entrepris justement par les historiens, les économistes et les sociologues, est bondé de constatations proprement écologiques. On relève en effet de nombreuses instances d'exploitation des ressources du milieu, et de contraintes imposées par le milieu. Depuis les Relations des jésuites (1611-1672) jusqu'à nos jours, devant l'abondance de l'eau, du bois, des animaux à fourrure, le rendement des céréales et du lait, l'efficacité des systèmes de transport (route, rail, navigation fluviale), nos historiens ont invoqué le froid, le relief, le sol, les maladies (des plantes, des animaux, de l'homme), comme autant de bénéfices et de limitations d'ordre "naturel", c'est-à-dire écologique. On ne leur reprochera pas de les avoir mal identifiés comme tels, alors que le foyer des historiens était religieux, militaire et politique, culturel, économique, sociologique, ou simplement anecdotique ou polémique. En lisant la plupart de ces auteurs, on ne voit, on ne sent et on ne touche presque rien des dimensions spatiales qui devraient encadrer leurs récits. Ceci est peut-être encore plus vrai de la littérature sociodémographique. Il faut presque remonter aux jésuites (1611-1672) et à Pierre Boucher (1664) — qui faisaient pourtant de l'apologétique! — pour retrouver une "histoire naturelle" avec laquelle ont renoué les géographes, et singulièrement Raoul Blanchard.

En revanche, ce sont bien les historiens, les économistes et les sociologues qui ont touché du doigt les ressorts qui contrôlent l'exploitation, le transport, la transformation, la distribution et la vente des biens tirés de l'environnement. Des décisions importantes ont été prises au Québec concernant l'extraction et la canalisation des ressources minérales, végétales, animales et humaines. Les concessions et exemptions concédées à l'aristocratie, au clergé, aux corporations, aux multinationales et éventuellement aux syndicats et aux groupes non privilégiés, se sont faites en très grande partie sous la pression de systèmes et de groupements extérieurs au Québec. Le métabolisme des investissements-capitaux et des exportations de profits aura énormément varié. Peut-être ce courant a-t-il été longtemps ralenti et internalisé dans le secteur agricole, où des contrôles d'ordre moral (et même religieux-institutionnels) tendaient à la formation de mythes très puissants favorisant l'autarcie. Michel Brunet a admirablement analysé l'"'agriculturisme'", l'"'anti-étatisme'" et le messianisme, tous trois capables de restreindre la participation du Québec à l'industrialisation et à d'autres formes de participation à des courants mondiaux. La Révolution tranquille des années 60 ne devait desserrer ces inhibitions que pour ouvrir au Québec la voie de la surconsommation de l'après-guerre, pendant que la révolution sexuelle causait une chute de la natalité presque sans analogue dans l'histoire moderne.

Les relais des mécanismes de contrôle pour l'accessibilité et la répartition des ressources et l'éventuel partage des bénéfices ont connu plusieurs phases, au Québec, depuis la prépondérance d'abord française,

134

FIGURE 6.3: Les agents de contrôle dans le paysage québécois selon le niveau d'opération propre à chacun des acteurs

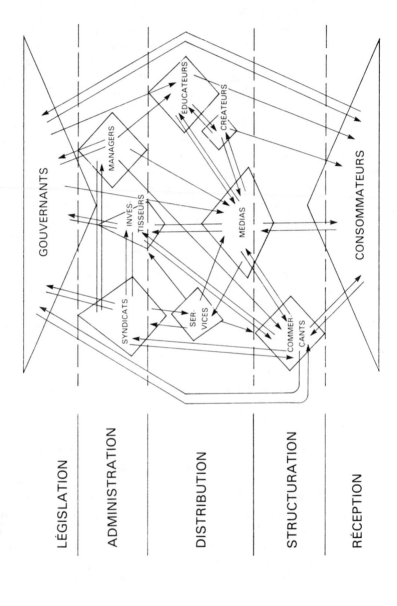

puis anglaise, puis américaine, et enfin multinationale. Les impacts de ces forces extérieures de pression et de drainage ont affecté tous les niveaux trophiques, mais de façons différentes à diverses périodes. Les chocs en retour que sont l'isolement (linguistique), l'autonomie (politique), représentent diverses stratégies et partages des contrôles. Il est bon de signaler que la recherche orientée vers le développement, qui n'a pas été très forte dans l'ensemble du Canada, a quand même démarré dans le Québec: travaux techniques de l'Hydro-Québec, innovations de la compagnie Bombardier, structuration bancaire coopérative des Caisses populaires Desjardins. Ces initiatives et d'autres, portées par des courants historiques peu coercibles, ont amené des déplacements de pouvoir assez notables.

La pression qui s'exerce actuellement sur les ressources du Québec, et qui continuera de se faire, est entre les mains de divers groupes d'acteurs ou d'agents. Ceux qui suivent sont peut-être les plus visibles (figure 6.3).

1) **Consommateurs.** Le consommateur moyen est avide de gadgets et de mécaniques de durée restreinte (obsolescence planifiée), de nourritures préfabriquées à étiquettes connues, de confort et de soins médicaux. Il équilibre mal son budget domestique, se nourrit mal et prend peu d'exercice. Le consommateur riche a les mêmes propensions, mais une plus grande capacité d'achat et de consommation de biens culturels, de déplacements et d'acquisitions. Il se charge d'objets et d'activités ayant une valeur de prestige plutôt que de satisfaction intime.

2) **Commerçants.** Acheteurs, manipulateurs et vendeurs de denrées de toute sorte, ils sont les responsables immédiats de l'accessibilité des biens et services. Leur objectif est la rentabilité. Petits, moyens et grands, ils subissent les urgences de la propagande publicitaire (qu'ils véhiculent, d'ailleurs) et des pressions exercées par les pourvoyeurs (particulièrement les managers).

3) **Médias.** Les divers véhicules de l'information transmettent des messages plus ou moins biaisés. La vente forcée par une propagande à faible contenu d'information est promue par la presse écrite et électronique, et par l'affiche. Les contenus authentiquement informatifs, éducationnels et même créateurs, sont eux-mêmes soumis à des normes de rentabilité établies par les managers.

4) **Éducateurs.** Depuis les jardiniers d'enfants jusqu'aux universitaires utilisant les structures institutionnalisées, en passant par les églises, les groupes de pression et les organisations de loisirs, les éducateurs

s'adressent directement à l'individu et prônent l'amélioration de ses facultés intimes et personnelles en visant, ou en ne visant pas, sa rentabilité professionnelle. Ce secteur (comme le suivant) serait, en principe, grandement autonome.

5) **Créateurs.** Les chercheurs scientifiques (presque obligatoirement institutionnalisés), les écrivains, les artistes, les acteurs, les musiciens, les philosophes, les économistes et les autres, offrent des produits qui doivent passer par les médias (conférence, radio-télévision, publication, théâtre) pour trouver leur marché, souvent par l'intermédiaire du commerce (librairies, salles publiques, etc.). Folklorique ou philosophique, l'objet de la création peut également atteindre le consommateur directement.

6) **Professionnels.** Ceux qui fournissent des services plutôt que de la marchandise relèvent tantôt de la finance et du commerce, tantôt de l'éducation et de la communication. C'est sans doute une catégorie plus hétérogène et diffuse que les autres.

7) **Syndicats.** Les groupements formés par les travailleurs reconnus compétents pour l'accomplissement d'une tâche précise occupent tous une "strate" bien marquée de la société. Ils peuvent former une liaison verticale avec les autres strates d'une entreprise (université, pouvoir électrique, industrie de l'automobile) et assurer sa cohésion, ou alors ils peuvent affirmer une plus grande solidarité horizontale avec d'autres strates, censément de même niveau, dans d'autres entreprises.

8) **Investisseurs.** Depuis les grands capitalistes jusqu'aux petits actionnaires et épargnants et aux humbles propriétaires de logements ou de véhicules, le contrôle des avoirs est assez peu susceptible de s'exercer librement.

9) **Managers et technocrates.** Il y a longtemps déjà que le pouvoir réel est passé des mains des capitalistes à celles des managers. L'assistance et le contrôle de l'État ont donné un rôle de premier plan aux technocrates. La direction gouvernementale elle-même est mise en échec par la ligue des grands commis et des PDG.

10) **Gouvernants.** Les hommes politiques (municipaux, provinciaux et fédéraux) ont, en principe, le pouvoir de prendre toutes les décisions réellement importantes, d'aligner l'ordre des priorités d'investissement et d'action, de forger une nouvelle législation plus adéquate aux moyens du pays et aux valeurs de ses habitants.

La figure 6.3 est une tentative bien imparfaite pour démontrer quelle est, dans le Québec actuel, l'interaction de ces forces de contrôle. On y distingue cinq niveaux de fonctionnement. Les consommateurs se situent au niveau de la réception; les commerçants et les médias (pro parte), à celui de la distribution; les médias (pro parte), les éducateurs, les syndicats (pro parte), les créateurs, les investisseurs (pro parte), les professionnels, à celui de la structuration; les investisseurs (pro parte), les managers, les syndicats (pro parte) et les gouvernants (pro parte), au niveau de l'administration; cependant que les gouvernants (pro parte) occupent seuls le niveau de la législation.

À chacun de ces paliers, divers processus sont en jeu et nourrissent les échanges entre deux agents. Ainsi, le rayonnement des médias dirige une lourde charge d'information et de propagande vers le consommateur, dont il reçoit relativement peu en retour ("rating", "hot-line", etc.); une forte attaque de propagande en direction du commerce (et là aussi un faible feed-back); ils reçoivent plus des créateurs qu'ils ne leur apportent; leurs échanges avec les éducateurs et surtout avec les professionnels sont davantage bilatéraux; ils sont plus influencés par les managers et les gouvernants qu'ils ne les influencent, tandis que leurs échanges avec les investisseurs sont plutôt passifs.

Si ce schéma avait quelque valeur, il se prêterait à une analyse stratégique où chaque flèche indiquerait par son épaisseur la force de son impact. Pour rejoindre concrètement la situation québécoise d'aujourd'hui (et de demain), il faudrait, de plus, identifier le fluide qui passe dans ces veines: par exemple, dans le cas des médias, les idées politiques et morales convoyées par la télévision et le cinéma, le contenu international de l'information écrite, parlée, visuelle, etc.

6.2 LES PAYSAGES SELON LEURS DOMINANTES

La planification doit être précédée d'une connaissance solide des potentiels, qui, à son tour, dépend d'un échantillonnage descriptif aussi complet que possible. L'anatomie (description) du paysage nous est révélée par l'identité des pièces qui le composent, et sa physiologie (dynamisme) par le "cyclage" interne et le réseau d'échanges entre ses cellules.

La mise en place d'un système de classification des types d'occupation des terres repose essentiellement sur les notions invoquées plus haut et se trouve axée essentiellement sur deux dimensions: l'écosystème, avec ses niveaux trophiques, et l'escalade de l'impact humain.

Le modèle général de l'écosystème (figure 6.2) se prête à une pondération des charges trophiques. La figure 6.4 illustre cette procédure. On voit clairement la différence entre un milieu naturel (lac aux castors, érablière) où tous les niveaux sont occupés, et des milieux aménagés où certains niveaux trophiques sont complètement neutralisés: la vie animale (III et IV) dans un verger, par exemple. Ces écosystèmes, en quelque sorte "incomplets", sont forcément dépendants, à certains niveaux, d'autres écosystèmes. Ainsi, la ville, dont les niveaux V et VI sont fortement chargés, est totalement dépendante de la campagne pour son ravitaillement en matière végétale et animale, et même minérale.

Chaque type d'occupation des terres dans un paysage donné peut donc être illustré comme à la figure 6.2, où la distribution de ses charges trophiques est donnée (figure 6.4).

Toutefois, pour encadrer ces unités dans un ordre supérieur, on a proposé quatre volets majeurs qui, à leur tour, se suivent dans l'ordre de l'impact grandissant (l'escalade) de l'intervention humaine dans le paysage. Le tableau 6.1 regroupe les impacts humains sur cette échelle où les six révolutions libératrices d'énergies, jusque-là prisonnières, permettent à l'homme de passer à travers cinq phases et de s'arrêter à huit paliers ou stades. Dans notre monde d'aujourd'hui, il subsiste des paysages qui témoignent de toutes ces empreintes, depuis la nature vierge jusqu'à la mégalopole et le satellite. Pour les fins d'une cartographie utile à la planification, à l'aménagement et à la gestion du territoire, il a paru légitime de regrouper tous les types sous quatre volets: A. *sauvage*, B. *rural*, C. *industriel*, et D. *urbain*.

En faisant l'étalonnage des qualités de l'occupation des terres, deux procédures se présentent:

a) examen de la présence, de l'importance et du potentiel de chacun des types;
b) analyse des mosaïques de types (ou de blocs) réellement présents dans les paysages régionaux.

Prenons quatre exemples au hasard, un dans chaque volet, pour illustrer la procédure (a).

Dans le volet *sauvage*, $\dfrac{A\,3\,A}{II}$ est le type d'occupation "forêt inondée". Dans le Québec, l'espace naguère occupé par ce type d'occupation est de plus en plus restreint. Dans le cours supérieur et moyen du Saint-Laurent et de ses affluents majeurs, ces forêts, qui peuvent abriter une flore et une faune de grande valeur, ont aussi un sol qui se révèle très fertile dès qu'il est artificiellement soustrait à l'inondation. Des fluctuations de grande envergure dans le régime des Grands-Lacs, les effets du déboisement dans l'Outaouais, les Laurentides et les Appalaches ont aussi contribué à les modifier. Récemment, la maladie hollandaise de l'orme a exterminé de grands arbres, créant des puits de lumière sans précédent. Voilà donc un type d'occupation particulièrement fragile.

FIGURE 6.4: La charge trophique relative de neuf écosystèmes (sauvages, ruraux, industriels et urbains) reportée sur le schéma de la figure 2. Les trames se lisent de bas en haut.

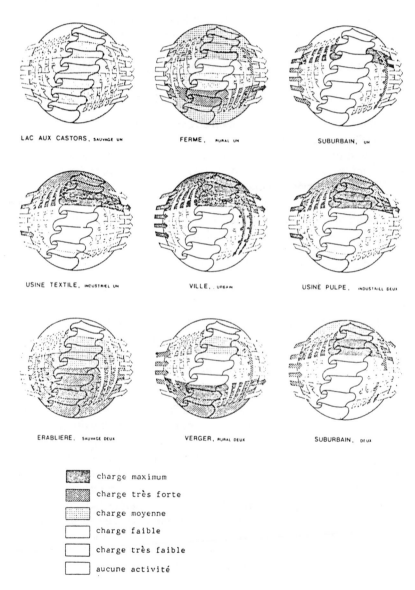

LAC AUX CASTORS, sauvage un   FERME, rural un   SUBURBAIN, un

USINE TEXTILE, industriel un   VILLE, urbain   USINE PULPE, industriel deux

ERABLIERE, sauvage deux   VERGER, rural deux   SUBURBAIN, deux

charge maximum
charge très forte
charge moyenne
charge faible
charge très faible
aucune activité

139

Dans le volet *rural*, $\dfrac{B\,4\,H}{V,III,IV}$ est le type d'occupation "aviculture". La dispersion et le regroupement dans le Québec de cette forme d'exploitation agricole aura connu beaucoup de vicissitudes. On a fait des tentatives de création d'une race québécoise (la "Chantecler"), et d'acclimatation de plusieurs races bien éprouvées. Quelques municipalités (comme Saint-Félix-de-Valois) en ont fait le pivot de leur économie. Le cyclage des matières nécessaires à l'alimentation et à l'entretien des volailles (production locale/lointaine), les modalités de mise en marché (poule/oeufs: coopératives/intermédiaires), et les subsides et contrôles gouvernementaux sont tous de nature à permettre des intégrations rentables/précaires.

Dans le volet *industriel*, $\dfrac{G\,1\,K}{V,I}$ est le type d'occupation "gravière". La grande abondance des dépôts glaciaires et fluvio-glaciaires qui recouvrent le Québec tout entier rend facilement accessible la matière première des constructions routières et immobilières. Les innombrables plaies qui défigurent les paysages, jusqu'à l'abord des grandes villes, posent depuis longtemps le problème d'une discrimination plus grande dans les approvisionnements de gravier pour l'industrie et pour l'État, et d'une planification compensatrice pour les municipalités. La virtuelle inépuisabilité de la ressource appelle un système d'exploitations successives.

Dans le volet *urbain*, $\dfrac{D\,6\,C}{VI,\,V}$ est le type d'occupation "institution religieuse". L'espace occupé dans le Québec, en 1950, par les églises, les couvents et les presbytères, était très considérable, de même que leur pouvoir de contrôle sur les décisions affectant l'agriculture, l'industrie, la ville, l'économie, la politique. La stratégie écologique de retrait et de désistement se traduit par des abandons et des transferts spatiaux aussi bien que fonctionnels, surtout depuis dix ans.

Ces quatres esquisses donnent une idée des caractéristiques qu'on peut attribuer aux 33 types sauvages, aux 38 types ruraux, aux 58 types industriels, aux 30 types urbains, sans compter bon nombre de subdivisions qui s'imposent. (À remarquer que certains types ne se rencontrent pas du tout au Québec: A 6 C, récif corallien; A 2 D, lac salé; B 4 K, verger de vers à soie; C 1 I, saline; C 1 N, puits de pétrole; C I O, gaz naturel.) Il semble qu'il vaudrait la peine de parcourir attentivement une pareille gamme et de se poser, dans la perspective de l'avenir du Québec, la question du potentiel de chaque type d'occupation des terres. On se heurterait tantôt à des abondances/déficiences de ressources (A 3 D: exploitation de tourbières; B 1 H: culture de plantes oléagineuses; C 4 K: bijouterie; D 1 B: dépotoir); à des difficultés techniques (A 2 H: enlèvement de la neige; B 4 I:

TABLEAU 6.1:   Les *pas franchis par l'homme* dans son contrôle de l'environnement, et une tentative de caractérisation de leur impact.

RÉVOLUTION	PHASE	STADE	IMPACT	ORGANISATION SOCIALE DE L'HOMME	ÉCONOMIE	VÊTEMENT	ABRI	VOLET D'OCCUPATION
VI. COSMIQUE	E. CLIMATIQUE-COSMIQUE	8. ÉCHAPPÉE "EXOBIOLOGIQUE"	échappée à la gravité	individu isolé	de pouvoir	extra-spécialisé	métal, plastique, mobile	E COSMIQUE
V. CYBERNÉTIQUE		7. CONTRÔLE CLIMATIQUE	altération atmosphérique	technocraties	de pouvoir	spécialisé	métal, synthétique, mobile	D URBAIN
	D. INDUSTRIELLE	6. URBANISATION	agglomération de l'habitat	sociétés denses	de consommation, de contrôle	étoffes	pierre, brique, bois, synthétique, permanent	
IV. INDUSTRIELLE		5. INDUSTRIE	substitution (minérale), fabrication	sociétés concentrées	dépendante, transformatrice	étoffes	pierre-brique, bois, synthétique, permanent	C INDUSTRIEL
III. AGRICOLE	C. ÉTABLISSEMENT	4. AGRICULTURE	culture, sélection, substitution (biologique)	tribus, sociétés	de production autarcique à dépendante	rudimentaire, peaux, tissus étoffes	pierre, bois, permanent	B RURAL
	B. NOMADE-PASTORALE	3. PÂTURAGE	feu, paissance, transhumance, propagation	tribus, sociétés (parfois nomades)	de subsistance autarcique à ouverte	rudimentaire, peaux, tissus	pierre, bâtons, peaux, bois, mousse, temporaires	
II. DOMESTIQUE	A. PRIMITIVE	2. CHASSE ET PÊCHE	ablation déplacement feu	tribus (souvent nomades)	de subsistance, autarcique ou légèrement ouverte	rudimentaire	rudimentaire	A SAUVAGE
I. INSTRUMENTALE		1. CUEILLETTE	ablation, soumission	petites tribus hermites	autarcique ou de subsistance	aucun, rudimentaire	aucun, rudimentaire	

141

piscicultre; C 3 A: énergie solaire; D 2 A: zoo); à des obstacles économiques (A 2 A: forêt inondée; B 1 F: culture de plantes médicinales; C 5 F: usine de filtration; D 1 C: dépôt de ferraille); à des objections sociales ou psychologiques (A 3 B: conservation du marécage; B 4 F: élevage du mouton; C 3 B: création de centrales nucléaires; D 6 C: destruction d'églises).

Quant à la procédure (b) (analyse de mosaïques régionales), il ne nous est guère possible de faire un tour d'horizon très compréhensif, et nous nous limiterons à un seul exemple. La figure 6.5 est une carte au 10 000e d'un segment de l'Île du Cap aux Meules aux Îles-de-la-Madeleine. Elle révèle l'espace considérable occupé par des blocs sauvages et ruraux, la localisation très étroite de l'industrie, et l'adhérence de l'urbain à une trame linéaire définie par la route principale.

Nous avons dressé une quarantaine de ces cartes (en couleurs et en noir et blanc) que nous croyons plus écologiques que celles de l'Inventaire des terres du Canada. On trouvera une discussion très détaillée de la cartographie et des comparaisons de mosaïques géographiques dans la monographie consacrée à cette méthodologie. Nous croyons que cette approche permet de représenter les potentiels du paysage québécois et que des cartes de ce type sont une matrice indispensable aux estimés régionaux.

Cette façon d'envisager la cartographie écologique, commencée en 1973, a servi à faire quelques applications à des secteurs de l'occupation du paysage, selon les critères exposés et discutés depuis le début du présent essai. On a fait, par exemple, un répertoire des établissements humains proposé à la demande du programme des Nations Unies pour l'Environnement. Dans le mémoire où cet alignement et cette taxonomie sont discutés, un tel classement est offert surtout comme tentative d'ordonnance et aucunement comme modèle définitif. De plus, il se rapproche beaucoup des idées proposées par Doxiadis, invoquant les mêmes critères. Des essais parallèles ont été faits concernant la construction domiciliaire et le réseau routier. Les contraintes de l'environnement sur la route et les impacts du réseau lui-même sur l'environnement y sont illustrés par une série de tableaux.

Les schémas conduisant à la mensuration des impacts mutuels de l'urbanisation, de la construction de routes et de maisons, appelle d'autre part des mesures correspondant à la réponse des individus face au partage et à la jouissance des ressources.

6.3 LE PARTAGE DES RESSOURCES

De même que la faim chez le loup, la peur chez le chevreuil, le som-

FIGURE 6.5: Une application de la "Classification écologique des terres" à un segment de l'Île du Cap aux Meules, Îles-de-la-Madeleine. Les trames sont les suivantes:

A. Sauvage: pointillé,
B. Rural: rayé horizontal,
C. Industriel: grisé,
D. Urbain: quadrillé.

meil chez le serpent sont des facteurs importants dans la participation de ces animaux aux ressources que leur offrent les divers écosystèmes qu'ils fréquentent, la perception chez l'homme est un moteur puissant capable de modifier très sensiblement une ressource, surtout une ressource renouvelable susceptible de devenir rare. Le ginseng (*Panax quinquefolium*), plante autrefois fréquente, sinon abondante dans les érablières de la région de Montréal, et perçu comme étant doué de vertus physiologiques singulières, fut fortement anéanti. Les bêtes à cornes chez plusieurs peuples africains et asiatiques sont d'abord considérées comme symbole de richesse ("status symbol") ou comme animal sacré, et non comme source de nourriture. Beaucoup d'autres exemples nous viennent à l'esprit (se situant aux six niveaux qui nous intéressent), dont la place dans le cyclage de l'écosystème dépend moins d'une qualité intrinsèque des objets en question que d'une projection imaginaire.

Les trois aspects principaux de cette puissance de la perception et de son influence sur le partage des biens sont: a) les besoins et les droits; b) l'imagerie et l'action; c) les patrons de distribution et de réception.

Il nous semble utile de reprendre ces thèmes dans le présent contexte.

Le modèle du "gâteau de l'environnement" (figure 6.6) est un schéma autécologique basé sur un inventaire des divers besoins de l'individu, de la société et de l'espèce d'une part, et sur la relative jouissance des biens qui peuvent les satisfaire dans diverses conditions géographiques et écologiques d'autre part.

Si, par conséquent, on veut bien regarder attentivement la figure 6.6, on pourra repérer les points les plus "stressés" parmi les 23 besoins de l'individu. Recherchons surtout, pour le moment, les cases dans lesquelles on reconnaît une crise immédiate ou à venir dans les vingt prochaines années.

Un plein développement des idées proposées dans ce contexte nous amènerait donc à une comparaison constante de données qui concernent:

a) la provision réelle des ressources;
b) la distribution et l'accessibilité des biens;
c) la capacité d'utilisation individuelle et collective;
d) la perception;
e) la satisfaction.

Les deux premiers facteurs se prêtent à une analyse au besoin quantitative, et assurément objective. Le troisième est lui aussi mesurable:

un homme, une famille, une population sont capables de "métaboliser" des quantités connues d'eau, d'aliments, etc. Toutefois la perception, tout autant que l'appétit et la capacité, est susceptible de causer le refus ou alors la consommation excessive. Que l'on songe aux aliments que les enfants prisent (bonbons) ou rejettent (épinards), ou encore aux tabous qui empêchent la consommation de porc, de boeuf, de mouton, de lapin, de cheval, etc.

En remplissant la formule du "gâteau de l'environnement" (figure 6.6) pour illustrer la stratégie écologique d'un individu dans son milieu, on a implicitement tenu compte de l'accessibilité de la ressource et de son utilisation réelle par l'individu. Lorsqu'on demande à la personne elle-même de remplir la formule, elle se trouve à exprimer en même temps sa perception de cette stratégie.

Dans tous ces cas, l'approche est autécologique, alors que la visée devient synécologique en appelant une comparaison entre le paysage réel objectivement mesurable (landscape) et le paysage intérieur (inscape). Cette projection ou dessein par le termite, le castor, l'homme (primitif ou industriel) précède, oriente et limite l'impact sur les écosystèmes. L'aménagement et la planification en sont les aboutissants.

Réunissant ces deux thèmes (ou oscillant de l'un à l'autre) et les replaçant dans l'encadrement d'une classification écologique des terres, on peut tenter une taxonomie des établissements humains. La projection de ce schéma sur l'occupation des terres au Québec révèle une diversité passablement grande, que menace la non-planification qui prévaut actuellement.

Dans la perspective futuriste qui nous engage ici, on peut se demander quant au Québec des vingt prochaines années:

1) quels seront les besoins et les droits?
2) quelle sera l'accessibilité aux ressources et la distribution de la jouissance?
3) quelles alternances de privation et de jouissance faut-il prévoir, et dans quels secteurs de l'économie?

Les jeux de l'imagerie et de l'action sont donc très importants. La "topophilie" est la toile de fond des aménagements du paysage, et la continuité culturelle marque chacun d'entre eux d'une façon reconnaissable. Malgré la lourdeur des influences économiques et architecturales qui pèsent sur le Québec, il n'est pas impossible de trouver des expressions spatiales originales. Il est urgent d'affirmer certaines vocations du paysage en réconciliant dans la mesure du possible la richesse des ressources avec l'efficacité du rendement, et en donnant à l'occupation des terres un visa-

FIGURE 6.6: Le "gâteau de l'environnement". A. *Les besoins de l'individu:* 1. lumière; 2. air; 3. eau; 4. nourriture; 5. abri; 6. progéniture; 7. espace; 8. paix; 9. sexe; 10. relations; 11. voisinage; 12. établissement domestique; 13. travail; 14. association; 15. revenu; 16. décision; 17. propriété; 18. éducation; 19. information; 20. participation; 21. foi; 22. congrégation; 23. éthique; B. *Les fonctions de la société:* 24. gestion; 25. investissement; 26. planification; 27. législation; 28. culture. C. *Le sort de l'espèce humaine:* 29. diversité; 30. productivité; 31. aide; 32. santé. Les cases contenues dans les quatre cercles concentriques permettent de repérer le degré de satisfaction du besoin, dans un ordre croissant du centre à la périphérie. La présente figure fait voir la stratégie écologique d'un ouvrier moyen à Montréal

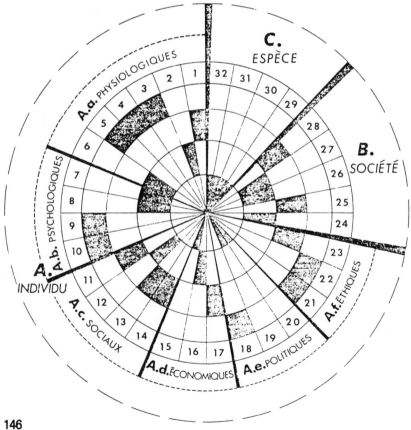

ge qui répond à certaines perceptions privilégiées.

6.4 INVENTAIRE, ÉVALUATION ET PLANIFICATION

Pour reprendre les définitions données plus haut, de même que les discussions antérieures, cherchons à placer l'écologie québécoise dans le contexte de la planification.

Autant la contribution de l'écologie à l'analyse du paysage est incontestable et se révèle de plus en plus indispensable, autant le rôle des écologistes comme participants à la planification et à l'aménagement du territoire reste à prouver et à éprouver. Une telle démonstration ne peut nous venir que des réalisations permises par la participation d'écologistes à de grands projets, mettant à contribution les forces scientifiques, techniques, sociales, économiques et politiques d'un territoire. Au cours de ces dernières années, on a pu constater d'abord la présence, puis une certaine ascendance, des spécialistes de l'environnement: aéroport de Mirabel, Baie-James, Pipeline du Mackenzie, projet d'aluminerie à Saint-Augustin, Portneuf. Les écologistes, d'abord invités comme critiques et comme évaluateurs du milieu "naturel", se sont rapprochés de la table de décision.

Dans le métier d'écologiste, comme dans celui de biologiste, d'ingénieur, d'économiste, etc., il se trouve des esprits analytiques et synthétiques, des spécialistes et des généralistes. Il incombe à la société de bien les utiliser, chacun dans sa fonction. C'est pourquoi il faudra continuer à discriminer très soigneusement les deux rôles à jouer par les écologistes: d'une part analyse du territoire, d'autre part contribution à l'aménagement (et éventuellement à la gestion).

Un inventaire bien fait se doit d'être critique, complet, accessible, compréhensible, ordonné vers les objectifs proposés. Ainsi, en exécutant l'analyse écologique de Mirabel, il a été jugé important de maintenir une liaison constante entre les sept équipes dont la tâche individuelle devait s'articuler à chacune des autres. Il s'agissait de modeler les équipes écologiques sur l'écosystème lui-même. Plusieurs ouvrages exposent et discutent plus en profondeur le choix des disciplines, la composition des équipes, les antagonismes jamais résolus du disciplinaire/interdisciplinaire, du généraliste/spécialiste, etc.

Cette recherche était une expérience, un essai parmi d'autres, et la méthodologie retenue n'était pas nécessairement la meilleure. D'autres entreprises, mentionnées plus haut, se sont engagées dans d'autres voies. Il est trop tôt pour juger de leurs mérites relatifs, et même de leur succès (toujours relatif aussi). Il n'est pas dit qu'il faut chercher en cette matière une méthode. Ce qu'il faut espérer, c'est que le cheminement suivi par les équipes de Mirabel, du Mackenzie, de la Baie-James soit respectueux des conditions mêmes du territoire, et qu'on y manifeste une certaine perspicacité dans le repérage des paramètres réellement significatifs.

L'inventaire le plus complet, le plus détaillé, le plus précis, n'est pas forcément le meilleur, ni le plus adéquat aux fins que l'on vise. Et pourtant, on ne devrait pas consentir à charger d'inventaires des spécialistes qui ne pourraient, si le temps et les moyens le leur permettaient, aller beaucoup plus loin dans l'accumulation de données plus complètes et plus précises. Ainsi, dans la recherche "phytotrophique" à Mirabel, Daniel Waltz n'a pas tenté de dresser une liste de la flore des 96 000 acres. S'il a procédé au moyen de relevés phytosociologiques, c'était à titre d'échantillonnage critique pour la délimitation d'aires de végétation, qui révélaient une utilisation ou un potentiel pertinents à la problématique régionale.

Il conviendrait d'insérer ici une bibliographie exhaustive des inventaires existants au Québec, ne fût-ce que pour signaler un grand nombre de lacunes. Une telle tâche dépasse les simples "points de repère" que nous visons. Or, il semble qu'elle pourrait emprunter le cadre qui nous sert en ce moment. Ainsi, on signalerait au passage quelques ouvrages d'envergure, quitte à constater que certaines parties du territoire québécois sont encore inconnues.

I. *Minérotrophie.* La compilation de données et les atlas météorologiques, les cartes et descriptions géologiques et pédologiques nous renseignent assez bien, quoique trop souvent à petite échelle et en laissant des lacunes notables. Entre autres, le réseau géomorphologique est peu étendu. L'inventaire des sols par le ministère de l'Agriculture est au contraire très avancé.

II. *Phytotrophie.* La flore vasculaire du Québec habité est bien connue depuis la publication de la ***Flore laurentienne*** du frère Marie-Victorin (1935); Camille Rousseau (1974) en a établi la distribution très précise. L'ouvrage récent de Pomerleau (1979) est une véritable encyclopédie des champignons. Il n'en va pas de même des autres cryptogames invasculaires. Quant à l'étude de la végétation, nous disposons d'un certain nombre de monographies locales ou régionales, dues surtout aux efforts de Grandtner et de ses collaborateurs (Faculté de foresterie, Université Laval). Le secteur forestier a été privilégié, et la documentation accumulée par le ministère fédéral des Forêts, la Faculté de foresterie et le ministère provincial des Terres et Forêts est tout simplement énorme, mais n'a pas encore trouvé un interprète pour en faire la synthèse, si ce n'est dans le sud du Québec.

III-IV. *Zootrophie.* Les monographies à l'échelle du Canada, publiées sous les auspices du Musée national d'histoire naturelle d'Ottawa, des services fédéraux de la Faune, des Pêcheries, et des Parcs nationaux, nous ont mis en possession de données précises sur les poissons de mer, les oiseaux et les mammifères. Les services provinciaux et les universités ont aussi produit un certain nombre d'ouvrages plus ou moins définitifs, par exemple, sur les poissons d'eau douce et les coléoptères.

V. *Investissement.* Sur ce plan, il est beaucoup plus difficile d'accomplir un tour d'horizon (comme nous l'avons fait plus haut) et d'ouvrir les têtes de chapitre d'un inventaire. Toutefois, pour toucher à ce qui est le plus clairement "inventoriable" et spatialement visible, on pourrait mentionner (en gardant à l'oeil les quatre volets principaux du paysage): A. les parcs, les terres de la couronne; B. les types d'agriculture, les cultures, les bâtiments et l'outillage de ferme, le cheptel; C. les routes, les chemins de fer, les lignes électriques et les pipelines, les barrages, les manufactures; D. les logements, les édifices publics, les meubles, l'outillage domestique, les oeuvres d'art, les bibliothèques.

VI. *Contrôle.* Ce n'est guère avec les moyens qui lui sont propres que l'écologiste fera des bilans du métabolisme des écoles, des églises, des banques, des corporations et des gouvernements: les économistes, les historiens, les sociologues, les politicologues sont évidemment mieux outillés pour cette tâche. Il restera quand même à l'écologiste le soin d'identifier comme leviers dans le cyclage les agents, les institutions et les mythes qui déterminent le cheminement des éléments minéraux, végétaux et animaux. Quelques-uns d'entre eux se rapprochent de la perspective écologique, par exemple, Everett Hughes et Horace Miner, tous deux disciples de Robert E. Park, créateur de l'écologie humaine. Or, même chez eux et certainement chez les sociologues québécois, les dimensions spatiales sont peu visibles.

À chacun de ces niveaux, et pour continuer les inventaires inachevés, le Québec dispose-t-il du personnel spécialisé indispensable? Un véritable mépris pour la taxonomie et pour les sciences d'observation directe de la nature dans les universités, entre 1955 et 1970, a singulièrement limité leur recrutement. Cette dévalorisation était alors assez générale dans le monde occidental, jusqu'à ce que l'émergence de la "crise de l'environnement" (1962-67 ?) en fasse ressortir le danger.

Après l'inventaire vient l'interprétation, après cela la pondération et même l'évaluation. Dans son admirable introduction à la *Flore laurentienne*, le frère Marie-Victorin (1935) nous a laissé un modèle d'interprétation sur le plan phytotrophique qu'il faudrait sans doute reprendre aux autres niveaux, en nous posant essentiellement les mêmes questions: origine des éléments, voies de migration ou d'accès, modalités d'implantation, concurrence avec les éléments en place, adaptations, équilibres réalisés, etc. Par exemple, au sujet des établissements domestiques: origine des styles et des matériaux de construction, relation au sol et au paysage environnant, techniques de résistance et d'adaptation au climat, habitudes des usagers, etc.

On peut dire que les écologistes (ou les environnementalistes), qui s'attaquent aux grands projets qu'on leur demande d'étudier, ont plus ou moins systématiquement suivi un programme d'inventaire semblable à celui que nous exposons ici. Se trouvant parfois en présence d'une documentation abondante et d'instruments de travail bien rodés, ils ont quand même dû faire de nouveaux inventaires, car la récolte de données ne saurait être indépendante des objectifs visés. C'est pourquoi on ne peut trop recommander une précorrélation des démarches d'équipes disciplinaires, axées au départ sur un projet commun. Qu'il nous suffise d'affirmer ce principe, sans nous arrêter aux difficultés impliquées dans sa réalisation.

Le rôle des spécialistes de l'environnement, au niveau de l'analyse, ne semble guère contestable. Les concepts propres à l'écologie, inventés par les biologistes à la recherche du cyclage des ressources, sont véritablement à la base des aménagements rationnels. Les écologistes sont donc singulièrement compétents pour relier ces phénomènes au métabolisme total des écosystèmes producteurs. La figure 6.7, empruntée à l'étude sur Mirabel, tente de schématiser et de mettre en regard la nature des interventions humaines dans le paysage, et le rôle des écologistes et des autres acteurs selon la phase où leurs compétences respectives sont prépondérantes.

La figure 6.7 est axée essentiellement sur deux systèmes de valeurs très différents: société de consommation (bloc supérieur) et société de conservation (bloc inférieur). Dans la course à la production et à la consommation (en régime socialiste comme en régime capitaliste) le "politique d'abord" n'est guère mis en question dans les sphères gouvernementales, et le caractère définitif de la faisabilité économique et technique est confirmé par les forces économiques. Il n'y a pas moyen de douter que les "grands patrons" du Québec (politiciens, financiers, industriels, technocrates, syndicalistes et bon nombre de professionnels et d'intellectuels: voir la figure 6.3) ont été partisans (quelques-uns même sans réserve) de la "croissance". Il faudra attendre la fin de l'année 1976 pour entendre, au Québec, un ministre de l'Énergie se rallier à la thèse de la société de conservation et même annoncer une politique plus austère.

C'est sans doute ici qu'il convient d'insérer le débat sur les "limites de la croissance". En entreprenant l'étude de Mirabel, les écologistes n'avaient nullement été consultés avant les débuts de l'implantation, et ils n'étaient pas nécessairement solidaires des objectifs du ministère des Transports, peut-être même en désaccord avec la décision du peuple canadien lui-même.

Le bloc supérieur de la figure 6.7 montre donc la séquence actuelle des décisions, telle qu'elle se fait voir dans le Québec comme ailleurs, tandis que le bloc inférieur propose un ordre plus désirable qui, évidemment, n'est pas compatible avec les orientations sociales actuelles, et se trouve conditionné par un déplacement des valeurs et de la répartition des dépenses.

L'analyse historique des décisions prises au sujet de la Baie-James est décidément "un cas d'espèce" assez probant. Il est devenu évident, par la suite, que le poids des valeurs environnementales s'est fortement accru.

Pour réaliser une analyse plus poussée du fonctionnement des décisions selon la phase opérationnelle, il faudrait se pencher sur le milieu québécois et contempler les données suivantes:

1) inventaire des ressources;
2) encadrement du milieu selon les fonctions dominantes du paysage;
3) définition des exigences de la planification (résumée ci-dessus);
4) énumération des problèmes posés par l'environnement;
5) discussion des principes et critères d'analyse et de décision;
6) définitions des crises présentes et futures;
7) solutions et résolutions à prévoir;
8) besoins de la recherche;
9) hypothèses sur les alternatives permises.

C'est précisément le cheminement suivi dans un autre ouvrage qui contient, sous forme de tableaux, de nombreux points de repère, au sens où nous l'entendons ici. C'est dire qu'il aligne (dans un cadre écologique) des faits et des phénomènes susceptibles de fixer les uns par rapport aux autres les systèmes d'exploitation du milieu canadien, en décelant leurs forces et leurs faiblesses. Il est évidemment impossible de reprendre une par une ces nombreuses énumérations et questions qui sont sous-jacentes à une problématique bien intégrée. Mais nous nous sommes efforcés d'en situer quelques-unes dans le cadre qui nous semble le plus utile et qui nous a servi à les placer dans un ordre méthodologique.

152

FIGURE 6.7: L'enchaînement des décisions. Le bloc supérieur montre l'usage courant dans les sociétés de consommation; le bloc inférieur reflète un changement de valeurs et de priorités.

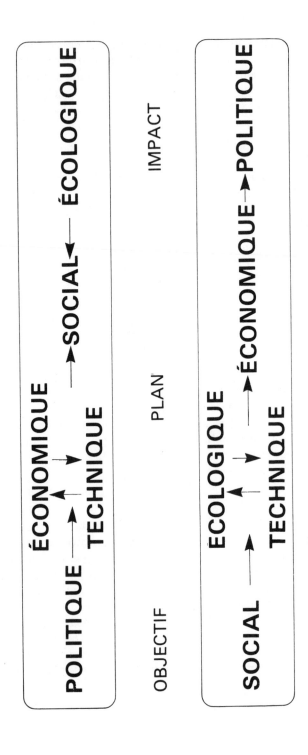

Inventaire, évaluation, planification, gestion ont fait d'énormes progrès au Québec entre 1970 et 1980. Une prise de conscience plus lucide et plus globale a marqué la démarche des agents responsables.

Un élément dominant de leur motivation est incontestablement la sensibilisation du grand public aux dangers qui menacent l'environnement. L'attitude restrictive adoptée par des personnes et des groupes de pression peut paraître gênante. Dans la mesure où elle s'arrête au niveau des moratoires, elle est en effet négative.

Or, il appartient aux écologistes d'éclairer éminemment le public et les aménageurs eux-mêmes sur le sens véritable de la dynamique du milieu naturel et du milieu harnaché par l'homme, de dissiper un certain nombre de mythes sur l'harmonie vs l'efficacité des équilibres naturels.

Il ne leur appartient pas moins de se joindre aux ingénieurs et aux proposeurs de "développement" pour bâtir des "matrices d'impact" qui ouvrent une colonne un peu plus large aux effets positifs de l'aménagement humain.

L'aménagement régional du territoire québécois, axé sur des valeurs de production et de consommation à long terme, est désormais possible. Il me semble, en effet, qu'au cours de la dernière décennie, nous avons haussé la qualité de notre compétence de manière à répondre aux problèmes qui se posent aux six niveaux trophiques dont il est question ici.

Les universités ont enfin répondu au besoin de spécialistes et de généralistes dans les sciences de l'environnement. Elles n'ont pu le faire que dans la mesure où elles se sont ouvertes aux demandes de la société, et dans la mesure où elles ont su se prévaloir de la compétence et des moyens d'intervention d'autres institutions. Je pense aux ministères provinciaux des Transports, de la Chasse et de la Pêche, de l'Environnement, à plusieurs firmes de consultants et surtout à la Société d'énergie de la Baie-James et à la Société de développement de la Baie-James. C'est un phénomène notable au Canada depuis une vingtaine d'années, que des "écoles de gradués" se sont formées hors des cadres académiques.

L'avenir écologique, économique et culturel du Québec est véritablement dépendant d'une meilleure articulation de ce triangle: université-gouvernement-entreprise.

CHAPITRE **7**

LE QUÉBEC URBAIN ET RÉGIONAL

L'espace a joué et joue encore un grand rôle dans la vie économique et sociale des Québécois, autant par la rareté des contacts sociaux qu'il imposait au siècle dernier que par les espaces de loisirs qu'il offre au citadin d'aujourd'hui. En fait, l'espace peut être considéré sous plusieurs aspects. Tout d'abord, comme contenant d'équipements productifs et de ressources rares (minières, forestières, etc.) qui alimentent l'appareil de production, mais qui sont fragiles sur le plan écologique. Ensuite, comme distance qui limite les échanges économiques et sociaux, bien que les moyens modernes de communication fassent presque du Québec un "village global". Enfin, comme lieu d'échanges économiques et sociaux et comme milieu de transmission des effets de polarisation et d'entraînement entre les pôles (ou centres) d'activité économique.

Si l'on peut concevoir l'espace sous différents angles, c'est que la variable spatiale joue plusieurs rôles dans l'évolution du système socio-économique québécois. Dans les prochaines pages, ce sont ces différents rôles que nous voulons analyser, en mettant en évidence les principales caractéristiques de l'organisation de la vie économique et sociale des Québécois dans l'espace. Le chapitre se termine par l'identification des tendances lourdes, des déséquilibres et tensions, et des faits porteurs d'avenir.

7.1 CARACTÉRISTIQUES DES RÉGIONS QUÉBÉCOISES

L'étude des régions québécoises révèle des disparités importantes sur les plans de la croissance de l'activité économique, de l'emploi, du chômage et du niveau de vie. Ces disparités sont en partie causées par les structures économiques caractéristiques de chaque région. Au fil des années, chaque région en est venue à se spécialiser dans des activités par-

---

(1) Certains passages de ce chapitre sont tirés de: Office de planification et de développement du Québec. *Rapport synthèse du sous-système urbain et régional.* Prospective socio-économique du Québec, Québec, 1977.

ticulières, et à court et moyen termes, le bien-être économique des habitants de chacune des régions est étroitement lié à la bonne fortune de quelques industries.

Les tableaux 7.1 et 7.2 présentent quelques caractéristiques socio-économiques régionales. Comme on le sait, le Québec est divisé depuis plusieurs années en 10 régions administratives pour les besoins de la planification gouvernementale et c'est sur cette base que les données sont présentées. Parmi ces régions, il est pertinent de distinguer Montréal, qui représente le coeur industriel du Québec: les régions polarisées par Montréal, c'est-à-dire celles dont l'activité économique bat au rythme de Montréal (Cantons de l'Est, Outaouais, Trois-Rivières, Québec), et les régions-ressources, soit celles dont l'économie repose sur l'exploitation des richesses naturelles (Nord-Ouest, Saguenay—Lac-Saint-Jean, Côte-Nord, Bas-Saint-Laurent—Gaspésie).

La population du Québec a augmenté très lentement au cours des dernières années et ceci s'est reflété dans chaque région. Chacune des régions a connu une légère augmentation de population de 1971 à 1976, à l'exception du Bas-Saint-Laurent—Gaspésie dont la population a décliné de 4 220 personnes. Comme pour la période précédente (1961-71), on peut croire que la plupart des régions ont connu une émigration nette, c'est-à-dire un excédent de l'émigration sur l'immigration.

Malgré tout, il est intéressant de constater que l'importance démographique relative des régions de Montréal et de Québec s'est stabilisée: Montréal et Québec comptent pour 56,8% et 15,7% de la population du Québec en 1976, pourcentages identiques à ceux de 1971.

Les disparités interrégionales en ce qui concerne le chômage sont relativement fortes, quand on compare les taux de chômage de chaque région à celui du Québec et de Montréal pour 1978. Certaines régions s'en tirent relativement bien: Québec, Cantons de l'Est, Montréal. Les régions-ressources, par contre, connaissent des taux de chômage très élevés, notamment le Nord-Ouest, le Bas-Saint-Laurent—Gaspésie et le Saguenay—Lac-Saint-Jean. Ces disparités sont assez stables dans le temps.

Le revenu personnel per capital est un des indicateurs du niveau de vie les plus couramment utilisés. Il existe des disparités interrégionales assez importantes pour cet indicateur. La région la plus défavorisée demeure le Bas-Saint-Laurent—Gaspésie dont le revenu par habitant s'élève à 63% seulement de celui de Montréal. Ces disparités sont strictement monétaires et surestiment légèrement les disparités réelles, car elles ne tiennent pas compte des différences du coût de la vie. De plus, il impor-

TABLEAU 7.1: Principales variables socio-économiques régionales

Régions administratives	Population 1971	Population 1976	Importance relative de la population (%) 1976	Taux de chômage (%) 1978	Revenu personnel per capita ($) 1979	Importance relative du revenu personnel (Montréal = 100) 1979
Bas-Saint-Laurent—Gaspésie	232 645	228 425	3,7	18,5	4 479	63
Saguenay—Lac-Saint-Jean	280 364	285 940	4,6	15,4	5 986	84
Québec	941 545	978 960	15,7	9,8	5 976	84
Trois-Rivières	420 695	422 840	6,8	11,8	5 493	77
Cantons de l'Est	224 205	229 590	3,7	8,4	5 490	77
Montréal	3 423 545	3 540 990	56,8	10,0	7 134	100
Outaouais	243 300	270 680	4,3	13,2	6 247	88
Nord-Ouest	150 101	150 110	2,4	21,1	5 743	81
Côte-Nord—Nouveau-Québec	111 590	126 960	2,0	12,3	7 363	103
Le Québec	6 027 991	6 234 495	100,0	10,9	6 563	92

Source: Bureau de la statistique du Québec, Statistique Canada, estimations du MEER. *Le Devoir.* 29 mai 1980.

158

TABLEAU 7.2: Sources de l'emploi régional

Régions administratives	Importance de l'emploi selon les secteurs économiques - 1979 (en %)			Principales industries manufacturières - 1975 (en % de l'emploi manufacturier régional)
	Primaire	Secondaire*	Tertiaire	
Bas-Saint-Laurent—Gaspésie	14	23	63	Aliments et boissons (28), bois (25), pâtes et papiers (20).
Saguenay—Lac-Saint-Jean	11	30	59	Première transformation des métaux (44), pâtes et papiers (24), bois (15).
Québec	7	20	73	Aliments et boissons (14), pâtes et papiers (11), bois (10).
Trois-Rivières	7	34	59	Pâtes et papiers (21), textiles (16), habillement (11).
Cantons de l'Est	9	30	61	Textiles (17), habillement (14), produits en métal (11), pâtes et papiers (10).
Montréal	2	30	68	Habillement (15), aliments et boissons (11), produits de métal (9).
Outaouais	5	16	79	Pâtes et papiers (47), bois (16), produits électriques (8).
Nord-Ouest	15	25	60	Bois (58), pâtes et papiers (10), première transformation des métaux (19).
Côte-Nord—Nouveau-Québec	27	21	52	Pâtes et papiers (43), première transformation des métaux (36).
Le Québec	5	28	67	

* Comprend l'industrie manufacturière et la construction.

Source: Loc. cit.

te de signaler que les disparités interrégionales de revenus ont été assez stables depuis 1971 pour les régions polarisées par Montréal; encore mieux, les régions-ressources ont connu une amélioration importante de leur situation par rapport à Montréal.

Comme on peut le voir au tableau 7.2, les régions québécoises demeurent relativement spécialisées dans quelques secteurs économiques. Les régions-ressources ressortent à juste titre par l'importance de leur secteur primaire, qui comprend notamment l'extraction minière et l'activité forestière. Les régions manufacturières du Québec sont Montréal, les Cantons de l'Est et Trois-Rivières. La région du Saguenay—Lac-Saint-Jean possède également un secteur secondaire important, mais cela est surtout dû à la présence de l'industrie de première transformation des métaux, l'Alcan, dont la présence dépend d'une richesse naturelle régionale, l'hydro-électricité. L'influence des capitales administratives se fait sentir sur le secteur tertiaire des régions de Québec et de l'Outaouais.

Dans le secteur manufacturier, la plupart des régions dépendent de quelques industries seulement. Pour mesurer cette concentration de l'emploi manufacturier, il suffit d'additionner la part de l'emploi régional attribuable aux trois plus importantes industries (voir le tableau 7.2). On voit alors que les trois principales industries manufacturières des régions-ressources, ainsi que de l'Outaouais, sont responsables de plus de 70% de l'emploi manufacturier de ces régions. Parmi ces industries, on retrouve celles du bois, des pâtes et papiers et de la première transformation des métaux. Les régions de Québec et de Montréal sont plus diversifiées sur le plan manufacturier. Les trois premières industries manufacturières de ces régions comptent pour seulement 35% de l'emploi manufacturier total.

Il faut chercher à comprendre les causes des disparités régionales. De façon générale, on peut dire que les disparités régionales dans l'activité économique et le niveau de revenu per capita dépendent de facteurs purement économiques, ainsi que de l'intervention des gouvernements. Les disparités régionales naissent du processus de croissance économique et sont, jusqu'à un certain point, entretenues par ce phénomène. En effet, le processus de croissance économique est caractérisé par l'introduction du progrès technologique dans l'appareil de production, par la naissance de nouveaux besoins et de nouveaux produits, ainsi que par l'augmentation du revenu per capita. Ces facteurs entraînent des variations dans la demande des facteurs de production qui se font sentir différemment selon les régions. De plus, les disparités régionales sont exacerbées par les politiques sectorielles et de stabilisation (surtout fédérales). Les politiques de développement régional n'ont pas encore réussi à contrebalancer les effets négatifs de ces politiques. Enfin, il faut l'admettre, le gouvernement du Québec ne s'est pas préoccupé outre mesure des disparités régionales par le passé.

7.2 COMPOSANTES DU RÉSEAU URBAIN QUÉBÉCOIS

Le réseau urbain québécois possède trois caractéristiques fondamentales: le phénomène de l'urbanisation, l'importance de Montréal et de Québec (la métropolisation), et la stabilité de la hiérarchie urbaine.

L'urbanisation est certes un phénomène séculaire. Au Québec, le pourcentage de la population urbaine (vivant dans des centres de 1 000 habitants et plus) est passé de 19,9% en 1871 à 80,6% en 1971. Cette croissance urbaine phénoménale s'est stabilisée durant la décennie 70. En effet, le taux d'urbanisation a légèrement décliné à 79,1% en 1976.

L'urbanisation du Québec fut accompagnée de la croissance très importante des deux principaux centres urbains du Québec: les zones métropolitaines de Montréal et de Québec. En 1871, Montréal et Québec accueillaient respectivement 12,1% et 5,9% de la population québécoise. Un siècle plus tard, le poids relatif des deux agglomérations s'élevait à 45,3% et à 8,3%. Fait intéressant, la métropolisation, tout comme l'urbanisation, s'est stabilisée durant la décennie 70. En effet, l'importance relative de Montréal et de Québec est restée stable à 45,0% et 8,7% respectivement en 1976.

Le réseau urbain québécois est demeuré étonnamment stable depuis plusieurs décennies. Par réseau urbain, il faut comprendre l'ensemble des villes québécoises qui sont reliées entre elles non seulement par des voies de communication, mais surtout par des liens économiques.

Il faut imaginer plusieurs systèmes urbains en concurrence l'un avec l'autre (ceux de Montréal et Toronto, par exemple). À l'intérieur du système urbain, chaque pôle joue un rôle particulier et est à la remorque du pôle de développement. La croissance d'un système par rapport à un autre dépend surtout du dynamisme des agents économiques locaux et du secteur tertiaire moteur (les services aux entreprises comme la finance, la recherche, le marketing, etc.) du pôle de développement. Les forces externes, par contre, déterminent les règles du jeu de la croissance économique: ce sont la situation géographique par rapport aux grands marchés et courants commerciaux, et les politiques gouvernementales (surtout fédérales).

Les forces économiques et démographiques ont façonné un réseau urbain diversifié et relativement favorable à la croissance économique. Il comprend des villes dont la taille et les fonctions sont très différentes. Il vaut la peine de signaler les principales villes[2]:

1) La grande métropole de Montréal qui domine par ses industries du secteur tertiaire moteur et qui, avec les six villes de sa couronne (Saint-Jérôme, Joliette, Valleyfield, Saint-Jean, Granby, Saint-Hyacinthe) possède un potentiel comme pôle de développement. Sorel est plutôt intégrée économiquement au reste du monde.

2) Les villes à fonction gouvernementale: Hull et Québec. Cette dernière est un pôle de croissance.

3) Les villes manufacturières légères et à fonction régionale: Sherbrooke, Chicoutimi, Trois-Rivières, Drummondville. Elles sont trop petites pour avoir un effet autonome d'entraînement régional.

4) Les villes minières à fonction régionale: Thetford-Mines, Rouyn-Noranda, Val-d'Or, Sept-Îles. Leur avenir dépend de la demande mondiale pour les produits primaires et d'une transformation plus poussée des ressources minières.

5) Les petites villes à fonction purement régionale, comme Rimouski et Rivière-du-Loup.

Le pôle de développement du Québec demeure Montréal. La puissance économique de Montréal réside non seulement dans son poids démographique et économique, mais surtout dans la présence des industries du secteur tertiaire moteur. Il s'agit des activités de services aux entreprises qui exportent à l'ensemble du territoire québécois et même à l'échelle de l'Amérique du Nord. F. Martin a identifié certaines de ces activités[3], "reliées à la circulation et à la gestion de l'information et des capitaux, au tertiaire de décision, à la recherche, aux transports". Ce sont:

- les sièges sociaux d'entreprises, notamment dans le secteur financier et dans celui des entreprises manufacturières multinationales;
- la direction de certains ministères gouvernementaux;
- les centres de recherche;
- les activités liées au marketing national et international;
- les centres de traitement de l'information;
- le transport par conteneurs;
- les activités innovatrices dans les domaines des arts et de la culture;

---

(2)   MARTIN, F. *La dynamique du développement urbain au Québec.* Annexe du rapport sur l'urbanisation, Québec, 1976.

(3)   MARTIN, F. *Op. cit.*, p. 45 et suivantes.

- les activités liées au grand tourisme;
- une Bourse à fonctions élargies;
- des concepts globaux comme un centre financier international, un parc aéroportuaire, un palais des congrès, etc.

Ces activités sont dynamiques en soi parce qu'elles exportent des services, et partant, favorisent la croissance de la production et de l'emploi. Mais plus important encore, les activités du secteur tertiaire moteur constituent des avantages comparatifs pour une région et servent à favoriser l'implantation de nouvelles industries.

Si le rôle économique de Montréal s'est beaucoup raffermi durant la deuxième moitié des années 70, il n'en demeure pas moins que Montréal prend du recul par rapport à Toronto depuis plusieurs décennies. Ce recul est causé par trois facteurs, dont deux sont fondamentalement inexorables dans l'état actuel des choses:

- le déplacement vers l'ouest du centre de gravité de l'économie nord-américaine;
- les décisions de localisation des filiales américaines au Canada;
- certaines politiques économiques du gouvernement fédéral.

Le déplacement vers l'ouest du centre de gravité de l'économie nord-américaine a débuté au cours de la seconde moitié du 19e siècle (déplacement vers la région des Grands-Lacs) et s'est poursuivi avec l'essor de la région de la côte du Pacifique, encouragé par la croissance très rapide des économies orientales, notamment celle du Japon. Ce déplacement faisait du Québec, des Provinces atlantiques et de la région de la Nouvelle-Angleterre, des régions situées en dehors des grands courants commerciaux. Ceci se reflète d'ailleurs dans le taux de croissance démographique plus faible des villes américaines situées au sud de Montréal. L'Ontario est favorisé par ce déplacement qui lui confère un marché beaucoup plus vaste que celui de Montréal. Dans un rayon de 500 milles de distance routière, on retrouve un marché de 50 millions d'habitants aux alentours de Toronto, comparativement à 28 millions pour Montréal. On comprend alors le déplacement des sièges sociaux vers Toronto.

Le second facteur est le comportement des firmes américaines. Après chaque guerre mondiale, le Canada a reçu un influx de capitaux américains qui ont pris la forme d'investissements directs ou de "takeover". Non seulement ces entreprises se sont installées au centre du marché canadien, mais toutes proportions gardées, elles se sont davantage orientées vers l'Ontario. Comme un bon nombre de ces filiales canadiennes ont leur bureau principal dans les villes américaines situées au sud de l'Ontario, il est possible de croire que les dirigeants américains voulaient réduire au minimum les coûts de communication entre le bureau principal et la filiale.

Certaines politiques économiques du gouvernement fédéral constituent le dernier facteur historique du recul de Montréal au bénéfice de Toronto. Comme ces politiques ont fait l'objet d'un long débat au cours des dernières années, il est inutile d'y revenir dans le cadre de cette étude. Il suffit d'être sensible au fait que le gouvernement fédéral, dans l'espoir de maximiser la croissance économique du Canada dans son ensemble, peut prendre des décisions économiques qui favorisent directement l'Ontario. Évidemment, ces décisions ne sont pas dirigées contre le Québec, mais elles ont parfois pour résultat de ralentir sa croissance économique.

7.3 TENDANCES LOURDES, TENSIONS ET FAITS PORTEURS D'AVENIR

Après avoir esquissé un rapide portrait de la question urbaine et régionale au Québec, il faut maintenant examiner quelles sont les variables fondamentales qui pourraient façonner l'espace québécois des prochaines années. Il a fallu faire un choix à travers toute une gamme de tendances lourdes, de déséquilibres et tensions, et de faits porteurs d'avenir. La sélection retenue dépend essentiellement de l'intérêt et de la pertinence des variables choisies dans le cadre de ce livre. Elles ont été regroupées en deux thèmes: la croissance économique et démographique, ainsi que l'aménagement du territoire et la qualité de la vie.

7.3.1 Croissance économique et démographique

Nous avons retenu cinq tendances lourdes. Tout d'abord, la principale tendance sur le plan démographique est celle de la stabilisation de l'urbanisation et de la concentration démographique à Montréal. C'est dire que la répartition démographique actuelle pourrait durer encore quelque temps. La seconde tendance représente la contrepartie économique de la première. Il s'agit de la stabilisation de la concentration de l'activité économique dans la région de Montréal. On peut également identifier la réduction des écarts interrégionaux dans le revenu personnel per capita. La migration interrégionale et les politiques gouvernementales d'aide aux personnes et aux entreprises permettent de croire au maintien de cette tendance pendant encore quelque temps.

La quatrième tendance lourde concerne Montréal. L'avenir économique de Montréal ne peut pas être compris sans référence à sa perte de vitesse par rapport à Toronto et à l'Ouest nord-américain. Enfin la dernière tendance a trait aux problèmes économiques de certaines régions, défavorisées par la distance (la Gaspésie par exemple) ou par la présence de secteurs mous, comme le vêtement et le textile, dans les Cantons de l'Est et Trois-Rivières.

Il découle de cette dernière tendance des tensions bien particulières pour certaines régions. Tout d'abord, des difficultés économiques et sociales pour les villes et les villages des régions les plus touchées. Ensuite, l'émigration causée par ces difficultés économiques qui risquent de mettre en péril la base économique de certaines régions, comme la Gaspésie. Finalement, la dernière tension a trait aux politiques gouvernementales. Le dilemme — et les discussions politiques qui s'ensuivent — entre la maximisation de la croissance globale d'un pays (le Canada ou le Québec) et la maximisation de la croissance de chaque région (le Québec au sein du Canada et les régions à l'intérieur du Québec) devrait se poser avec plus d'acuité que par le passé. Jusqu'à maintenant, la maximisation de la croissance générale a prévalu, les politiques de développement régional étant considérées comme un remède à l'aide sociale et à l'émigration. À la suite de la fermeture de villages, les pressions sociales en vue de faire changer cet ordre de priorité, de même que les résistances à ce mouvement, causées par les difficultés économiques de Montréal et de l'ensemble du Canada, devraient augmenter.

Toutefois, certains faits porteurs d'avenir permettent de croire que les tendances lourdes pourraient dominer moins longtemps qu'on pourrait l'envisager.

Tout d'abord, concernant les mentalités, il faut souligner l'émergence d'une nouvelle classe d'entrepreneurs francophones, et les changements d'attitude des populations locales en ce qui a trait au développement économique. Il émerge présentement une nouvelle classe d'entrepreneurs francophones dans le secteur privé — la petite et la moyenne entreprise et les coopératives —, dans le secteur public et parapublic — les sociétés d'État et la haute fonction publique. Ceci est intéressant, car ces entrepreneurs ont intérêt à développer des avantages comparatifs au Québec et à asseoir leur propre prospérité sur la croissance économique du Québec. Parallèlement, le changement d'attitude des populations locales, qui semblent vouloir se mêler de plus en plus de leurs affaires (comme en témoignent les pressions effectuées pour obtenir une transformation plus poussée des richesses naturelles), pourrait amener une croissance plus rapide de certaines régions périphériques par la mise sur pied de projets qui n'intéresseraient pas le secteur privé étranger. La conjonction de ces deux faits porteurs d'avenir se fait sentir actuellement au Québec. Pensons au renouveau de Montréal ressenti au début des années 80, et à l'essor de la petite et moyenne entreprise en Beauce et dans le Nord-Ouest québécois.

Sur le plan des avantages comparés du Québec et des promesses de croissance, il faut souligner quatre faits porteurs d'avenir particulièrement intéressants pour certaines régions:

- les richesses de la Côte-Nord—Nouveau-Québec qui font de cette région la nouvelle frontière du Québec;
- l'existence d'une grande capacité de production d'électricité qui pourrait amener plusieurs entreprises à s'implanter au Québec, même si cette électricité est coûteuse, ces entreprises cherchant avant tout la sécurité d'approvisionnement;
- l'existence de Mirabel qui pourrait redonner à Montréal un avantage comparé en matière de transport aérien;
- la transformation de l'amiante qui pourrait contribuer à amoindrir les problèmes économiques que connaîtra la région des Cantons de l'Est.

Par contre, une augmentation rapide du prix du pétrole entraînerait une augmentation importante des coûts du transport. Si cette augmentation devenait trop forte, il y aurait inévitablement tendance à la concentration de l'activité économique près des marchés, soit l'Ontario au Canada et Montréal au Québec. Ceci amènerait évidemment une augmentation des disparités régionales.

7.3.2 Aménagement du territoire et qualité de la vie

La principale tendance lourde en matière d'aménagement du territoire et de qualité de la vie consiste évidemment dans la consommation croissante d'espace par les populations urbaines, notamment par l'étalement de Montréal et par l'expansion rapide des résidences secondaires. Le corollaire de cette tendance est l'augmentation des coûts associés à la croissance urbaine, surtout les coûts de pollution et des services municipaux.

Les tensions qui découlent des tendances précédentes sont bien connues. Il s'agit de la diminution des sols agricoles et de la déstructuration de l'agriculture, causées par l'étalement de Montréal et la prolifération des résidences secondaires. L'augmentation des coûts des services municipaux risque également d'entraîner des réactions de la part des contribuables.

Toutefois, ces tendances pourraient être grandement modifiées par quelques faits porteurs d'avenir significatifs. Tout d'abord, la loi sur le Zonage agricole et celle sur l'Aménagement du territoire permettent des interventions destinées à ralentir (et même arrêter) la perte des sols agricoles, et aussi à mieux organiser l'aménagement du territoire. En limitant l'accès au territoire agricole, cette législation pourrait favoriser une concentration démographique accrue dans les villes, notamment Montréal. Il en est de même de l'augmentation rapide des coûts du pétrole.

D'autres forces, par contre, jouent en faveur d'une déconcentration démographique plus poussée. La télématique et les facilités de transmission et de traitement de l'information permettent la décentralisation de la production. En outre, l'augmentation rapide de la demande de résidences secondaires et de loisirs de plein air devrait continuer à se faire sentir, surtout si le revenu personnel par habitant augmente de façon respectable.

En définitive, l'occupation démographique de l'espace québécois devrait être façonnée, au cours des prochaines années, surtout par le zonage agricole, l'aménagement du territoire, l'augmentation du prix du pétrole et la demande de résidences secondaires.

Toutefois, il y a lieu de se demander si l'on assistera, comme aux États-Unis, au reflux de la population des grands centres urbains? En effet, depuis 1970, les principales zones métropolitaines des États-Unis ont connu une croissance démographique beaucoup plus lente que le reste du pays. Ce phénomène s'est fait sentir surtout dans les villes du nord des États-Unis et est surtout attribuable à l'exode des entreprises manufacturières. Toutefois, ce mouvement démographique ne s'est pas accompagné d'un retour à la terre.

Au Québec, on a vécu un phénomène similaire mais de moindre envergure. Comme on l'a vu au début de ce chapitre, le taux d'urbanisation a très faiblement diminué de 1971 à 1976. Ceci est dû à la croissance plus rapide de la population rurale non agricole, elle-même causée par l'émigration de la population rurale et non de la population urbaine. Mais le Québec pourrait ici être en retard sur le reste de l'Amérique du Nord, et dans les prochaines décennies, il pourrait peut-être connaître le départ des habitants des grandes villes vers les campagnes.

CHAPITRE **8**

LE QUÉBEC DE 1981:

UNE VISION D'ENSEMBLE

Les éléments réunis dans les chapitres précédents nous permettent de poser un jugement sur la nature et l'évolution du système socio-économique québécois. Le diagnostic est réalisé en trois étapes. Tout d'abord, nous identifions les variables décisives qui structurent le système. L'identification des éléments structurants est faite à partir de la hiérarchisation des sous-systèmes. Cette approche permet de dégager les caractéristiques fondamentales du système socio-économique québécois.

La deuxième étape met l'accent sur la dynamique du système. Nous identifions et hiérarchisons les principales tendances lourdes, les déséquilibres et tensions — qui découlent de l'évolution des tendances lourdes ou encore de l'évolution d'une autre variable du système —, et enfin les faits porteurs d'avenir les plus susceptibles de modifier la trajectoire des tendances lourdes et, partant, la trajectoire de l'ensemble du système.

Pour identifier les tendances, les tensions et les faits porteurs d'avenir, il nous a fallu faire un tri à travers un grand nombre de variables. Il serait intéressant pour le lecteur de faire son propre choix et de le comparer à la sélection que nous avons retenue.

8.1 LA HIÉRARCHISATION DES SOUS-SYSTÈMES

Afin de hiérarchiser les sous-systèmes, nous distinguons trois catégories de variables: les variables causales, les variables de rétroaction et les variables dépendantes. Les variables causales sont celles qui déterminent largement, ou du moins influencent de façon très importante la marche des événements. Les variables de rétroaction ont une importance moindre parce qu'elles sont fortement influencées par les variables causales; elles ont par contre un effet de rétroaction (qui peut être positif ou négatif et aussi potentiel ou actuel) d'une ampleur suffisante pour modifier substantiellement les données du problème. Enfin, les variables dépendantes subissent les effets de l'interaction des deux catégories de variables précédentes, et en principe, elles ne sont pas motrices.

La hiérarchisation des sous-systèmes du système socio-économique québécois apparaît au schéma 8.1. Cette hiérarchisation reflète l'état actuel du système et non pas un état éventuellement souhaitable. Dans le Québec d'aujourd'hui, les variables causales par excellence, qui déterminent en grande partie le fonctionnement du système, sont celles du sous-système extérieur.

Le sous-système extérieur influence le système socio-économique québécois à partir de certaines variables des sous-systèmes économique, technologique et des valeurs. Ces trois sous-systèmes sont regroupés pour deux raisons. Tout d'abord, ils exercent actuellement et ne pourraient exercer qu'une rétroaction de faible intensité sur le sous-système extérieur. Ensuite, ils exercent entre eux une interaction importante, et dans certaines conditions, ils pourraient exercer une rétroaction de nature à diminuer l'influence relative de l'extérieur.

SCHÉMA 8.1: Schéma explicatif du fonctionnement du système socio-économique québécois

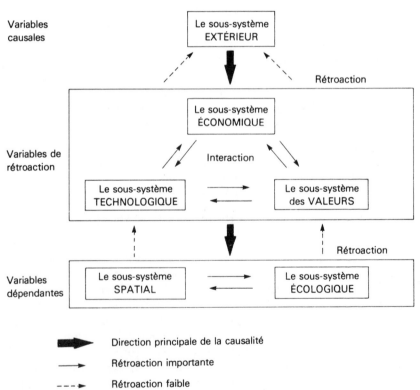

168

Les quatre sous-systèmes précédents déterminent l'état et le fonctionnement des sous-systèmes spatial et écologique. Les variables de ces deux sous-systèmes sont presque entièrement dépendantes et exercent une rétroaction faible. Néanmoins, dans certaines circonstances bien particulières, les sous-systèmes spatial (urbain et régional) et écologique pourraient influencer fortement les autres sous-systèmes. Il vaut la peine d'expliciter quelque peu les raisons de cette hiérarchisation.

Les variables extérieures peuvent exercer une influence prépondérante sur le système socio-économique québécois pour plusieurs raisons. La première concerne la situation géographique du Québec en Amérique du Nord et la faible dimension du Québec comparativement aux autres sociétés nord-américaines. Ainsi, la population des États-Unis et celle du Canada (sans le Québec) sont respectivement 36 fois et 2,7 fois plus grandes que celle du Québec. Cette différence de taille démographique se traduit aussi par de grandes différences sur le plan de la production. Le PNB des États-Unis et celui du Canada (sans le Québec) sont respectivement 40 fois et 3 fois plus importants que celui du Québec.

Il faut ajouter à cela que cette disproportion des forces peut jouer avec autant d'intensité parce que les Québécois endossent, de façon générale, les objectifs et les règles du jeu de la société nord-américaine. En ce sens, les Québécois sont intégrés à la société nord-américaine et en partagent les valeurs les plus importantes, tout en conservant, bien sûr, une spécificité propre. Si les Québécois valorisaient la religion, la prière et la contemplation plutôt que la production et la consommation de biens et services, l'influence du monde extérieur sur la société québécoise serait bien moindre.

Mais l'influence du monde extérieur sur le Québec s'exerce précisément à travers certaines variables des sous-systèmes économique, technologique et des valeurs. Tout d'abord, la nature et la direction des grands courants commerciaux mondiaux déterminent, dans une large mesure, la place du Québec dans la division internationale du travail, c'est-à-dire la nature, la direction et l'ampleur des exportations québécoises. En outre, le véhicule privilégié de l'influence extérieure est certes la firme multinationale et la grande entreprise canadienne. Et c'est surtout à travers la firme multinationale qu'est importée la technologie américaine. La presque totalité du sous-système technologique est d'origine extérieure. Finalement, l'influence extérieure a une très grande importance sur le sous-système des valeurs par les médias. Si certaines valeurs peuvent être considérées comme authentiquement québécoises, il n'en demeure pas moins que les valeurs nord-américaines sont largement partagées par les Québécois. Un système de valeurs est issu de la perception de la réalité; dans le monde moderne, cette perception n'est pas directe mais médiatisée. C'est dire l'importance des médias dans la construction de ce système de valeurs.

C'est au niveau des sous-systèmes technologique, économique et des valeurs que l'on retrouve les boucles de rétroaction qui peuvent renforcer l'action des variables extérieures ou, au contraire, atténuer l'influence extérieure.

Les variables énumérées précédemment constituent justement les principaux canaux responsables de l'étonnante stabilité du système socio-économique québécois. En fait, le Québec est un système homéostatique, c'est-à-dire qui change peu. Cette réalité est exprimée autant par la célèbre devise «*Rien ne change au pays de Québec*» que par celle-ci, plus récente, «*Plus ça change, plus c'est pareil*». Cette stabilité ne va pas sans quelques tensions. Les problèmes du Québec semblent éternels: difficultés d'acceptation et d'intégration à la société nord-américaine, insuffisance de la création d'emplois, importance des industries utilisant de la main-d'oeuvre à bon marché, etc. Dans le passé, plusieurs régulateurs ont empêché toute mutation violente: l'émigration aux États-Unis au cours du siècle dernier, la mise en vigueur de mesures de redistribution des revenus, le développement récent d'un secteur tertiaire de refoulement, les médias qui transmettent les valeurs nord-américaines.

Mais les variables des sous-systèmes technologique, économique et des valeurs possèdent aussi un potentiel d'interaction considérable. Dans certaines circonstances, le jeu des interactions positives pourrait avoir pour résultat de changer la nature du système socio-économique québécois. Entre autres choses, l'interaction de ces variables-leviers pourrait faire diminuer l'importance relative du sous-système extérieur.

Ce potentiel d'autonomie, si l'on peut dire, existe dans chaque sous-système. Ainsi, la technologie pourra être développée par les Québécois selon la direction qu'ils auront donnée aux recherches scientifiques. Il est possible de développer les technologies dans des directions différentes de celles qui découlent directement de l'influence extérieure. Un choix peut être fait, par exemple, en faveur des technologies douces plutôt que nucléaires.

En outre, le sous-système économique est en partie contrôlé par les autochtones (gouvernements, coopératives, petites et moyennes entreprises, syndicats). Ces agents sont susceptibles d'adopter des comportements qui diffèrent de ceux du passé. Par exemple, le développement de l'entrepreneurship autochtone peut se faire au niveau de la petite et moyenne entreprise, du mouvement coopératif et du gouvernement. En fait, le gouvernement est en mesure de contrer l'inaction des firmes multinationales et des grandes entreprises en général, et même de les remplacer. Le gouvernement, le mouvement coopératif, la petite et moyenne entreprise et le mouvement syndical possèdent un potentiel de rétroaction considérable, parce qu'ils sont considérés par la population comme des agents authentiquement autochtones. Il s'ensuit que leurs actions appellent souvent l'adhésion presque automatique et inconsciente des citoyens, comme c'est le cas pour l'entreprise privée aux États-Unis. Ces agents sont donc capables de mobiliser les énergies des citoyens.

Enfin, le sous-système des valeurs est partiellement contrôlé par des Québécois (notamment par l'intermédiaire de l'éducation). C'est le cas, par exemple, des médias, autant sur le plan du contenant que du contenu. Si les médias servent souvent de véhicule aux valeurs nord-américaines, il n'est pas inéluctable qu'il en soit ainsi. Le sous-système des valeurs dans son ensemble possède un potentiel actif et rétroactif considérable. En effet, c'est à ce niveau que s'élabore ou non le projet collectif des Québécois, d'où une capacité de mobilisation importante.

Les sous-systèmes urbain-régional et écologique sont dépendants en ce sens qu'ils n'ont pas un rôle moteur, mais sont mus en grande partie par les autres sous-systèmes. En d'autres termes, l'état et l'évolution de ces deux sous-systèmes dépendent des décisions qui sont prises par des agents sociaux relevant d'autres sous-systèmes. Certes, la localisation des ressources naturelles et les distances influent sur la localisation des activités humaines, surtout économiques. Mais il s'agit là d'un rôle passif de contenant. Au Québec, l'espace n'a pas joué un rôle de "frontière" comme aux États-Unis. En outre, les considérations urbaines, régionales, écologiques entrent peu en ligne de compte. Ces aspects passent après les décisions d'investissement, de production, de consommation et de développement technologique. C'est pourquoi il est possible de considérer l'organisation de la vie économique et sociale des Québécois dans l'espace, ainsi que la production de pollution qui en résulte comme étant déterminées par les autres sous-systèmes.

Néanmoins, le rôle de l'espace et de l'écologie pourrait prendre un relief plus important dans une conjoncture bien particulière. Par exemple, si une augmentation importante du prix du pétrole devait survenir, il s'ensuivrait une réorganisation de l'activité économique dans l'espace: il est fort probable qu'on assisterait alors à la concentration plus poussée de la population à Montréal.

Dans les paragraphes qui suivent, nous mettrons l'accent sur la dynamique du système. Pour ce faire, nous allons identifier les principales tendances lourdes, les principaux déséquilibres et tensions et les principaux faits porteurs d'avenir. Ces éléments sont extrêmement importants car ils constituent en quelque sorte la toile de fond de toute réflexion sur

TABLEAU 8.1: Tendances, tensions et faits porteurs d'avenir

	Tendances lourdes	Déséquilibres et tensions	Faits porteurs d'avenir
a) Éléments partagés avec les autres pays industrialisés	1. Postindustrialisation 2. Présence systématique de l'État	3. Amenés par la postindus-trialisation 4. Amenés par l'évolution du monde extérieur	5. Importance croissante de l'information, de l'informati-que et des télécommuni-cations 6. La nature, la quantité et le prix de l'énergie ainsi que le choix du nucléaire 7. Le ralentissement de la crois-sance économique et la répartition des revenus
b) Éléments spécifiques au Québec	8. Déclin de l'économie du Québec et de Montréal 9. Omniprésence de la question nationale	10. Amenés par les problèmes de certaines régions, villes et villages du Québec, surtout dans les Cantons de l'Est et la région de Trois-Rivières 11. Amenés par la question nationale	12. La fin du consensus 13. Les atouts du Québec au plan économique

l'avenir du Québec. C'est fort probablement autour des 13 éléments rassemblés au tableau 8.1 que se construira le Québec des vingt prochaines années. Cette toile de fond, nous l'avons partagée en deux parties. Tout d'abord, en tant que société ouverte à la communauté internationale, le Québec est fortement influencé par l'évolution des événements dans le reste du monde. De plus, il partage également avec les autres sociétés industrialisées un grand nombre de tendances, de déséquilibres et tensions et de faits porteurs d'avenir. Par ailleurs, un certain nombre d'éléments peuvent être considérés comme plus spécifiques au Québec.

8.2 LES ÉLÉMENTS QUE LE QUÉBEC PARTAGE AVEC LES PAYS INDUSTRIALISÉS

Les tendances lourdes

1. Postindustrialisation

La première tendance lourde, et la plus significative, est celle de la postindustrialisation du Québec. Ce phénomène existe depuis le début des années 60 et devrait continuer à se faire sentir. Les principales caractéristiques que le Québec partage avec les autres pays postindustriels sont les suivantes:

- *Urbanisation croissante:* Le taux d'urbanisation du Québec est passé de 61,2% en 1941 à 80,6% en 1971.

- *Ralentissement de la croissance démographique* occasionné par la baisse de la natalité: Le rythme de croissance de la population du Québec a sérieusement ralenti ces dernières années. En moyenne, il s'élevait annuellement à 2,6% de 1946 à 1962 et à 1,0% de 1962 à 1974.

- *Arrivée des femmes sur le marché du travail:* Le taux d'activité de la main-d'oeuvre féminine est passé de 22,9% en 1956 à 41,0% en 1976.

- *Augmentation de l'importance du secteur tertiaire:* Le secteur primaire n'a cessé de diminuer en importance (26,8% de l'emploi en 1946 et 5,6% en 1974), tandis que la part du secteur tertiaire a grandi rapidement (42,4% de l'emploi en 1946 et 62,9% en 1974).

- *Industrialisation de la culture:* Dans une société postindustrielle, la culture s'industrialise et devient à la portée de la majorité des citoyens. Au Québec, ce phénomène peut être observé dans la nouvelle vogue des métiers d'art. Cette popularité est rendue possible par l'affirmation d'un nouveau nationalisme (la québécitude), la croissance de la scolarité moyenne et du revenu per ca-

173

pita, et l'augmentation du temps de loisir.

- *Croissance économique et enrichissement de la population:* Au cours du dernier quart de siècle, le produit national brut du Québec a plus que triplé, tandis que le revenu personnel disponible réel per capita faisait plus que doubler. C'est dire à quel point il y a eu croissance économique et enrichissement de la population. Le Québec a donc connu, au même titre que les autres pays industrialisés, surtout les États-Unis et le Canada, la vague de croissance qui a suivi la Deuxième Guerre mondiale.

- *Vieillissement de la population:* Le vieillissement de la population est la conséquence directe de la chute du taux de natalité, passé de 30,2°/oo en 1953 à 15,2°/oo en 1976. Selon toute vraisemblance, le nombre de personnes âgées de plus de 64 ans devrait atteindre le million en l'an 2000.

2. Présence systématique de l'État

L'État est de plus en plus présent dans la majorité des sphères de la vie économique et sociale. Dans les pays occidentaux y compris le Canada, ce phénomène date de la fin de la Deuxième Guerre mondiale avec l'application des politiques keynésiennes, destinées à stabiliser l'évolution de l'activité économique et à éviter une autre grande dépression. Au Québec, l'expansion du rôle de l'État s'est produite après 1960. Cette expansion a été d'autant plus rapide que la majorité francophone du Québec s'est vite aperçue que l'État québécois était le seul levier puissant qu'elle contrôlait.

La montée du rôle de l'État s'est fait sentir dans toutes les directions à la fois, avec les politiques de stabilisation, de croissance économique (politique de l'énergie et du transport au fédéral), de redistribution du revenu, d'aide sociale, d'éducation, de santé, de protection des citoyens, etc. Quelques chiffres permettront de mieux comprendre l'ampleur du phénomène. L'ensemble des dépenses (en biens, services et transferts) de toutes les administrations publiques au Canada représentait 19,2% du produit national brut en 1930, 22,1% en 1950, et 42,7% en 1975. De 1970 à 1974, plus de 47% de l'accroissement du PNB est passé entre les mains des administrations gouvernementales. Ajoutons à cela l'importance des sociétés d'État comme Air Canada et Canadien National au fédéral, ainsi qu'Hydro-Québec, SDBJ, Sidbec, etc. au palier québécois.

Au Québec, la croissance des activités gouvernementales a été plus rapide que dans l'ensemble du Canada. Alors qu'en 1961, les dépenses de toutes les administrations publiques (y compris le fédéral) au Québec représentaient un pourcentage du PNB inférieur à celui du Canada, l'inverse se vérifie pour 1975 (45,3% au Québec et 42,7% au Canada). De plus, le gouvernement du Québec comme tel a joué un rôle moteur en matière d'investissements dans les grands travaux publics, comme le barrage de Manic-Outardes, le métro de Montréal, et le projet de la Baie-James.

En outre, les interventions de l'État touchent désormais le citoyen dans sa vie de tous les jours par la législation en matière de zonage, d'environnement, de patrimoine et de protection des consommateurs.

La tendance est donc très claire en ce qui a trait à l'omniprésence croissante de l'État. Cela est vrai surtout sur le plan de la législation, de l'ordonnance, du contrôle qu'exerce l'État sur la vie de tous les jours par la création de nouveaux organismes, en rendant publics certains biens qui étaient privés (l'habitation par exemple). Par contre, des résistances se font sentir à l'extension du rôle de l'État dans la société.

Les déséquilibres et tensions

3. Les déséquilibres et tensions issus de la postindustrialisation

Les déséquilibres et tensions issus de la postindustrialisation se font sentir dans les attitudes face au travail et à l'État: la crise du travail, la politisation du débat sur le travail ainsi que l'émergence de nouvelles formes de politisation. En retour, ces attitudes sont à l'origine de comportements susceptibles de modifier les tendances lourdes.

Tout d'abord, il faut mettre l'accent sur la remise en question du travail et de la politisation du débat sur le travail. Le monde du travail s'est grandement transformé depuis la révolution industrielle avec l'automatisation des usines, la croissance du secteur tertiaire, la syndicalisation, l'augmentation des salaires horaires et la diminution de la durée du travail. Pourtant, l'insatisfaction demeure toujours aussi grande, comme le montre le nombre élevé de grèves et de ''lock-out'', de même que le taux élevé du roulement du personnel. Cette attitude semble plus ancrée chez les jeunes que chez les cols blancs.

La remise en question du travail débouche sur un taux d'absentéisme accru, des grèves et une croissance lente de la productivité. À ce phénomène s'ajoute l'attitude de plusieurs jeunes face au loisir. La société postindustrielle met l'accent sur la jouissance plutôt que la possession, d'où une préférence marquée pour le loisir plutôt que le travail: le travail est considéré comme une activité non nécessaire qui doit durer le moins longtemps possible; le loisir par contre devient une forme de vie désirée en tant que telle.

Une autre caractéristique de la postindustrialisation est la présence systématique de l'État. Mais la montée du rôle de l'État est accompagnée par l'émergence de nouvelles formes de politisation. Ces nouveaux mouvements, politiques ou apolitiques, comme les mouvements écologistes, féministes, les mouvements de citoyens ou la contre-culture, ne sont pas nécessairement dangereux pour le système en place, mais témoignent d'une volonté de regroupement et de représentation en dehors des mécanismes traditionnels. En ce sens, l'émergence de nouvelles formes de politisation remet en question les formes traditionnelles de gouvernement.

Enfin, le vieillissement de la population pourrait avoir des conséquences importantes sur le système socio-économique québécois. Ce phénomène est lourd de conséquences parce qu'il devrait entraîner toute une gamme d'ajustements dans la société québécoise. Le vieillissement de la population s'accompagne des phénomènes suivants:

- Changement dans les caractéristiques de la demande de biens et de services: l'appareil de production doit être réorienté pour satisfaire les besoins des gens âgés.

- Changement dans les modalités de l'offre de travail, les jeunes se faisant de plus en plus rares. Mais la promotion des jeunes devient plus difficile, les postes de commande étant accaparés par les plus âgés.

- Plusieurs observateurs pensent qu'une société où les gens âgés sont plus nombreux présente les traits de la vieillesse: conservatisme, résistance au changement, répugnance à prendre des risques et à considérer le long terme.

- Le vieillissement de la population est un phénomène coûteux pour l'État et constitue une augmentation du fardeau qui tombe sur les épaules de la population active. Celle-ci doit produire suffisamment de biens et de services pour satisfaire les besoins des gens qui ne travaillent pas, jeunes et vieux. Or, les besoins des vieux sont de beaucoup supérieurs à ceux des jeunes (transport, logement, soins médicaux, etc.). Cette augmentation du fardeau se fait sentir sur le plan des systèmes de pensions qui deviennent de plus en plus coûteux.

- Enfin, il ne faut pas exclure la possibilité d'un sérieux conflit de générations. L'augmentation du nombre de personnes âgées leur donnera un certain pouvoir politique et économique. Elles seront en mesure d'appuyer leurs demandes. Face à ces personnes revendicatives se trouveront des personnes plus jeunes, dont les chances d'avancement sont limitées et qui doivent payer plus cher en impôts pour subvenir aux besoins des plus âgés. Une telle situation exigera de leur part un sens aigu de la justice et de la démocratie.

4. Les déséquilibres et tensions amenés par l'évolution du monde extérieur

Les tendances lourdes du système mondial sont porteuses de déséquilibres et tensions dans le système socio-économique québécois, surtout sur le plan économique. Sur le plan politique, le poids des États-Unis est tel que la question ne se pose même pas. Sur le plan économique, il est possible de dégager deux tendances lourdes mondiales significatives pour le Québec.

- *L'émergence des entreprises multinationales:* Elle a pour effet d'oligopoliser le système de production mondial et l'intégration verticale du système productif, par laquelle l'entreprise multinationale organise et répartit la production mondiale à sa façon. La conséquence de cette première tendance est que la place du Québec dans la division internationale du travail est incertaine, instable et peu organisée. La structure des avantages comparés du Québec est vulnérable.

- *La création d'associations économiques de tout genre:* Cartellisation des pays producteurs de matières premières, cartellisation des pays consommateurs, unions douanières, marchés communs. À travers cette recherche d'un pouvoir de monopole ou de plus grands ensembles (pour bénéficier d'économie d'échelle), le Québec et le Canada sont singulièrement mal situés géographiquement.

Les faits porteurs d'avenir

5. Importance croissante de l'information, de l'informatique et des télécommunications

La principale tendance lourde identifiée par le sous-système technologique est l'importance de la ressource-information. Le sous-système des valeurs souligne aussi l'importance des communications (autant du point de vue du contenant que du contenu) dans la formation des valeurs. Concernant le système socio-économique québécois, ces éléments deviennent des faits porteurs d'avenir susceptibles de modifier les tendances lourdes.

Tout d'abord, les nouvelles découvertes en matière de télécommunications et la production de masse d'anciennes découvertes promettent de transformer la vie quotidienne des citoyens, comme l'ordinateur a modifié le fonctionnement des usines. La mise au point des fibres optiques permet une transmission de l'information plus rapide et moins coûteuse. De plus, l'ordinateur pourrait prendre place dans la vie de tous les jours, à la cuisine comme dans l'automobile, rendant chaque personne plus efficace dans la gestion de ses affaires, mais aussi plus dépendante des gadgets technologiques. Enfin, l'incursion de l'ordinateur dans la vie privée est toujours un danger possible. Bref, les développements en matière d'informatique et de télécommunications promettent une modification profonde des modes de vie.

Ce champ d'activité étant primordial au plan économique, son absence serait fort nuisible au Québec et rendrait l'industrie québécoise dépendante des importations.

Il en est de même au plan culturel. Les médias et leur contenu jouent un grand rôle dans la transmission des valeurs. C'est pourquoi des changements technologiques, comme la câblodistribution ou la télévision à péage, sont si importants et font l'objet de batailles féroces entre politiciens fédéraux et québécois.

6. La nature, la quantité et le prix de l'énergie, ainsi que le choix du nucléaire

Toute la question énergétique constitue un fait porteur d'avenir d'envergure. La demande d'énergie devrait continuer de s'accroître au cours des prochaines décennies, même si elle est ralentie quelque peu par la stagnation démographique, la hausse des prix et les mesures de conservation.

Dans le domaine du pétrole, il est peu probable que l'on connaisse une pénurie, mais des augmentations importantes des prix sont à prévoir. Dans ce cas, les effets sur la société québécoise seraient multiples. Le pétrole constitue la principale importation du Québec. Une augmentation substantielle du prix du pétrole, en plus de coûter cher en termes de niveau de vie, implique une plus grande influence du sous-système extérieur sur la société québécoise et une diminution du pouvoir de négociation au plan international. D'autre part, cette augmentation aurait aussi pour effet probable d'amener une plus grande concentration de l'activité économique dans la région de Montréal.

Dans le domaine de l'électricité par contre, la situation est différente. L'électricité constitue, avec l'amiante et l'aéroport de Mirabel, l'un des rares atouts évidents du Québec. La rareté prévisible d'électricité aux États-Unis rend l'électricité du Québec encore plus attrayante. Mais la demande croissante oblige Hydro-Québec à se tourner vers la production d'électricité au moyen de l'énergie nucléaire. Le choix du nucléaire comporte des avantages évidents, tant sur le plan de la production d'électricité que sur le plan de l'accumulation des connaissances techniques.

Par contre, l'option nucléaire représente un fait porteur d'avenir important. Tout d'abord, le choix entre l'électricité conventionnelle, le nucléaire et le ralentissement de la demande sera très difficile à faire et lourd de conséquences politiques et économiques. On n'a qu'à voir ce qui se passe dans les autres pays en matière de protestation civile pour comprendre que le choix, dans un sens ou dans l'autre, créera des mécontentements. De plus, choisir le nucléaire c'est choisir une civilisation dont la voie sera tracée pour la prochaine décennie. C'est en ce sens que le nucléaire constitue un fait porteur d'avenir. C'est le choix de la croissance économique rapide malgré les dangers de pollution, le choix d'une technologie dure plutôt qu'une technologie douce. C'est le choix d'un mode de vie.

7. Le ralentissement de la croissance économique et la répartition des revenus

Depuis 1975, la croissance de la production et du revenu réels par habitant a été très lente. Cette situation se traduit par des augmentations de salaire à peine supérieures à l'augmentation du coût de la vie. Ce ralentissement de la croissance économique pourrait durer encore plusieurs années s'il est relié, comme certains observateurs le croient, aux problèmes énergétiques.

Il s'agit d'un fait porteur d'avenir significatif. Car si la croissance économique cesse de se faire sentir pendant une longue période, la dynamique sociale pourrait s'en trouver changée. En effet, dans le passé, les inégalités dans la répartition des revenus ont été amoindries par l'intermédiaire des politiques sociales des gouvernements. Ces politiques sociales nécessitent des rentrées fiscales importantes que les contribuables pourraient refuser de payer si leur revenu cesse d'augmenter.

Ainsi, en l'absence de croissance économique, la répartition des revenus devient un problème à "somme nulle" au sens où les gains des uns constituent les pertes des autres. Il est facile d'imaginer les problèmes sociaux qui résultent d'un tel état de fait.

8.3 LES ÉLÉMENTS SPÉCIFIQUES AU QUÉBEC

Les tendances lourdes

8. Déclin de l'économie du Québec et de Montréal

Le déclin de l'économie du Québec est un phénomène relatif par lequel le Québec connaît une croissance économique moins rapide que ses voisins. Comme il s'agit d'un phénomène relatif et non absolu, il est difficilement perceptible dans la vie de tous les jours. Pourtant, c'est un phénomène qui saute aux yeux de celui qui analyse un tant soit peu les données statistiques.

Le déclin du Québec se traduit par une perte d'importance vis-à-vis du reste du pays. Le Québec progresse, mais à un rythme plus lent que ses voisins. Ainsi, sur le plan économique (PIB du Québec en % du PIB du reste du Canada), le poids du Québec passe de 35,5% en 1946 à 30,5% en 1975. Pour les mêmes années, la productivité (production par travailleur) de l'économie du Québec régresse par rapport à l'ensemble du Canada, passant de 93% à 83% de celle du reste du Canada. Sur le plan du revenu per capita, le Québec gagne du terrain surtout parce que sa population augmente moins rapidement. Ainsi, le Québec voit son poids démographique diminuer par rapport au reste du Canada, passant de 41,4% en 1946 à 37,1% en 1975.

Le déclin de l'économie du Québec signifie aussi des taux de chômage plus élevés, malgré le ralentissement démographique, une pauvreté plus étendue (surtout à Montréal), des services sociaux plus coûteux, des impôts plus élevés. Ce déclin rend plus difficile l'éradication de la pauvreté, la lutte contre la pollution et la reconversion de l'économie du Québec. Enfin, le déclin économique et démographique québécois implique une diminution du pouvoir de négociation du Québec dans l'ensemble canadien.

Étant donné l'importance de l'économie montréalaise, le déclin de l'économie du Québec dépend surtout de celui de la ville de Montréal. Ce n'est pas d'hier que les sièges sociaux déménagent à Toronto. C'est une tendance tout à fait normale puisqu'un siège social tend naturellement à suivre le coeur du marché de la compagnie. Comme Montréal n'est plus la métropole économique du Canada depuis longtemps, les compagnies déplacent leurs sièges sociaux vers Toronto. Ce mouvement devrait continuer, quelle que soit la situation politique ou linguistique au Québec.

9. Omniprésence de la question nationale

La seconde tendance lourde spécifique au Québec est l'omniprésence de la question nationale. Le nationalisme, il est vrai, se retrouve dans tous les pays du monde. Mais dans des pays comme la France, l'Angleterre, les États-Unis, la question ne se pose pas dans les mêmes termes. Il y a unité entre l'entité politique et l'objet de l'allégeance nationaliste.

Deux éléments font l'originalité du nationalisme québécois: sa durée et son ampleur, ainsi que l'ambivalence des Québécois face au nationalisme. Depuis la première génération de Français nés en Nouvelle-France, le nationalisme québécois se fait sentir sous différentes formes. Ce phénomène a pris de l'ampleur avec la Conquête et les deux crises des conscriptions. Depuis 1960, le nationalisme a entièrement envahi la vie de la société québécoise. Tout est devenu nationaliste et québécois, jusqu'aux messages publicitaires. Cette volonté d'affirmation de soi de la collectivité québécoise s'est affermie de plus en plus, s'est différenciée des phases nationalistes précédentes parce qu'elle s'est accompagnée d'un dessein politique. Par ailleurs, depuis la Conquête, les Québécois ont toujours été partagés entre deux nationalismes: canadien et britannique auparavant, québécois et canadien maintenant. Cette attitude ambivalente des Québécois face à leur propre nationalisme est bien différente de celle des Français ou des Américains.

La durée et l'ampleur, ainsi que l'ambivalence du nationalisme québécois font que ce phénomène québécois devrait durer encore longtemps. Il a pour effet de drainer bien des énergies et de mêler singulièrement les cartes, dans la lutte pour le pouvoir et la richesse que mènent les groupes sociaux au Québec. Cela est d'autant plus vrai en 1981, année où les Québécois ont élu un gouvernement libéral à Ottawa et le gouvernement du Parti québécois à Québec. En 1977, nous avions identifié l'élection du Parti québécois comme fait porteur d'avenir, susceptible de rompre ce noeud gordien. Mais en 1981, nous l'avons retiré de la liste. L'ambivalence du nationalisme québécois devrait durer plusieurs années encore.

Les déséquilibres et tensions

10. Les déséquilibres et tensions amenés par les problèmes de certaines régions, villes et villages du Québec, surtout dans les Cantons de l'Est et la région de Trois-Rivières

Le déclin de l'économie du Québec se manifeste par des problèmes de structures auxquels il a été fait allusion précédemment. Ces problèmes de structures se posent parmi les secteurs manufacturier et tertiaire, dans la région de Montréal. Mais Montréal possède suffisamment de dynamisme pour passer à travers ces difficultés.

Les industries liées à la forêt, surtout l'industrie du bois et des pâtes et papiers, et au groupe textile-bonneterie-vêtement sont les principaux employeurs manufacturiers du Québec. Le redéploiement de ces industries permettra d'éviter des chutes d'emplois, mais ne saurait entraîner des augmentations.

Deux régions apparaissent plus vulnérables: les Cantons de l'Est et Trois-Rivières. Les difficultés de ces régions pourraient se traduire par des fermetures d'usines de pâtes et papiers, de vêtements ou de cuir dans des villes ou des villages qui dépendent essentiellement de ces industries. Ces fermetures (ou les menaces de fermeture) posent des problèmes importants. Sur le plan humain, une fermeture d'usine qui entraîne la fermeture d'un village est toujours un désastre.

11. Les déséquilibres et tensions amenés par la question nationale

Le fait que la question nationale ne soit jamais réglée, son ampleur, son omniprésence signifient des déséquilibres et tensions que ne connaissent pas les autres pays industrialisés. Chaque agent social, en plus de remplir la fonction qui lui est propre, est obligé de se situer par rapport à cette question, ce qui mêle parfois les cartes. Ces déséquilibres et tensions pourraient toutefois être amoindris par l'épanouissement économique des Québécois. Une telle chose est possible aujourd'hui, ce qui pourrait jeter un peu d'ombre sur la question nationale.

Les faits porteurs d'avenir

12. La fin du consensus

L'analyse du sous-système des valeurs révèle le changement le plus fondamental des vingt dernières années: la fin du consensus idéologique. Par rapport au système socio-économique québécois, la fin du consensus idéologique constitue un fait porteur d'avenir, car elle est susceptible de modifier les tendances lourdes.

Ce consensus assez fort réunissait les vieilles élites canadiennes-françaises, appuyées par l'establishment anglophone, autour de l'idéologie traditionnelle. La naissance d'une nouvelle élite marque en même temps une rupture du consensus et la fin d'une époque, car la nouvelle élite est fractionnée idéologiquement. Certes, le groupe le plus puissant de cette nouvelle élite, qui a fait la révolution tranquille, a remplacé l'idéologie traditionnelle par une idéologie libérale nord-américaine. Mais il s'agit d'une toile de fond sur laquelle s'est greffée une série d'options, de grilles d'analyse de la société, de paradigmes, allant du libéralisme au maoïsme en passant par la social-démocratie et le marxisme-léninisme. L'éventail est étonnamment large, comme dans les pays européens, et chaque groupe conteste celui qui est au pouvoir, proposant pour le remplacer un modèle de société différent.

13. Les atouts du Québec sur le plan économique

Dans un monde soumis au changement accéléré, le Québec n'est pas démuni d'atouts d'envergure. Loin de là. Pour la première fois peut-être dans son histoire, le Québec possède des atouts économiques qui peuvent lui permettre de prendre place dans le monde.

Sur le plan économique, les principaux atouts ont trait à la présence d'un pôle de développement, Montréal, à la présence d'énergie hydro-électrique en grande quantité, à l'amiante qui pourrait être plus transformée, et à l'aéroport international de Mirabel qui pourrait devenir la plaque tournante du trafic aérien nord-américain.

Mais plus importante encore est l'émergence d'une nouvelle élite sociale qui prend à son compte le développement économique du Québec. Avec la révolution tranquille, le progrès technologique, la croissance économique, l'industrialisation et l'urbanisation ont fait disparaître la vieille élite rurale: médecins, notaires, avocats et, surtout, curés. Cette élite a été remplacée par une nouvelle élite de cols blancs, beaucoup plus instruite, qu'on retrouve à la tête des partis politiques, des syndicats, des entreprises d'État et des grandes entreprises privées. Cette élite ''fait ses classes'' dans le domaine de l'industrie et de la gestion des affaires depuis le début des années soixante, tant dans le secteur privé que public.

L'émergence de cette nouvelle élite constitue un fait porteur d'avenir majeur. Tout d'abord, c'est cette nouvelle élite qui formule en majeure partie, qui incarne presque, le nouveau dessein collectif des Québécois. Ensuite, cette nouvelle élite pourrait répondre au manque d'entrepreneurs autochtones qu'a connu le Québec jusqu'à maintenant. On sent déjà, actuellement, l'essor de la petite et moyenne entreprise. Si les préoccupations des Québécois en matière de justice sociale ne sont pas mises de côté, le succès de ce nouvel entrepreneurship pourrait relancer l'économie du Québec.

IIe PARTIE

FUTURS POSSIBLES ET

FUTURS SOUHAITABLES

CHAPITRE 9

LA MÉTHODE DES SCÉNARIOS

9.1 RÉTROSPECTIVE

L'objectif principal de cet ouvrage consiste à identifier divers avenirs possibles et souhaitables du Québec, au cours des vingt prochaines années. Cette identification vise à fournir des informations aux responsables politiques, administratifs et économiques dans le cadre des choix qu'ils ont à réaliser. Cet objectif implique un effort minutieux et systématique de lecture du présent, qui a été l'objet de la première partie de ce livre. La prospective peut se définir comme une méthode d'analyse de l'avenir, fondée sur l'étude des mécanismes de fonctionnement d'une société et des processus d'évolution inhérents à ces mécanismes. Nous avons jusqu'ici dégagé un certain nombre de ces "mécanismes de fonctionnement" et de ces "processus d'évolution". Les étapes subséquentes présentent ces divers avenirs possibles et souhaitables. Rappelons à cet égard quelques caractéristiques de la méthode prospective et de la démarche retenue:

a) La prospective n'est pas la prévision. L'objectif de la prospective ne consiste pas à lire un avenir qui serait préécrit, mais à préparer un changement en faisant prendre conscience des diverses possibilités d'action. La question à laquelle nous pouvons valablement répondre n'est pas: *«Comment sera la société qui nous entoure?»*, mais plutôt *«Comment veut-on que la société soit dans le futur, compte tenu des diverses possibilités?» «Le passé est un, l'avenir est multiple»* écrit P. Massé.

b) La prospective vise la prise de décision. Elle veut aider les "décideurs" en leur offrant un ensemble de futurs possibles. Elle leur permet ainsi de remettre en question leurs décisions à la lumière des conséquences desdites décisions. À cet égard, l'horizon de la prospective doit être nécessairement éloigné. À cinq ans, le futur est souvent déterminé. À vingt ans, la marge de manoeuvre est plus considérable. L'étude du futur lointain n'est pas une fin en soi. Elle n'est qu'un instrument qui permet de prendre de meilleures décisions à court, moyen et long terme.

c)   Notre démarche prospective repose sur la considération de deux types d'avenir:

- les "avenirs logiques" qui reposent sur la projection des tendances observées dans le système socio-économique québécois, en tenant compte des interactions entre les éléments du système;

- les avenirs normatifs qui permettent de définir d'autres futurs possibles pour le Québec, définis à partir d'images souhaitables.

Le diagramme 9.1 est une illustration de cette démarche. Ce diagramme permet de constater que dans la démarche de "la planification prospective", l'apport des "prospectivistes" est essentiel. Il demeure toutefois limité, et implique que des études soient réalisées pour "opérationnaliser" les images futures souhaitables. Le choix des objectifs, des stratégies ainsi que des structures d'action (politiques) demeure évidemment le domaine d'action des responsables politiques et administratifs. La description de l'avenir choisi, qui est un compromis entre le possible et le souhaitable, doit faire l'objet d'une entreprise commune "décideurs-prospectivistes".

La méthode des scénarios permet d'écrire des avenirs possibles et des avenirs souhaitables.

9.2 DÉFINITIONS

Un scénario est une façon synthétique de montrer, étape par étape et d'une manière plausible, une suite d'événements qui conduisent un système à une situation future précise d'une part, et de présenter une image de ladite situation d'autre part. C'est en quelque sorte un paradigme[1] qui simule l'évolution d'un système dans le temps et l'espace, en tenant compte de la cohérence synchronique à chaque étape des événements, ainsi que de la cohérence diachronique entre les étapes. Soyons bien clairs ici. Un scénario, ce n'est pas toute la méthode. La méthode des scénarios, c'est la construction de plusieurs scénarios qui s'opposent relativement, de façon à décrire le champ des possibles en vue de la décision. La méthode, c'est aussi la discussion des concepts, des hypothèses et des

_____

(1)   "Au point de vue conceptuel, le paradigme se situe entre l'image et le modèle; il est plus rigoureux, plus élaboré, plus complexe et plus pertinent qu'une image, mais il ne prétend pas à être [sic] aussi complet ou aussi rigoureux qu'un modèle analytique. Il s'efforce de s'approcher autant que possible du modèle, compte tenu des limites de l'information et des possibilités d'analyse."

HETMAN. F. *Le langage de la prévision*. Paris, SEDEIS, 1969, p. 46.

DIAGRAMME 9.1: La démarche de la planification prospective

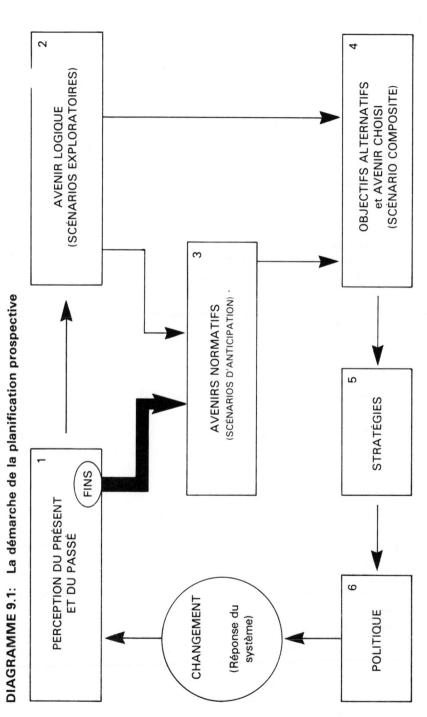

normes, ainsi que ses techniques pour construire les scénarios, qui permettront de les utiliser par la suite.

Ce livre comprend un scénario tendanciel et trois scénarios normatifs. Précisons ici qu'il existe deux grands types de scénarios:

a) **Les scénarios exploratoires** partent des tendances passées et présentes et conduisent à un futur "logique".

Le scénario tendanciel est un cas particulier de scénario exploratoire. Il s'appuie sur la force d'inertie du système pour reproduire dans l'avenir le système présent.

Le scénario d'encadrement privilégie à l'extrême une ou plusieurs tendances lourdes (e.g. un scénario de la crise de l'énergie).

b) **Les scénarios d'anticipation** commencent par définir différentes images souhaitables du futur, pour montrer ensuite comment y arriver à partir du présent.

Le scénario normatif s'arrête à un futur parmi les plus facilement réalisables. Le scénario contrasté esquisse un futur souhaitable qui se situe à la frontière des possibles.

Le tableau 9.1 résume, synthétise et précise ces diverses définitions.

9.3 JUSTIFICATION, PORTÉE ET LIMITE DE LA MÉTHODE DES SCÉNARIOS

La méthode des scénarios, en tant que démarche systématique utilisant le futur pour mieux orienter les décisions actuelles et prochaines (objectif opérationnel de toute science), est la seule méthode applicable en prospective. Toutes les techniques pour appréhender le futur, comme les matrices d'effets croisés, l'enquête de type Delphi, l'analogie, les analyses combinatoires, ne sont que des outils qui peuvent être très utiles à l'intérieur de cette démarche, mais qui ne sont pas absolument nécessaires pour la pratique de l'art. L'analyse de système utilisée dans la première partie est une méthode très intéressante pour comprendre la mécanique d'un système à un moment donné, mais elle n'est pas faite pour aborder les problèmes à long terme. Elle est néanmoins utile lorsque employée avec la méthode des scénarios pour satisfaire aux exigences de la cohérence synchronique.

La méthode des scénarios, c'est aussi la prise en charge de plus d'éléments possibles afin de simuler le comportement dynamique de la société. Mais pourquoi alors ne pas utiliser un modèle complexe formalisé du type "Candide" par exemple? Parce qu'un tel modèle ne peut retenir

TABLEAU 9.1: Quatre types de scénarios

Types de scénarios	But(s) du scénario	Prémisse(s) du scénario	Cheminement utilisé
Scénario tendanciel	Déterminer un futur possible.	Suppose la permanence et la prédominance des tendances lourdes.	Examine la poursuite, dans l'avenir, de ces tendances et des mécanismes qui les expliquent.
Scénario d'encadrement	Délimiter l'espace des futurs possibles.	Suppose la permanence et la prédominance des tendances lourdes.	Fait varier de façon extrême les hypothèses concernant l'évolution de ces tendances.
Scénario normatif	Produire une image d'un futur possible et "souhaitable". Établir un cheminement reliant ce futur au présent.	Suppose que l'on peut déterminer tout d'abord un ensemble possible d'objectifs à réaliser.	Fait la synthèse de ces objectifs et relie cette image du futur au présent.
Scénario contrasté	Esquisser un futur "souhaitable" situé à la frontière des possibles.	Suppose que l'on peut déterminer tout d'abord un ensemble d'objectifs à réaliser, s'écartant des objectifs de référence.	Fait la synthèse des objectifs à réaliser et relie cette image du futur au présent.

toutes les variables qualitatives, qui ont une importance aussi grande que les variables quantitatives dans le développement d'une société.

Entendons-nous bien sur cette affirmation selon laquelle la méthode des scénarios est la seule qui satisfait aux besoins de la prospective. La prospective n'est pas une entreprise de divination, contrairement à la futurologie, et son objet n'est pas de prévoir le futur, mais d'éclairer les décisions présentes et prochaines à la lumière du futur. «*Le futur*, comme l'écrit Jacques Durand, *sert d'observatoire pour jeter des regards sur les chemins que suivent les hommes et les sociétés actuelles* [2].» Le scénario constitue cette façon de se situer dans le futur et d'étudier le déroulement des événements, de façon à montrer les conséquences de nos actions à longue échéance.

Enfin, la méthode des scénarios permet de fournir une image concrète du déroulement de l'histoire à venir, ou plutôt de plusieurs histoires possibles, et d'indiquer la part de l'action des "décideurs" en vue de favoriser la réalisation d'un avenir donné. Cette visualisation des résultats de la recherche permet à la méthode d'être plus facilement comprise par les utilisateurs. Le scénario permet une critique constructive même par les non-spécialistes.

(2)   DURAND, J. "Prospective, discontinuité et instabilité". **Futuribles**. 4 Automne 1975, pp. 399-410.

CHAPITRE 10

QUÉBEC + 20: un scénario

tendanciel du Québec

à l'horizon 2000

10.1 LES PRÉMISSES DU SCÉNARIO TENDANCIEL

Le scénario présenté ci-dessous est un scénario tendanciel. Il se fonde sur les prémisses suivantes[1]:

a) *Les tendances "lourdes" se maintiendront.* Ceci ne constitue toutefois qu'une hypothèse de départ. Certains faits porteurs d'avenir rendent possible ou probable le renversement des tendances lourdes. Les tendances lourdes sont donc retenues comme des hypothèses de départ qu'il convient de tester.

b) *Il n'y aura pas de changements majeurs,* notamment pas d'interventions majeures des gouvernements, susceptibles de modifier profondément les règles du jeu. Dans le domaine politique, l'hypothèse est que le système en place sera maintenu à peu près dans son état actuel. Il n'y aura pas non plus de chocs brutaux issus de l'environnement.

c) *Le système socio-économique québécois assurera sa pérennité sans chocs violents* comme il l'a fait dans le passé. Au besoin, certains régulateurs seront introduits. Un exemple de régulateurs correspond aux mouvements migratoires qui se sont produits vers les États-Unis, lorsque la pression démographique s'est révélée trop forte.

Le scénario tendanciel présenté ici n'est pas le futur le plus probable. Il n'est pas possible d'attacher une probabilité quelconque aux tendances retenues. C'est un futur possible et vraisemblable.

---

(1) Pour une typologie des scénarios, voir le chapitre 9.

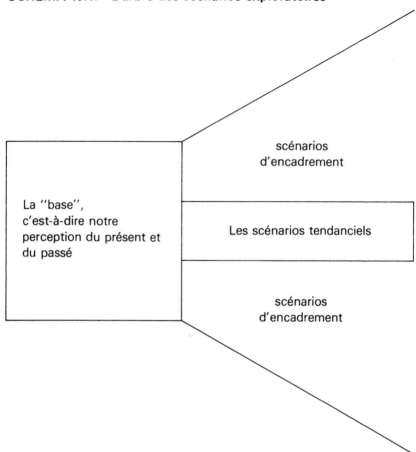

scénarios
d'encadrement

La "base",
c'est-à-dire notre
perception du présent et
du passé

Les scénarios tendanciels

scénarios
d'encadrement

10.2 LE QUÉBEC EN 2001

10.2.1 Le monde en 2001

La population mondiale vient de passer le cap des 6 milliards, et s'oriente vers une population qui devrait plafonner en 2050 autour de 12 milliards.

La population mondiale vient de passer le cap des 6 milliards. Le rythme de la croissance démographique a en effet nettement ralenti entre 1975 et 2001, par rapport à la période 1950-1975. D'importants changements dans la répartition géographique de cette population se sont produits. Les pays de l'OCDE qui représentaient 20% de la population mondiale en 1975 ne comptent plus que pour 15% du total en 2001. Soixante-dix pour cent de la population du Tiers-Monde est concentrée dans les pays suivants: Chine, Inde, Indonésie, Brésil, Bangla Desh, Pakistan, Nigéria. Les problèmes sont très différents dans les pays développés et les pays sous-développés. Dans les pays développés, la population s'est acheminée vers une situation stationnaire, en dépit de larges fluctuations suivant les niveaux de revenus et les structures d'âge. Les pays en voie de développement sont au contraire aux prises avec tous les problèmes de la croissance démographique: besoins alimentaires, demande d'infrastructure, accroissement rapide de l'offre de travail, immigration désordonnée des zones rurales vers les villes. Mexico compte 32 millions d'habitants, Sao Paulo 28, Calcutta, Shanghaï, Bombay et Pékin 20 millions. Ces évolutions divergentes ont créé de graves crises entre les deux groupes de pays. Il existe des difficultés de dialogue entre des pays dont les niveaux de revenus et les structures d'âge sont si différents. Par ailleurs, le problème de l'immigration constitue une cause de tensions et de conflits permanents.

Compte tenu de l'évolution des taux de fécondité, la population mondiale s'oriente vers une population qui devrait plafonner en l'an 2050 autour de 12 milliards d'habitants. C'est un volume qui est en dessous de la capacité de la terre.

Les limites physiques de la croissance ne constituent pas un problème insurmontable.

En dépit de certaines prévisions alarmistes, il n'y a pas eu au cours de la période 1980-2000 de problème global de longue durée, à l'échelle de la planète. Les limites physiques n'empêchent pas la satisfaction de la demande alimentaire mondiale en l'an 2001. Les facteurs favorables à la croissance de la production agricole ont été: l'utilisation de surfaces inutilisées jusqu'alors , le développement de l'irrigation dans les pays sous-développés qui a permis de réaliser deux à trois récoltes sur la même terre, le doublement des rendements, une moindre dépendance de l'agriculture vis-à-vis des ressources énergétiques, la disponibilité de matières premières nécessaires à l'agriculture (notamment les phosphates), la législation sur les pesticides qui a limité les possibilités de pollution. Les principaux problèmes auxquels le monde a eu à faire face ont été: (a)   la perte de sols productifs par érosion et urbanisation, qui a conduit à des politiques draconiennes pour la protection des sols; (b)   le développement des techniques agricoles écologiquement saines, notamment dans les pays sous-développés; (c)   la multiplication de famines localisées dans plusieurs pays d'Afrique et d'Asie.

Dans le domaine énergétique, le monde a connu une phase de transition difficile entre l'ère des énergies traditionnelles (pétrole, gaz naturel, charbon, énergie hydro-électrique, énergie nucléaire...) et celle des énergies nouvelles. Les problèmes sont essentiellement nés de la répartition inégale des ressources entre les diverses régions du monde. Entre 1980 et 2001, la consommation a doublé pour les pays de l'OCDE, et a été multipliée par 6 pour les pays sous-développés. Toutefois, en 2001 les coûts se stabilisent et l'énergie ne semble pas constituer une limite à la croissance, grâce aux efforts considérables en termes de capitaux et de

TABLEAU 10.1: Population mondiale par région (en millions)

	1975	2000	Taux de croissance annuel 1975 /2000 en %	Indice 2000/ 1975	Pourcentage de la population mondiale en 2000
Amérique du Nord	237	275	0,6	116	5
Japon	112	133	0,7	119	2
CEE	259	265	0,1	102	4,5
Autres pays européens de l'OCDE	147	164	0,4	116	3
Australie et Nouvelle-Zélande	19	22	0,6	116	0,5
Total de l'OCDE	774	859	0,4	111	15
URSS et Europe de l'Est	363	400	0,4	110	7
Amérique latine	328	556	2,1	170	9
Asie du Sud	828	1359	2,0	164	23
Asie de l'Est et du Sud-Est	337	639	2,6	190	11
Chine	823	1148	1,3	139	20
Afrique du Nord et Moyen-Orient	175	333	2,6	190	6
Afrique sub-saharienne	302	544	2,4	180	9
Total: Monde	3960	5838	1,6	149	100

Source: OCDE. *Interfuturs*. 1979.

ressources humaines, qui ont été réalisés au cours des vingt dernières années.

Les taux de croissance ont baissé, mais le produit par tête a presque doublé en 25 ans, dans les vieux pays industriels.

Un fait fondamental est l'émergence de nouveaux pays industriels.

En dépit d'un ralentissement des taux de croissance, le produit par tête s'est nettement accru dans les pays de l'OCDE.

Toutefois, les rythmes de croissance ont été nettement moins élevés en Amérique du Nord. La même tendance se manifeste dans les pays en voie de développement. Un fait fondamental est la perte de poids relative des pays de l'OCDE, qui ne représentent que 50% de la production mondiale en 2001 (62% en 1975). La presque totalité de cette évolution tient au déclin relatif des États-Unis et de l'Amérique du Nord (20% du produit mondial en 2001, 31,4% en 1975). Un autre fait, lourd de conséquences, est la scission des pays sous-développés en deux groupes: les nouveaux pays industriels porteurs d'un dynamisme économique très puissant, les pays du Quart-Monde enfermés dans le cercle vicieux de la pauvreté. La montée des nouveaux pays industriels est très notable dans le domaine de l'industrie manufacturière.

10.2.2 Le redéploiement industriel

L'industrie manufacturière s'est profondément transformée entre 1980 et 2001. Il s'est produit notamment un redéploiement industriel vers les nouveaux pays industriels qui a été douloureux pour le Canada et le Québec, dont les structures économiques étaient, au début de la période, particulièrement déficientes.

Entre 1980 et 2001, un certain nombre de transformations ont marqué le système industriel:

-   une interdépendance croissante s'est affirmée entre l'industrie et la recherche;

-   de nouvelles branches dominantes (notamment l'électronique) se sont substituées aux anciennes (l'automobile entre autres);

-   l'industrie des pays développés a évolué dans le contexte d'une croissance ralentie et d'une concurrence exacerbée;

-   le système industriel mondial a accepté de nouveaux acteurs: l'Europe du Sud, l'Europe de l'Est et divers pays du Tiers-Monde.

TABLEAU 10.2: Le produit intérieur brut et le produit intérieur brut par tête, 1975 et 2001

	% du PIB mondial		PIB par tête (dollar US 1970)	
	1975	2001	1975	2001
1. États-Unis	28,7	18	5132	8130
2. Canada	2,7	2	4531	7020
3. Japon	6,8	10	2371	8230
4. CEE	18,5	14	2752	6110
5. Europe occidentale hors CEE	4,0	5	1049	3420
6. Australie/Nouvelle-Zélande	1,3	1	2568	4910
OCDE	62,0	50	3044	6470
7. Europe de l'Est	15,9	18	1700	5080
8. Amérique latine	6,2	10	745	2040
9. Asie du Sud	2,2	2	101	184
10. Asie du Sud-Est	2,2	4	224	620
11. Chine	5,6	8	256	800
12. Afrique du Nord /Asie occidentale	3,9	6	845	1940
13. Afrique subsaharienne	1,3	1	164	266
Total 8-13	21,6	32	290	790
Total: Monde	100	100	960	1920

Source: OCDE. *Interfuturs.* 1979.

Ces tendances se sont affirmées dans les principales branches de l'industrie manufacturière.

A *L'électronique et les communications (Le complexe télématique)*

C'est la branche dont le potentiel de croissance a été le plus élevé.

C'est elle qui a orienté la nouvelle organisation industrielle mondiale. Les principaux acteurs en ce domaine ont été les États-Unis, le Japon, la République fédérale allemande. Le Canada et le Québec ont été parmi les grands "perdants" de la révolution télématique. En effet, on constate que dès 1980, même les plus grosses entreprises canadiennes n'avaient qu'une taille moyenne à l'échelle internationale. Northern Telecom, la plus grande entreprise de l'industrie, n'est à ce moment-là que la trentième entreprise dans le classement international. Toutefois, des succès notables doivent être soulignés dans le domaine des télécommunications, de l'électronique de systèmes et des fibres optiques.

Il convient également de noter une délocalisation de certaines productions banalisées vers les pays du Tiers-Monde.

B *Les biens d'équipement*

C'est une industrie qui a été en pleine croissance au cours des vingt dernières années. Il s'est produit un déplacement des installations vers les nouveaux pays industriels et les pays à économie planifiée.

Le Canada et le Québec ont réalisé de médiocres performances dues à la faible taille des entreprises existantes. Les gouvernements sont, en conséquence, intervenus constamment pour améliorer la position des producteurs canadiens.

TABLEAU 10.3: Les biens d'équipement 1970-2000

	1970 Production	**2000** Production
Pays développés à économie de marché		
OCDE	75,4%	60,0%
États-Unis	31,0%	18,0%
Japon	——part en croissance——	
Allemagne de l'Ouest	——part en baisse légère ——	
Pays à économie planifiée centralement	——part en croissance——	
Pays en voie de développement		13,0%

Source: OCDE. *Interfuturs*. 1979.

C *L'automobile*

L'automobile avait constitué jusqu'aux années 70 la branche motrice du développement dans les vieux pays industriels. Les deux dernières décennies ont vu cette activité se déplacer vers certains pays du Tiers-Monde, à cause de l'accroissement de la demande dans ces régions, et aussi des conditions de production plus avantageuses. Ceci a été particulièrement vrai pour le Québec et le Canada qui ont perdu des emplois au profit des pays à bas salaire.

D *La chimie*

Elle a constitué un secteur de croissance qui s'est également déplacé vers les nouveaux pays industriels, pour les mêmes raisons que l'automobile et les biens d'équipement. Le Canada a été dans une position relativement favorable dans le domaine de la pétrochimie, ce qui a permis un certain nombre de retombées positives pour le Québec.

E *La construction navale*

Cette activité a connu au contraire un déclin constant du fait de la faiblesse de la demande et de l'existence d'un surplus de capacités. Les difficultés ont été aggravées par un déplacement des activités vers certains pays du Tiers-Monde, et notamment vers la Corée du Sud. Il y a donc eu des pertes d'emplois très notables au Canada et au Québec.

F *Le textile*

Cet autre secteur "mou" s'est trouvé dans la même situation que la construction navale, et le Québec a subi la concurrence à la fois des vieux et des nouveaux pays industriels. Malgré tout, certains succès doivent être notés, notamment dans le domaine des textiles synthétiques.

En définitive, le redéploiement industriel des vieux pays industriels vers les nouveaux s'est révélé particulièrement coûteux pour le Québec et le Canada, qui constituaient déjà en 1980 un des maillons les plus faibles du système manufacturier des pays de l'OCDE. Une certaine croissance de la production s'est toutefois appuyée sur l'exploitation et la transformation des matières premières, ainsi que sur les progrès d'une petite industrie fortement orientée vers un marché local et des demandes nouvelles.

10.2.3 La technologie

Les innovations se sont concentrées dans trois domaines essentiels: la recherche d'énergies nouvelles, la bioscience et la biotechnologie, la télématique. La transformation du Québec en une société de l'information constitue le phénomène central de la montée.

C'est dans trois domaines essentiels que les innovations se sont multipliées au cours de la période 1980-2001:
200

A *La recherche d'énergies nouvelles*

Elle s'est traduite par:

— le développement des surgénérateurs et de la fission nucléaire;
— la maîtrise de la fusion nucléaire à la fin du XXe siècle;
— le développement de l'énergie solaire;
— le développement de l'énergie des marées;
— le développement de l'énergie éolienne;
— le développement de l'énergie des vagues;
— l'utilisation du bois et des déchets organiques;
— l'utilisation des ressources géothermiques.

B *La bioscience et la biotechnologie*

Elles se sont affirmées comme de nouvelles branches motrices de développement à partir de 1990. La biotechnologie a contribué à la révolution énergétique, en permettant la transformation de la cellulose en hydrogène méthane et en alcool éthylique. La biotechnologie a permis la transformation des déchets en produits énergétiques. Elle a également révolutionné l'industrie chimique ainsi que l'industrie des produits pharmaceutiques. Toute une série d'hormones ont été produites: l'insuline, des hormones de croissance, l'interféron utilisé dans la lutte contre le cancer. De nouvelles possibilités sont apparues dans l'industrie minière. Au début du XXIe siècle, les bactéries sont largement utilisées pour la purification de l'uranium, du minerai de cuivre et d'un grand nombre de matières premières.

C *Le Québec est devenu une société d'information*

Le phénomène le plus fondamental des vingt dernières années est sans nul doute la transformation du Québec en une société d'information. En 2001, 75% de la main-d'oeuvre québécoise est localisée dans le secteur de l'information[2]. Ce qui caractérise la société québécoise du début du XXIe siècle, c'est l'omniprésence de la société télématique fondée sur des innovations conjointes dans le domaine des télécommunications et dans celui de l'informatique. Les satellites artificiels, les fibres optiques, les micro-ordinateurs constituent les bases de la société télématique. La poste traditionnelle a disparu et a été remplacée par la poste électronique. Le journal électronique s'est substitué au journal de papier. Le téléenseignement, la télémédecine, les téléachats sont devenus la règle. La gestion est décentralisée, et il en va de même pour le bureau. Le domicile est devenu

---

(2)   Le secteur de l'information est défini dans un sens large. L'administration publique, l'enseignement, les activités de supervision, par exemple, sont classés dans le secteur informationnel.

201

le lieu de travail, et le bureau traditionnel s'est transformé en un lieu de rencontre qui correspond surtout aux besoins de relations interpersonnelles des individus.

L'avènement de l'ère télématique a eu des conséquences multiples et généralisées. Il y a eu une chute dramatique du volume des emplois disponibles, laquelle a été aggravée au Québec par l'extrême faiblesse du complexe télématique. Les emplois issus de la révolution télématique ont souvent été créés ailleurs qu'au Québec, notamment en Ontario et aux États-Unis. Les conséquences sur les conditions de travail sont contradictoires. Un grand nombre d'emplois pénibles impliquant d'importants efforts physiques ont disparu (multiplication des robots). La durée du travail a fortement diminué et la semaine de travail n'est plus que de trois jours. La société télématique s'est traduite par un enrichissement des tâches pour certains. Par ailleurs, il faut noter l'importance des tâches monotones et routinières, dans le stockage de l'information en particulier. Dans un autre domaine, il convient de souligner les problèmes constants de la balance commerciale canadienne, à la suite de l'importation massive de biens et services télématiques. Par contre, la société télématique a permis des économies considérables d'énergie. Des systèmes élaborés de chauffage et de climatisation, une meilleure organisation de la circulation urbaine constituent des progrès décisifs comparativement à la période 1960-80.

En 2001, la société québécoise est organisée autour de l'autoroute électronique composée du câble (téléphone et télévision), ainsi que des satellites de communication. Le câble relie le domicile, le bureau et l'usine. Le bureau est un bureau sans papier qui utilise des machines de traitement de mots, des "terminaux intelligents", des télécopieurs. Le bureau est relié au domicile dont le coeur est un poste de télévision, organe de communication bidirectionnel. Le poste de télévision reçoit plusieurs centaines de chaînes. Le domicile est également doté d'un "terminal intelligent" relié à l'autoroute électronique, qui permet la réception du courrier, les téléachats, le téléenseignement, la télémédecine. La césure bureau-domicile disparaît. La valise électronique permet à chaque instant de se brancher sur l'autoroute électronique. L'usine est robotisée. Les tâches du personnel consistent en des tâches de surveillance.

10.2.4 La population

La population du Québec s'est stabilisée à 7 millions d'habitants.

En 2001, la population du Québec s'est stabilisée à 7 millions d'habitants[3]. Le Québec, comme les autres vieux pays industriels, vit à l'heu-

---

(3)   6 300 000 en 1980.

re de la stagnation et du vieillissement démographique. Cette situation a des implications sensibles sur tous les aspects de la société québécoise. *Le Québec vit à l'heure du vieillissement démographique. Le problème de la création d'emplois demeure aigu. Le cycle de vie des Québécois s'est profondément transformé. L'évolution a été marquée par diverses crises et des conflits de générations.*

En dépit du ralentissement de la croissance démographique entre 1980 et 2001, le Québec n'a pas eu à faire face à des problèmes d'insuffisance de main-d'oeuvre, comme certaines prévisions des années 70 tendaient à le faire croire, et ceci pour plusieurs raisons: chute de l'emploi dans les industries traditionnelles, existence dans les années 70 d'un important taux de chômage caché, révolution télématique. En 2001, il y a au Québec une main-d'oeuvre abondante, dont l'âge moyen a considérablement augmenté. Le problème de création d'emplois demeure aigu, mais il se rattache de plus en plus à une population d'âge mûr. Le vieillissement de la main-d'oeuvre s'est accompagné de problèmes multiples dans le domaine de la mobilité géographique interprofessionnelle et interindustrielle, rendue nécessaire par les changements technologiques. De très graves crises ont accompagné la prise en charge des diverses institutions publiques et privées par de véritables gérontocraties, qui ont rendu plus malaisés la promotion et l'emploi des jeunes générations. Parallèlement et progressivement la société québécoise a valorisé un leadership plus âgé, tant dans le domaine politique que dans les domaines social et économique. Le vieillissement démographique s'est accompagné d'une plus grande prudence vis-à-vis de la nouveauté, des changements et des innovations. Néanmoins, la main-d'oeuvre des années 2000 n'est pas moins productive que celle des décennies antérieures. Ses caractéristiques sont différentes. Elle est plus stable, plus expérimentée et tout aussi créative que la main-d'oeuvre des années 80, mais sa créativité s'exerce différemment.

La fourniture d'un revenu décent à la population âgée a constitué un des défis les plus notables des deux dernières décennies. La part des paiements de transfert aux personnes âgées dans les dépenses publiques a été multipliée par deux. Ceci a ajouté une pression considérable sur les dépenses gouvernementales, d'autant plus que des sollicitations nouvelles venaient du domaine énergétique, de la protection de l'environnement, des dépenses de santé et de création d'emplois.

Le cycle de vie des Québécois a été fortement modifié par l'abandon progressif de l'idée selon laquelle la vie d'un individu devrait être divisée en trois fractions (la première étant consacrée à la formation, la deuxième au travail, la troisième à la retraite). Il s'est produit une homogénéisation de deux populations jadis distinctes, celles du deuxième et du troisième âge. Les taux d'activité de la population du deuxième âge ont fortement diminué. Les retraites intermittentes et les années sabbatiques ont occupé une part croissante dans la vie des individus, alors que la vie active se prolongeait jusqu'au quatrième âge, cette fraction de la vie au cours de laquelle la détérioration de la condition physique est telle qu'elle handicape fortement toute activité professionnelle. Tout ceci permet de comprendre l'importance croissante prise par les conflits de générations au cours des vingt dernières années. Ces conflits ont pris des formes aiguës lorsque les perspectives d'emploi se sont trouvées bloquées pour les jeunes, à la suite du ralentissement de la croissance économique. Ces conflits ont également été des conflits dans la répartition du revenu national, puisqu'il a fallu consentir des sacrifices accrus pour la population la plus âgée.

SCHÉMA 10.2: Taux de participation des hommes sur le marché du travail, Canada, 1975 et 2015

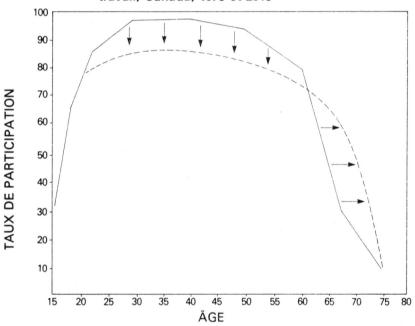

_____ Canada, 1975*
-------------- Prospective 2015

Source: I.R.P. *Rapport du Comité spécial du Sénat sur l'âge de la retraite.* 30-1, 1979.

10.2.5 Valeurs et modes de vie

La période 1950-1980 avait été une période de changements rapides de valeurs. La croissance rapide et les progrès accomplis en matière de scolarisation avaient facilité l'implantation d'une idéologie imprégnée de valeurs nationalistes et social-démocrates, d'un désir puissant de participation ou de décision, ainsi que d'un souci de plus en plus accentué pour les considérations écologiques.

Entre 1980 et 2001, divers facteurs ont mis un frein à la progression d'idées nouvelles (faiblesses et taux de croissance, vieillissement de la population).

Entre 1980 et 2001, divers facteurs ont mis un frein à la progression de valeurs nouvelles. Il s'agit notamment du ralentissement des taux de croissance économique et du vieillissement de la population. Cette situation a eu certaines conséquences positives. Les comportements des acteurs économiques ont été marqués par une plus grande rationalité des décisions et le souci d'éliminer le gaspillage engendré par la société de consommation. D'aucuns ont parlé d'une société post-extravagante. La psychologie de conservation est devenue un élément fondamental pour l'enseignement et les attitudes du public.

À la fin des années 70, une absence de consensus marquait la société québécoise. Aux valeurs traditionnelles (mettant en exergue l'ordre, la croissance économique, la stabilité des prix, les principes de la morale classique...) s'opposaient des valeurs nouvelles, orientées vers la réalisation de soi, la créativité, la redécouverte de nouveaux principes de vie, la recherche de l'équilibre avec le milieu naturel, etc.

En 2001, les valeurs de la société québécoise sont caractérisées par une absence de consensus et une grande diversité.

Au cours des 20 dernières années, la brisure du consensus s'est accentuée. De multiples sous-groupes ont manifesté une vitalité nouvelle, d'autant plus facilement que l'autoroute électronique permettait une communication à l'échelle du monde. Une partie de la population continue de réagir selon la rationalité d'une société de consommation. Cette partie de population vise à maximiser son revenu. Elle recherche les biens matériels et valorise le travail comme un bien en soi. Les cadres des grandes entreprises multinationales forment un groupe bien à part, qui est plus attaché à l'entreprise qu'à une nation en particulier. Une autre partie de la population valorise la recherche de la qualité de la vie. Elle réside notamment dans certains quartiers revitalisés de Montréal et dans certaines régions rurales. Ces groupes rejettent fréquemment l'intégration dans la société télématique, et pratiquent le retour vers le passé ainsi que les moyens d'expression traditionnels (peinture, sculpture, poèmes...).

En 2001, les valeurs de la société québécoise comme celles de la société mondiale apparaissent donc balkanisées. Cette balkanisation est devenue inévitable par la faiblesse des taux de croissance économique.

10.2.6 L'économie

Les taux de croissance ont été relativement faibles entre 1980 et 2001, bien que le revenu moyen des Québécois ait augmenté de 50%. La tertiarisation de l'économie s'est poursuivie, mais les performances de l'industrie manufacturière ont été médiocres.

Ce qui a caractérisé le Québec au cours de la période 1980-2000, c'est l'affaissement des taux de croissance par rapport aux périodes antérieures. Malgré tout, le revenu moyen des Québécois est supérieur de 50% à celui de 1975. Ceci est dû en partie, il est vrai, à la faible croissance démographique. Le Québec a continué de se tertiariser. Les activités tertiaires qui occupaient 57% de l'emploi en 1980 en représentent 63% en 2001. Cette croissance s'explique surtout par la télématisation de la société et le développement des activités de loisir. Il faut également tenir compte du faible taux de croissance des autres activités. La part relative de la construction dans l'activité économique s'est fixée à un niveau légèrement inférieur à celui de la décennie 1970-80, durant laquelle les grands travaux de la Baie-James, des olympiades et de l'aéroport de Mirabel avaient suscité une activité exceptionnellement importante. Malgré tout, l'activité de la construction a été soutenue au cours de ces vingt dernières années par certains grands travaux dans le domaine énergétique, et par le renouvellement du parc de logement. C'est dans le secteur manufacturier que les performances du Québec ont continué d'être les moins satisfaisantes. Le Québec a décliné à l'intérieur de la communauté canadienne. Toutefois, ce déclin a été ralenti par l'intervention gouvernementale ainsi que, l'industrie du loisir et l'industrie fondée sur l'exploitation des ressources sont le recyclage des matériaux, l'industrie de la santé, l'industrie télématique, l'industrie du loisir et l'industrie fondée sur l'exploitation des ressources naturelles. La tertiarisation de l'économie s'est poursuivie mais à un rythme ralenti, et en 2001, les problèmes traditionnels de structures économiques ne sont pas encore résolus. La productivité continue d'être insuffisante, le dynamisme économique, faible, et la spécialisation, mal assurée. Un aspect fort positif demeure toutefois: la montée des entrepreneurs canadiens-français dans un certain nombre d'activités nouvelles. Les Québécois francophones sont sur la voie d'une conquête lente et progressive de leur économie, cependant que le déclin du groupe canadien-anglais est spectaculaire. Les firmes multinationales sont très puissantes, mais leur pouvoir est limité à des secteurs bien précis de l'activité (télématique, bio-industrie, enseignement...).

Il existe en 2001 une évidente insuffisance d'emplois disponibles qui est rendue moins pénible par divers facteurs: marginalisation d'une partie de la société, diminution de la durée du travail, émigration, etc.

Un observateur de 1980, à partir des critères statistiques alors en honneur, aurait conclu que la situation de l'emploi en 2001 est peu reluisante. Mais à la notion d'emploi s'est progressivement substituée celle d'occupation ou d'activité. S'il apparaît souhaitable qu'un individu se réalise à travers une ou plusieurs occupations, il apparaît nécessaire que l'occupation prenne la forme d'un emploi. Malgré tout, il existe en 2001 une évidente insuffisance d'emplois disponibles. Cette situation est rendue moins pénible par plusieurs facteurs: la marginalisation d'une partie de la société qui met l'accent sur des valeurs non matérialistes, la diminution de la durée du travail ainsi que la multiplication des périodes de formation-recyclage, l'émigration d'une partie de la population vers les États-Unis et l'Ouest du Canada. Il faut aussi noter le rôle croissant joué par les

TABLEAU 10.4: Part relative des sous-secteurs dans l'emploi total québécois, 1950-2000 (%)

	(1)	(2)	(3)	(4)	(5)
	1950	1960	1970	1980	2000
Primaire (*)	24,3	12,1	7,2	4,7	44,0
Secondaire	34,1	36,1	32,0	27,3	23,4
- construction	5,4	6,6	5,3	4,3	5,5
- fabrication	28,7	29,5	26,7	23,0	17,9
Tertiaire	41,6	51,8	60,7	68,0	72,5
- transport, communications et autres services d'utilité publique	8,2	10,6	8,7	8,5	8,0
- commerce	12,0	15,7	15,9	16,8	17,5
- finance, assurance et immeuble	2,8	4,6	4,5	5,6	4,9
- administration publique	5,3	5,4	5,6	7,0	7,5
- services	13,3	15,5	26,1	30,1	34,6

(*)   Agriculture et autres branches du secteur primaire.

Sources: 1950-1960-1970 et 2000: JULIEN, P.-A. *Québec 2000*. Québec: Boréal Express, 1976.

1980: Statistique Canada 71-001. *Population active*. Décembre 1980.

Québécois dans la francophonie.

10.2.7 Villes et campagnes

Montréal continue son déclin alors qu'un renouveau de vitalité marque les régions rurales. Les conditions de vie s'uniformisent entre villes et campagnes.

Un certain renversement des tendances antérieures a caractérisé les vingt dernières années. Déjà à la fin des années 70, les observateurs avaient noté le déclin de Montréal, le renouveau de vitalité de certaines régions périphériques, l'amorce incertaine d'un "retour à la terre" et la crise des grandes métropoles. Au cours des vingt dernières années, plusieurs facteurs ont conduit à un nouvel équilibre entre les villes et les campagnes:

a) Le vieillissement démographique a permis à une partie de la population de se fixer dans les régions rurales au moment où la nécessité de travailler a disparu.

b) Le développement des loisirs a joué dans le même sens. L'instauration de la semaine de travail de 3 jours à la fin du XXe siècle a incité un grand nombre de familles à disposer d'une résidence secondaire à la ville, et d'une résidence principale dans les milieux ruraux.

c) La société télématique a supprimé la nécessité des déplacements physiques et a transformé profondément les conditions de localisation.

d) La faible croissance économique a incité un certain nombre de personnes à pratiquer des valeurs non matérialistes, et à accepter un faible niveau de revenu en contrepartie d'un niveau élevé de la qualité de la vie dans certaines régions rurales.

Le déclin de Montréal a été intensifié par la faible croissance et l'émigration d'une partie de la population. C'est surtout la population anglophone qui a quitté le Québec pour se fixer en Ontario, dans l'Ouest du pays ou aux États-Unis. Cette situation a été aggravée par la multiplication d'actes de terrorisme, à la suite du blocage de la situation politique.

Une autre conséquence de l'évolution a été l'homogénéisation des conditions de vie à la ville et à la campagne ("rurbanisation"). Les villes sont devenues plus semblables aux campagnes. Les quartiers, notamment à Montréal, ont connu une nouvelle vitalité. Progressivement, les règlements de zonage ont évolué et ont permis entre autres la multiplication des petits jardins familiaux et de serres dans certains quartiers. Par contre, il n'y a pas eu de renouveau culturel économique dans les régions périphériques, bien que la télématisation de la société ait joué un rôle unificateur.

10.3 COMMENTAIRES

Le monde en 2001

Les données sont tirées du rapport de l'OCDE, *Interfuturs,* publié en 1979, ainsi que de diverses sources statistiques provenant notamment des Nations Unies. Il s'agit d'une synthèse des données les plus vraisemblables et les plus récentes.

En ce qui concerne la production, divers scénarios ont été proposés dans le rapport *Interfuturs*, mais les résultats demeurent assez proches les uns des autres. Les hypothèses retenues dans ce scénario paraissent plausibles.

Le redéploiement industriel

Les données sont tirées du rapport *Interfuturs* déjà cité, ainsi que de la documentation disponible à Québec et Ottawa, notamment dans les ministères de l'Industrie et du Commerce.

La technologie

Il y a un consensus dans les recherches actuelles qui touchent le domaine de la prospective technologique quant aux principaux champs d'innovation. Le texte constitue une synthèse de la littérature existante.

La population

Les estimations chiffrées sont tirées des dernières projections de Statistique Canada. L'étude des conséquences du vieillissement a fait l'objet d'une abondante littérature dont la synthèse a été faite.

Valeurs et modes de vie

C'est la partie la plus incertaine du scénario. Il existe peu d'information substantielle sur l'évolution des valeurs.

L'économie

Le ralentissement des taux de croissance dans les vieux pays industriels constitue une hypothèse extrêmement réaliste. Il en va de même du maintien des problèmes structurels de l'économie québécoise.

Villes et campagnes

L'arrêt de la croissance des villes et le retour vers les régions rurales se vérifient dans les dernières statistiques aux États-Unis, au Canada et en Europe. Ces phénomènes sont toutefois trop récents pour permettre des hypothèses très solides quant à la prévision d'un avenir "sans surprise".

CHAPITRE 11

UN QUÉBEC MAXIMAL

*«Les printemps étaient doux
oui doux saumâtre les printemps de mon pays
un lent malaise de charbon passait entre nos
deux corps
oui je t'aimais, je souffrais, les soleils
étaient en prison
un lent malaise de charbon gâchait l'aurore
entre nos dents, tu te souviens»*

Paul Chamberland. ***Terre Québec***. 1964.

11.1 PRÉAMBULE

Ce scénario léger a pour but de stimuler la discussion et d'attirer l'attention du lecteur sur différentes variables qui pourraient expliquer une certaine évolution du Québec, durant les vingt prochaines années. Ainsi, en tant qu'esquisse de scénario, «*il ne définit pas ses concepts de base et ne discute ni ses hypothèses de travail, ni les principes et les règles qui sous-tendent sa démarche»*[1]. Il n'a donc aucune prétention de rigueur scientifique (selon la méthode prospective) que peut revendiquer un scénario de méthode de plus d'une centaine de pages, qui s'appuie sur une analyse systémique et une étude de cohérence synchronique et diachronique complexe. Il demeure néanmoins un futur possible, tiré de quelques tendances et faits porteurs d'avenir discutés dans les chapitres précédents. Il constitue de plus un scénario normatif, en ce qu'il fait appel à une série de décisions que les Québécois pourraient prendre dans les prochaines années. En cela, il se différencie du scénario tendanciel du chapitre précédent, qui est beaucoup plus un *présent étendu* qu'un *futur probable*.

Un scénario normatif se veut souhaitable, c'est-à-dire qu'il cherche à définir un avenir meilleur et à montrer le cheminement pour s'y rendre. Il

---

(1) JULIEN, P.-A., LAMONDE, P. et LATOUCHE D. *La méthode des scénarios. Réflexion sur la démarche et la théorie de la prospective.* Travaux et recherches de prospective, Paris: La documentation française, 1975.

représente en quelque sorte un futur "rose", une "utopie réalisable" comme dit Yona Friedman[2]. Mais s'il constitue un "souhaitable", il n'est pas nécessairement "préférable" pour tous: son choix dépend des critères ou des jugements de valeur de chacun.

11.1.1 Jugements de valeur

Ce scénario repose précisément sur six (6) jugements de valeur de base:

a) Il prend résolument parti pour un Québec francophone indépendant en Amérique du Nord, c'est-à-dire qu'il considère que seul un État indépendant, vraisemblablement étroitement associé avec ses voisins, peut assurer à long terme la survie de cette petite communauté de souche française qui fait partie d'un immense continent anglo-saxon, différente par son histoire et sa culture et désireuse d'être respectée dans ses originalités profondes.

b) Il favorise les besoins collectifs plutôt que les besoins individuels, non pas pour brimer ceux-ci, mais pour mieux assurer la cohérence ou pour mieux renforcer cette société face à un environnement relativement rébarbatif. Mais pour minimiser le danger d'un centralisme bureaucratique lourd et souvent inhumain, il préconise une déconcentration réelle[3] de l'administration publique, tant en ce qui concerne l'État que les grandes municipalités. En d'autres mots, le collectif est assuré par des milliers de petites institutions ou organisations plus proches des besoins des citoyens et des groupes, coordonnées par un processus de planification démocratique.

c) Il représente donc un système qui ressemble plus au "Small is beautiful" de Schumacher qu'au centralisme étatique français ou de General Motors, sans verser dans les excès de l'un ou de l'autre. Du moins, il demande à la politique de prendre résolument parti pour les systèmes de petites dimensions (PME, petites municipalités, petits hôpitaux, petites écoles), de la même façon qu'on a favorisé le gigantisme en particulier après la dernière guerre. Cela n'implique pas de saborder toutes les grandes institutions et organisations actuelles, de refuser les grands investissements nationaux ou étrangers, mais plutôt de favoriser chaque fois que c'est possible les organisations de petites tailles, afin de rétablir un meilleur équilibre entre ces deux groupes; cela comporte cependant l'utilisation optimale par les petits organismes

---

(2)   FRIEDMAN, Y. *Utopies réalisables.* Paris: Union régionale d'édition, 1975.

(3)   Et non pas seulement en surface. Cf. la troisième tendance dans le chapitre sur les valeurs.

des techniques modernes de communication, comme la télémédecine, le téléenseignement, la télématique bidirectionnelle, etc.

d) Pour assurer sa cohérence face aux forces qui l'entourent et qui pourraient le gruger facilement s'il était mal coordonné, ce système s'appuie sur un processus de planification prospectif, élaboré par le plus grand nombre; il s'agit ici d'un plan souple produit par l'administration publique, et tiré d'une image volontariste du futur (un scénario composite), laquelle se situe entre des "souhaitables" et des "faisables", et se construit à la suite de multiples discussions par des représentants de toutes les couches de la société. Ce scénario, ou cette image du futur, constitue l'expression d'un consensus minimal qui permet d'orienter dans le même sens le maximum d'actions des agents de cette société pour assurer le développement voulu.

e) Ce développement ne se limite pas aux seuls aspects économiques, mais constitue le résultat d'une "maturation"[4] lente mais certaine de cette société et de ses membres, tant pour assurer leur sécurité (ou leur intégrité, ce à quoi tentent de répondre la production économique et l'action politique) que pour optimiser leur liberté (collective et individuelle, ce dont s'occupent le politique, le social et le culturel). Cela veut dire que cette société a accepté une moins grande richesse économique pour favoriser son développement politique, social et culturel, et assurer un meilleur équilibre de ces différents aspects de la vie; en d'autres mots, pour elle le bonheur (s'il est possible) ne découle pas automatiquement d'une plus grande richesse économique. Cela veut dire aussi que le "projet québécois", comme tout autre projet de société, est particulier, comme l'a bien précisé Fernand Dumont[5], ne ressemblant que de fort loin à d'autres projets comme ceux de la Suède, de la Yougoslavie, de la Suisse, etc.

f) Ce développement a été favorisé par trois évolutions plus ou moins parallèles, soit:

- une certaine exacerbation de ce qu'on a appelé la "crise des valeurs" durant les années 80; cette aggravation a favorisé la recherche de nouvelles formes de vie sociale;

---

(4)   "Ensemble de transformations successives permettant à un système de devenir adulte". Voir à ce propos BIRON, A. et HENRY, P.-M. *Pour un autre développement.* Paris: Presses universitaires de France, 1976, ou SASSEVILLE, J.-L. et JULIEN, P.-A. "Théorie de l'action et développement intégré". *Économie et société.* Août-octobre 1980.

(5)   DUMONT, F. *Pour un socialisme québécois.* Le Devoir, 30 septembre 1970, p. A-3.

- le développement d'un certain leadership politique et social, charismatique pour cette société, lequel a su assurer, orienter et dépasser cette phase critique pour conduire vers la définition d'un nouveau projet collectif commun;
- la participation du plus grand nombre à la construction de ce projet.

Ces six jugements de valeur peuvent évidemment être contestés, discutés, critiqués; leurs applications dans le scénario qui suit peuvent être remises en question. Mais c'est précisément le but de cette démarche prospective d'amener le lecteur à construire, à partir de ses propres critiques, de nouveaux projets de société plus souhaitables, préférables, et plus faisables, à "inventer" son ou ses propres scénarios.

Le présent scénario, dès le début, place le lecteur en l'an 2001, au moyen d'un communiqué de presse reprenant le préambule du discours du président du Québec, lors de l'accueil des délégués d'une association internationale des pays totalement ou partiellement francophones créée en 1991; ce communiqué sous-tend les grandes hypothèses qui expliquent ce scénario du Québec maximal et son aboutissement dans le cadre duquel se situe cette rencontre internationale.

Ces hypothèses sont:

a) La proclamation de la souveraineté du Québec avant 1988. Cette proclamation s'est effectuée après de longues et dures discussions; mais elle a été favorisée par la conjoncture économique internationale (la "crise" des matières premières et la création de plusieurs cartels de producteurs, ce qui a favorisé le Québec grâce à son hydro-électricité abondante, son amiante, son niobium, son titane ou son eau potable (pour les États américains assoiffés) et l'évolution politique (la régionalisation commencée d'abord en Espagne — avec la proclamation de l'autonomie des provinces basque, catalane et andalouse —, puis passée en France —, Bretagne, Corse —, en Italie — Sardaigne, Sicile, etc. —, et en Grande-Bretagne — Pays de Galle, Écosse, etc.).

b) L'établissement en parallèle d'une association économique (marché commun et union monétaire) privilégiée avec le reste du Canada.

c) La création, quelques années après, d'une communauté économique moins astreignante que la précédente, avec les États-Unis, et postérieurement, avec le Mexique. Ainsi la situation de la Communauté canadienne en 2001 dans cette communauté économique ressemble à celle du Bénélux dans la Communauté économique européenne des années 60.

214

d) Une situation de non-belligérance (du moins directe) entre les grandes puissances anciennes (comme les États-Unis et l'U.R.S.S.) ou nouvelles (la C.E.E., le Japon et la Chine). Celle-ci n'a cependant pas empêché ces puissances de s'affronter par pays interposés au Moyen-Orient, en Afrique méridionale, en Asie du Sud-Est ou en Amérique latine: le monde continue d'être constamment aux prises avec des guerres locales, et les vendeurs d'armes s'en donnent à coeur joie.

e) L'établissement graduel d'un nouvel ordre économique international entre les pays riches et ceux plus pauvres, permettant d'améliorer la justice dans le monde. Ce nouvel ordre a été obtenu grâce surtout aux pressions économiques et politiques de certains pays du Tiers-Monde (contrôlant les richesses naturelles indispensables aux pays riches), et à un certain chantage face aux grandes puissances. Notons cependant que l'entraide internationale a dû intervenir à plusieurs reprises pour venir en aide à certains pays particulièrement éprouvés par diverses catastrophes. De plus, le système de parrainage entre un pays riche et un pays du Tiers-Monde, favorisant des échanges privilégiés systématiques de biens, de technologie, d'hommes, de valeurs et de traditions, s'étend rapidement[6].

f) Le développement relativement original de l'économie québécoise (originalité partagée par de plus en plus de petits pays) est axé principalement:

- sur les économies de petites dimensions et en particulier sur des petites et moyennes entreprises;

- sur la créativité; l'esprit d'invention des Québécois est favorisé au maximum, non seulement pour introduire des biens et pour imaginer des services et des idées nouvelles exportables sur les marchés étrangers, mais également pour les mettre en valeur. Cette créativité a été stimulée par la mise sur pied de sept institutions ou organisations:

1° La création d'un réseau éducatif complémentaire, du genre du système Multi-média des années 60, à travers tout le Québec, destiné à stimuler l'esprit inventif des Québécois. Ce réseau diffuse des cours et favorise des échanges multiples à travers tout le Québec, à l'aide de la télévision bidirectionnelle (qui permet aux spectateurs de s'exprimer, de poser des questions, de recevoir des réponses, etc.), assure la distribution dans tous les foyers de la revue Québec-Science (qui est devenue hebdomadaire et qui fournit des in-

---

(6) JULIEN, P.-A. et SASSEVILLE, J.-L. "Vers un nouveau modèle de développement". *Cahiers de la fondation internationale pour un autre développement*, à paraître.

formations scientifiques vulgarisées sur les dernières découvertes au Québec et dans le monde), et enfin soutient les centaines de clubs scientifiques dans toutes les régions du Québec, clubs ouverts autant aux jeunes qu'aux moins jeunes.

2° La mise sur pied de cours et de programmes d'entrepreneurship dans les cégeps et les universités, favorisant l'éveil du dynamisme économique des jeunes et des moins jeunes entrepreneurs.

3° L'extension du Centre de recherche industrielle du Québec (le CRIQ) à toutes les régions, à partir d'une petite équipe de fonctionnaires chargés d'assurer la liaison entre les ressources en place dans les universités et les cégeps, et les besoins des entreprises. Ces comités de recherche régionaux constituent en quelque sorte le pendant scientifique des Sociétés de développement de l'entreprise québécoise régionales (les SODEQ), et ont à leur tête un conseil d'administration où siègent des dirigeants d'entreprises, des chercheurs et des fonctionnaires de la région.

4° L'engagement par l'État de dizaines de petites équipes de spécialistes (2 ou 3 personnes) qui parcourent le Québec en quête d'idées originales, pour favoriser le développement des idées "valables" et soutenir leurs auteurs dans leurs démarches auprès de "l'Office des brevets du Québec". Ce dernier se charge d'enregistrer les brevets, au besoin, sur le plan international.

5° L'extension et la simplification des procédures des programmes gouvernementaux d'aide à l'innovation dans les entreprises, et à l'application ou au développement des recherches effectuées par celles-ci.

6° La disparition des tarifs interurbains intérieurs (au début, en dehors des périodes de pointe seulement)[7] pour favoriser au maximum les communications entre tous les Québécois. Le Québec devient une société "branchée". Cette multiplication des échanges entre les Québécois favorise le développement du réseau d'information économique trop longtemps absent, du moins jusqu'aux années 60, et nécessaire pour soutenir l'activité économique[8].

---

(7) Cette politique est conforme à la théorie de Jules Dupuit. "De l'utilité et de sa mesure", paru en 1844. Voir à ce propos:

HAZLEWOOD, A. "Telephone Service". *Review of Economic Studies*. 1950-51, vol. 18, pp. 67-68.

(8) Le développement de ce réseau a été favorisé d'une part par le développement d'institutions financières nouvelles francophones dans les années 60 et 70 — telles la Caisse

7° Cet esprit d'invention dans les régions, non étranger au caractère de "pionniers" des Québécois[9], est favorisé par la décentralisation politique au Québec[10]. En effet, décentralisation veut dire "dé-bureaucratisation", "dé-standardisation", et stimulation à partir d'une certaine concurrence basée sur le fonctionnement original de différentes communautés régionales et locales. Cette décentralisation a été péniblement mise en branle à la fin des années 70 par le ministère d'État à l'Aménagement régional au niveau municipal [11], et a été appliquée graduellement aux secteurs scolaire et hospitalier; mais elle a été favorisée surtout par cette prise de conscience dans les régions, selon laquelle il faut compter avant tout sur ses propres moyens, sans attendre continuellement l'aide de l'extérieur. C'est ainsi que les régions font des efforts d'imagination pour répondre aux problèmes particuliers de leurs commettants, et encouragent tous les citoyens à en faire autant.

Suite de (8)

de dépôt et de placement, les Caisses d'entraide économique, les Sociétés de développement de l'entreprise québécoise (SODEQ) régionales —, et d'autre part par l'ouverture du "réseau" anglophone (autrefois fermé aux francophones) sous les coups de butoir de la loi 101. (En effet, la francisation des entreprises anglophones s'est faite en grande partie à l'aide de nouveaux cadres francophones, déjà bilingues).

Voir à propos de cette théorie du "réseau" d'information:

MIGUÉ, J.-L. "Le nationalisme québécois, le développement économique et la théorie économique de l'information". *Le système politique québécois* (E. Cloutier et D. Latouche, éd.). Montréal: Hurtubise-HMH, 1979, pp. 427-450.

L'auteur applique sa théorie en grande partie à la discrimination entre les travailleurs selon leur origine ethnique, soulignée à l'époque par le rapport de la Commission royale d'enquête sur le bilinguisme et le biculturalisme (*rapport Laurendeau*), présenté à Ottawa en 1966. Mais on peut facilement l'étendre aux liaisons entre les producteurs et les fournisseurs de capitaux, les autres fournisseurs, les distributeurs, les clients, les services aux entreprises, etc.

(9)   Voir à ce propos:

MORRISSONNEAU, C. *La terre promise: le mythe du Nord québécois.* Montréal: Hurtubise-HMH, 1978; résumé dans: "Ce peuple dit ingouvernable". *Le Devoir.* 6 mars 1980, p. 9.

(10) J. Schmookeler affirme que des changements sociaux, suscités par l'évolution politique, peuvent être la source d'activités créatrices économiques soutenues. Dans:

SCHMOOKELER, J. "Economic Sources of inventive activity". *Journal of Economic History.* Mars 1962, pp. 1-20.

(11) Voir la liste des documents intitulés: *La décentralisation: une perspective communautaire nouvelle.* Québec: Le secrétariat à l'aménagement et à la décentralisation du Conseil exécutif, 1978.

11.2 LE QUÉBEC EN 2001

Le 18 mai 2001, le Président du Québec souhaite la bienvenue aux représentants des 19 pays de la Communauté francophone internationale, réunis pour trois jours à Pointe-au-Pic.

«Le Québec est heureux de vous accueillir à cette réunion qui marquera une étape importante dans notre évolution commune. En effet, dans ces échanges privilégiés qui n'ont cessé de grandir depuis maintenant dix ans, nous avons décidé, lors de la dernière réunion annuelle tenue à Brazzaville, de mieux profiter non seulement de nos complémentarités, mais de nos différences qui sont à plusieurs points de vue gage de richesses et de dynamisme dans ce monde en train de se transformer autour de nous. Depuis lors, nos hauts fonctionnaires se sont réunis plus d'une fois et nous devons maintenant compléter les résultats de leurs travaux par de nouveaux accords.

Le Québec est d'autant plus fier d'être votre hôte pour célébrer ce dixième anniversaire et pour mettre au point cette nouvelle orientation de notre association, qu'il a parcouru lui-même un dur chemin depuis la proclamation de son indépendance, indépendance qui lui a permis non seulement de mieux préciser sa voie originale face à ses voisins anglo-saxons — auxquels il est lié de façon particulière, géographiquement et économiquement —, mais de l'établir sur des bases solides. Il est vrai que rien n'est définitivement assuré, et la nouvelle solidarité que nous sommes en train de bâtir nous aidera sûrement à mieux vaincre les obstacles.»

Tels sont les premiers mots que prononçait, le 18 mai dernier, le Président du Québec pour souhaiter la bienvenue aux représentants des 19 pays de la Communauté francophone internationale (C.F.I.), réunis pour trois jours à Pointe-au-Pic dans le but de mettre en place de nouvelles politiques d'échanges multiples entre eux. Rappelons que la C.F.I. a précédé la création depuis quelques années de diverses organisations internationales spécialisées, comme l'Organisation internationale pour l'exploitation des océans (O.I.E.O.), l'Assemblée internationale pour le développement du Quart-monde (A.I.D.Q.M.), etc., et s'est ajoutée à des associations régionales plus anciennes comme la Communauté économique européenne (C.E.E.), la Communauté des pays du Sahel (C.P.S.), etc.

Ce discours marque en quelque sorte toute la distance que le Québec a parcourue depuis la révolution tranquille de la première partie des années 60, l'entrée en scène du Parti québécois en 1968, et la proclamation de l'indépendance en 1988; en même temps, il rappelle la politique qu'il a dû suivre, d'une part pour affirmer cette souveraineté politique dans tous les champs de son développement, en comptant souvent sur l'appui des pays francophones face aux pressions politiques, culturelles et économiques du Canada et des États-Unis, et d'autre part pour bien situer son interdépendance économique avec le reste du Canada dans le cadre d'un marché commun et d'une union monétaire.

La société originale qu'est devenu le Québec peut être résumée en trois mots: échelle humaine, polyvalence et créativité.

Le Québec est devenu une société originale qui est...
une société à échelle plus humaine...

Sans être parvenu à une économie du type défini par l'économiste anglais (d'origine allemande) E.F. Schumacher — dans un petit livre qui fit grand bruit dans les années 70 —, et après plusieurs échecs de gigantisme — qu'on se souvienne de la catastrophe évitée de justesse à la centrale nucléaire de Three Miles Island en Pennsylvanie, de la rupture du grand barrage de Morvi en Inde qui a fait plus de 25 000 morts, ou encore de la faillite de la compagnie Chrysler —, le Québec a axé de plus en plus son développement économique sur les systèmes de petites dimensions. En premier lieu, il a favorisé celui-ci surtout à partir des petites et moyennes entreprises (certaines de ces entreprises, étant membres de systèmes transnationaux, tout en gardant leur autonomie sur le marché québécois) [12]. Il a décentralisé l'administration publique avec des conférences régionales de fonctionnaires (travaillant en inter-disciplinarité et possédant plusieurs pouvoirs de décisions), et "dé-réglementé" une foule de domaines. De plus, il a institué les municipalités régionales de comtés, qui émanent des municipalités urbaines et rurales des régions. Enfin, il a orienté le développement spatial autour de petites et moyennes villes, depuis que l'accroissement démographique du Québec s'est à nouveau accéléré sans qu'il ne profite qu'au Montréal métropolitain.

C'est ainsi que des P.M.E. de tous genres côtoient un réseau de

---

(12) C'est-à-dire établissaient certains liens, à des fins limitées, avec d'autres firmes dans différents pays. Par exemple M.L.W. Bombardier a construit le train "léger, rapide et confortable" (L.R.C.) avec Alcan et Dofasco, tout en conservant ailleurs son entière autonomie. Voir à ce propos:

PERMUTTER, H. L. "The Multinational firms and the future". *The Annals of the American Academy of Political and Social Science*. Sept. 1972, vol. 403, pp. 139-152.

coopératives fort dynamique, fonctionnant en parallèle avec une production artisanale (métiers d'art, etc.) de plus en plus importante, et dont une bonne part est exportée. Les entreprises multinationales qui ont vu leur importance décroître, particulièrement à la suite des mesures rigoureuses prises par l'Organisation écologique internationale (O.E.I.), ont décentralisé leur gestion, ce qui a amené beaucoup plus de souplesse dans leurs organisations tant au Québec qu'ailleurs. Les grandes entreprises d'État ont été fractionnées: par exemple, alors qu'il y a quinze ans presque tout le domaine de l'électricité relevait d'Hydro-Québec, aujourd'hui nous avons une entreprise productrice, une entreprise de génie spécialisée dans l'exportation d'expertise (en particulier dans les pays du Tiers-Monde), et une entreprise de distribution; à côté, on a créé une Société de recherche et d'exploitation des énergies nouvelles, qui non seulement soutient de multiples études dans le domaine, mais appuie des milliers d'initiatives individuelles ou de groupes. Bref, c'est la fin du règne de l'État centralisé et des grandes entreprises toutes-puissantes.

Une société polyvalente...

La polyvalence n'existe pas que dans l'économie. Ainsi, le phénomène culturel s'exprime autant par le théâtre classique ou nouvelle vague, la musique baroque ou "new wave", que par de nouvelles expériences inter-artistiques dans les centres culturels des plus grandes villes ou dans les quartiers. La mode est aussi multiforme que changeante, et l'habillement dit classique côtoie les excentricités. Diverses formes de religion ont vu le jour, et sur ce point, la tolérance est fort grande. Les administrations municipales ou scolaires sont souvent très différentes les unes des autres, selon les besoins. L'école même, en tant que système régi par des règles édictées par un ministère centralisé à Québec, n'existe plus; et les expériences à ce propos se multiplient sous le contrôle de comités locaux de parents, d'étudiants et de professionnels.

...et une société créatrice.

Enfin, le sens de l'innovation et de la créativité des Québécois sur lequel avait insisté une étude commanditée par l'OPDQ en 1977, a été mis en valeur et est devenu la source du dynamisme de notre société[13]. Cette créativité s'exprime particulièrement dans la technologie des communications sociales, laquelle représente le principal apport du Québec dans ses échanges avec les pays de la Communauté francophone. Elle a permis d'imaginer les institutions originales actuelles qui règlent nos rapports

---

(13) G.I.P.Q. *Prospective du système socio-économique québécois.* OPDQ, 1977, chapitre V.

avec le Canada et les États de la Nouvelle-Angleterre.

Bref, le visage du Québec a changé depuis vingt ans. L'économie et les formes de vie ont dû s'adapter, non sans difficultés, à un monde en mutation où les problèmes énergétiques n'ont pas encore été résolus[14] — malgré les politiques de conservation et l'exploitation de plus en plus généralisée des sources non conventionnelles [15] —, et où les ressources naturelles sont toujours rares — en dépit des nouveaux procédés de recyclage et d'exploitation des océans. Ses richesses naturelles sont convoitées par plusieurs, et il a dû faire certaines concessions face aux demandes de son puissant voisin du sud, mais sans cependant céder sur l'essentiel. En outre, son dynamisme socio-culturel lui permet d'être considéré par plusieurs pays de la même façon que l'était la Suède dans les années 70. Mais voyons maintenant, d'une façon synthétique, comment le Québec depuis quinze ans en est arrivé à devenir cette société originale.

11.2.1 La politique

A Une situation de non-guerre

La politique internationale a su difficilement faire face à la montée des tensions entre le bloc soviétique et le bloc asiatique, aux politiques agressives du Brésil, de l'Iran et de l'Indonésie qui menaçaient la paix mondiale. En particulier, le problème des Palestiniens a connu son dénouement avec la création d'une confédération Israël — Palestine (ex-Cisjordanie), à la suite de la rencontre historique Peres-Arafat en février 1983. Mais différents points chauds subsistent (Afrique du Sud, Chili, etc.).

B L'indépendance du Québec avec une association économique

Après un changement d'attitude d'Ottawa (et des autres provinces) suite à la réélection du Parti québécois en 1985, et à la victoire des forces du OUI (53,4% des suffrages exprimés) lors du deuxième référendum qui a suivi, les résultats des dures négociations qui ont été menées sont approuvés, et permettent la proclamation de l'indépendance avec association économique le 24 juin 1988. Les organismes pour l'Association connaissent un rodage difficile, mais finissent par fonctionner relativement

---

(14) Les espoirs ont cependant repris du côté de la fusion nucléaire, suite à la dernière découverte de l'I.R.E.P.-I.N.R.S.-Énergie; mais ceux-ci seront-ils encore déçus, comme après les échecs successifs dans la deuxième moitié des années 80?

(15) Surtout depuis qu'on a décidé d'utiliser le pétrole des sables d'Arthabaska et d'Arkansas presque uniquement pour les matières synthétiques comme les plastiques, la nourriture animale, les engrais, etc.

bien.

C Une planification générale et souple

Au début, le gouvernement du Québec intervient vigoureusement pour soutenir l'économie, assurer la transition du régime et donner un nouveau souffle à l'économie. Il instaure un plan souple et général, basé sur les objectifs dégagés lors du 5e "Sommet économique" tenu à l'automne 1986, et sur un scénario prospectif choisi à la suite de discussions réalisées dans tous les coins du Québec, afin de coordonner les efforts des partenaires économiques et sociaux.

D Le pouvoir régional

Néanmoins, la décentralisation administrative se poursuit, toujours dans le cadre de ce plan général. On crée des instances régionales qui réunissent présidents de conseils de comtés, maires et représentants élus directement. Des organismes de liaisons entre ces instances et les conférences de fonctionnaires régionaux sont établis. Les régions élaborent des plans de développement particuliers, qui sont intégrés au plan général. Le gouvernement permet une certaine péréquation des régions plus riches à celles plus pauvres. Mais les différences de services (choisis par les citoyens) suscitent certaines jalousies.

11.2.2 L'économie et le technologique

A Une situation difficile

Durant les premières années, la situation économique demeure difficile. Mais le déplacement vers l'ouest du centre de l'activité économique de l'union Québec-Canada tend à s'infléchir, alors que le pétrole conventionnel s'épuise rapidement, et que l'extraction du pétrole des sables bitumineux présente des problèmes énormes. De même, la structure industrielle du Québec se modernise, et ceci est facilité par la croissance des exportations du Québec: l'économie de l'Atlantique Nord se relève, le développement de l'Afrique s'accélère, l'économie de l'Amérique latine s'ouvre. Sur ces marchés, notre économie se défend de mieux en mieux, profitant notamment de nouveaux liens politiques avec plusieurs pays de ces continents.

B De nouveaux secteurs de dynamisme

Les investissements étrangers stagnent relativement (alors que les investisseurs américains diversifient géographiquement leurs interventions), excepté dans le domaine des richesses naturelles où l'État québécois, par l'intermédiaire de Soquem et de Soquip ou par ses réglementations, est cependant de plus en plus présent. Le dynamisme est repris par les P.M.E. (en particulier les moyennes entreprises), les entreprises d'État et le secteur coopératif (avant tout les Caisses d'entraide économique et la Société de développement Desjardins).

C *Plus d'autosuffisance*

L'industrie primaire

Sur le plan structurel, l'agriculture se défend bien, surtout depuis que le gouvernement encourage l'autosuffisance (contrôle des frontières extérieures, échanges négociés avec les partenaires canadiens) et protège les terres agricoles. Le secteur forestier continue à avoir beaucoup de difficultés à concurrencer les forêts des États du sud des États-Unis, de la Russie et du Brésil; le reboisement intensif des années 80 ne peut donner encore beaucoup de fruits.

D *Une plus grande transformation sur place*

L'industrie minière par contre est plus florissante et le minerai est de plus en plus tranformé au Québec, grâce aux nouvelles lois adoptées dans ce sens.

E *La structure secondaire évolue*

L'industrie secondaire

Les industries traditionnelles ont vu leur importance diminuer considérablement. Des industries de pointe (micro-processeurs, matériaux nouveaux, etc.) les ont cependant avantageusement remplacées. La compétition internationale demeure cependant très féroce.

Les firmes multinationales rencontrent des difficultés sur le marché international et se développent plus lentement. Le Québec, qui s'approvisionne difficilement en pétrole (pétrochimie), fait appel au gaz du golfe Saint-Laurent et de la côte du Labrador, et accélère le développement de son hydro-électricité, ce qui permet d'attirer des firmes friandes de cette énergie. En 2001, la puissance installée dépasse 70 000 mégawatts (avec les nouveaux barrages, non seulement sur les grandes mais aussi sur les petites rivières, et avec la nouvelle technologie augmentant fortement la capacité des plus vieux barrages), soit près du triple de ce qui existait en 1980; ceci a permis d'accélérer la conversion à l'énergie électrique des systèmes de transport en commun, du transport par chemins de fer et d'une bonne partie du transport privé.

F *D'autres espoirs*

D'autres secteurs, encore faibles il est vrai, se développent, en particulier pour la production de ''technologies adaptées''. L'artisanat demeure aussi très dynamique.

G *Le tertiaire est encore trop important*

Le secteur tertiaire

En particulier à cause de tous les services sociaux liés à la politique social-démocrate, le tertiaire des services est très important. Le tertiaire moteur traditionnel (haute finance, sièges sociaux) stagne; mais les groupes conseils et autres services de pointe prennent de plus en plus de place sur les marchés africain et latino-américain[16].

H *Une croissance entre 2,5% et 3,5%*

Cette situation occasionne une croissance économique relativement faible par rapport à la croissance des années 50 et 60. Malgré tout, elle se compare assez bien avec celle des voisins.

I *La "suédisation" au niveau social*

Par contre, la répartition des revenus, tant au niveau individuel que régional, s'améliore lentement grâce aux mesures social-démocratiques et à un système d'impôt plus progressif.

J *Un des leaders en "technologies douces"*

Le gouvernement met beaucoup d'espoir dans la créativité des Québécois, qu'il oriente vers les "technologies douces" ou pour les petits pays ou les petites sociétés. La R & D s'est spécialisée de plus en plus de ce côté et vers la fin des années 80, le Québec est devenu un "leader" dans ce domaine.

11.2.3 L'extérieur

A *De nouvelles exportations*

Cela permet de stimuler les exportations, en particulier avec les pays du Tiers-Monde (moins avec ceux du Quart-Monde). Ainsi, les premiers accords d'échanges de technologies douces et de "matières grises", signés avec l'Algérie et la Grèce en 1978 et 1979, se sont multipliés avec d'autres pays. De plus, le Québec participe selon ses moyens au nouvel ordre économique international.

---

(16) Ainsi, déjà en 1980, le Québec comptait deux grandes firmes d'ingénieurs-conseils, S.N.C. et LAVALIN, faisant partie des dix plus grandes firmes de ce genre dans le monde.

B *Les exportations traditionnelles diminuent. Les minéraux semi-transformés se vendent bien*

Les exportations de produits de consommation (vêtement, cuir...) vers leur marché traditionnel, le Canada, ont diminué à cause d'une concurrence très vive des pays du Tiers-Monde et des États-Unis, suite dans ce dernier cas à la création d'un marché commun limité à la fin des années 80. La transformation sur place a ralenti les exportations en volume (non en valeur) des minéraux traditionnels (fer, cuivre, amiante). Mais beaucoup d'espoirs sont permis à cause de la rareté croissante des matières premières: la conservation de nos réserves va-t-elle enfin nous profiter?

C *Bref, plus d'autonomie*

Bref, en 2001, l'économie québécoise est d'une part beaucoup plus autonome qu'en 1980, et d'autre part différemment orientée sur le marché international.

D *Les États-Unis sont encore très présents; mais leur influence mondiale diminue*

Par contre, les influences étrangères ne sont pas disparues. Les États-Unis en particulier continuent à peser lourd sur les politiques économiques du gouvernement et sur l'exploitation des matières premières. Ainsi, en 1992, nous avons été "obligés" d'accepter l'installation d'un dépôt de "déchets nucléaires" sur le lac Attikawagen, au nord de Schefferville. De même, nous n'avons pu tirer à partir de nos lacs et rivières du Nord (un pipe-line spécial a été construit en 1994) tous les avantages possibles de l'exportation d'eau potable pour alimenter les villes de l'Est américain. Mais cette influence est quand même moins importante qu'en 1980, en particulier sur le plan culturel. Et cela n'empêche pas le Québec d'avoir créé des liens de plus en plus forts avec plusieurs pays francophones et latino-américains.

11.2.4 Les valeurs

A *La social-démocratie*

Tous ces changements ont été favorisés par l'évolution du système des valeurs et le développement de l'idéologie social-démocrate ou d'un certain socialisme québécois, surtout depuis que le problème national a été en grande partie "réglé".

B *Plus sociale*

Les valeurs sociales en particulier ont vu leur importance augmenter aux dépens des valeurs individuelles. Les Québécois se sentent fortement "communautaires".

C Et plus démocrate

Ce mouvement a été encouragé par la prise en main par les groupes des moyens de communication (qui ont été rapidement développés). Par exemple, dans toutes les régions existent des systèmes de télévision communautaire bidirectionnelle qui sont très utilisés.

D Une culture exubérante

Une valeur que les communications véhiculent est la "nouvelle culture" québécoise, très libérée, exubérante, fraternelle. Le théâtre, le cinéma, la musique, la chanson sont fortement imprégnés de l'enthousiasme tiré d'une dignité retrouvée.

E L'éducation devenue quasi-permanente est plus humaniste

Le "nouvelle culture" est favorisée par les réformes en éducation, soit l'avènement d'une éducation quasi-permanente pour tous, plus humaniste, utilisant différents médias multiformes.

F Une critique de la société de consommation

Sur le plan de la consommation, les critiques de la surconsommation, qui s'étaient accentuées dans le monde et au Québec en particulier au début des années 1980, sont devenues de plus en plus vives et ont amené la remise en question de cette forme de vie. Aussi le ralentissement de la croissance économique n'est pas nécessairement mal vu, et est même favorisé par ces critiques.

G Le syndicalisme est fort

Dans cette évolution rapide des idées, les syndicats jouent un rôle clef. Ils ont réussi relativement bien à refaire leur image. Ils collaborent beaucoup plus avec le gouvernement, tout en constituant un fer de lance pour de nouvelles idées, en particulier pour accélérer la réforme de l'entreprise. Les fédérations sont fortes, elles représentent de plus en plus d'employés, en particulier dans les P.M.E. (ce qui atténue le radicalisme syndical), mais demeurent décentralisées; les syndicats locaux sont très jaloux de leur autonomie[17]. Mais les grèves sont encore trop fréquentes; on n'a pas encore réussi à s'entendre sur des mécanismes permanents de négociation à la façon des Suédois ou des Hollandais.

---

(17) La syndicalisation des P.M.E. et la décentralisation syndicale empêchent, d'une part le retour à l'exploitation des travailleurs à l'image du capitalisme du XIXᵉ siècle, et d'autre part un trop grand écart de pouvoirs qui aurait pu exister entre de petites firmes et de très grands syndicats. Ajoutons que les fédérations syndicales québécoises sont affiliées à des syndicats internationaux.

H Les groupes religieux sont vigoureux

Le phénomène religieux est vigoureux mais très polyvalent, allant des mouvements charismatiques ou "bouddhistes" à des groupes beaucoup plus traditionalistes. Mais la tolérance est grande.

I Les femmes sont "libérées"

Les femmes sont de plus en plus présentes autant dans les systèmes économiques que politiques. Ainsi, le premier ministre actuel du Québec est une femme.

J Les personnes âgées sont mieux intégrées

La population qui a vieilli (malgré une reprise du taux de fécondité surtout à partir de 1985, et une immigration adaptée à nos besoins) a été longtemps aux prises avec le problème des personnes âgées; mais ce problème s'est atténué par une meilleure intégration de celles-ci dans leur famille ou leur prise en charge par de petites communautés ou des familles d'accueil (système de parrainage, etc.).

K La participation est considérable

Bref, la participation est importante; de plus en plus de Québécois se sentent impliqués et interviennent dans tous les domaines.

11.2.5 L'aménagement du territoire

A Des comités de quartiers

La participation va jusqu'à la création de comités de quartiers dans la plupart des villes importantes.

B Un développement urbain contrôlé

La ville tend à prendre un visage plus humain, surtout depuis que les sols ont été municipalisés et que des plans directeurs d'urbanisme, approuvés par les citoyens, ont mis un frein au développement sauvage.

C L'urbanisation s'est ralentie

Cette tendance a été facilitée, d'une part par le ralentissement de l'urbanisation et surtout de la "métropolisation" et, d'autre part par la crise de l'énergie qui a affecté considérablement la circulation dans les villes.

D La décentralisation

Les petites villes et les villages survivent de mieux en mieux, et retiennent leur population autour des P.M.E., des coopératives ou des centres d'artisanat dynamiques.

E *Nouvelles habitations*

De nouvelles habitations basées sur des systèmes modulaires, préfabriquées, mieux isolées et insonorisées, regroupées selon des formes multiples (petits condominiums, triplex, etc.), utilisant des nouveaux matériaux comme le plastique, allient économie d'énergie, besoins d'intimité et besoins de vie sociale.

F *La gratuité du transport urbain*

Le transport urbain est devenu gratuit. Les centres urbains sont fermés à l'automobile. La bicyclette est devenue un moyen de transport courant quand la température le permet. En outre, les déplacements sur grandes distances ont diminué. Les moyens de communication électroniques sont fortement utilisés.

G *Un retour aux régions périphériques*

Depuis que l'État et les systèmes de communication pourvoient mieux à leurs besoins, les personnes âgées retournent dans leur région natale, où de petites communautés de jeunes ou de moins jeunes fleurissent partout. Cela stimule l'économie de ces régions et retient la population sur place.

11.2.6 L'environnement

A *Le pollueur est fortement taxé*

L'État a développé un système de taxes progressives pour les pollueurs (air, eau, bruit), tout en ayant mis sur pied un programme très vigoureux de dépollution. En 1995, le Saint-Laurent est devenu définitivement propice à la baignade et aux autres sports aquatiques; la pêche sportive et industrielle y est florissante (on fait même de l'aquaculture à grande ou petite échelle dans plusieurs coins du fleuve).

B *Bref, la qualité de la vie a augmenté*

La lutte contre la pollution, pour la conservation des vieux bâtiments ou des places, et pour la multiplication de petits parcs et de lieux de rencontre a amélioré la vie sociale et surtout la qualité de la vie.

11.3 LES LIMITES DU SCÉNARIO

Ce scénario peut paraître trop rose, trop facile. En fait, il constitue beaucoup plus l'aboutissement d'un futur volontaire que la description du cheminement pour s'y rendre. Il suppose que malgré tous les obstacles, la société québécoise a réussi à tirer son épingle du jeu dans un monde en profondes transformations.

Il existe pourtant trois obstacles majeurs qui permettent de douter que ce scénario puisse aboutir tel quel dans vingt ou vingt-cinq ans:

11.3.1 L'obstacle politique

Les dures négociations en cours sur la réforme de la constitution, de même que la réélection ou non du Parti québécois sont des variables fondamentales qui président au degré d'autonomie qu'atteindra le Québec dans les cinq ou les dix prochaines années, lui permettant d'orienter son développement selon les véritables besoins du peuple québécois. En particulier du point de vue économique, seuls des pouvoirs économiques accrus du gouvernement du Québec permettront de développer des stratégies susceptibles de contrebalancer cette tendance de l'économie canadienne (et américaine), à se déplacer vers l'Ouest (vers le Sud-Ouest, dans le cas des États-Unis) avec tous les investissements et les emplois que cela implique.

11.3.2 L'obstacle économique

Ces pouvoirs accrus, s'ils étaient obtenus, devraient s'appuyer sur un fort dynamisme de l'économie autochtone. Comme on l'a déjà mentionné, les investissements canadiens comme les investissements américains se font de plus en plus à l'Ouest, ou dans d'autres pays où la population leur assure un marché local très intéressant. Le Québec est loin de ces grands marchés, et l'entrepreneurship québécois a été longtemps mal orienté. La compétition internationale pour les nouveaux produits et les nouvelles productions est déjà très féroce; il n'est pas assuré que le Québec et ses entrepreneurs puissent relever le défi, suffisamment et à temps, pour s'affirmer sur ces marchés. Il y a beaucoup d'indices positifs en ce sens, mais il reste encore énormément à faire.

11.3.3 L'obstacle social

On l'a déjà dit, il n'existe plus de véritable consensus social au Québec depuis la révolution tranquille. Il y a les traditionalistes en mal de l'''ordre passé'', il y a les fils du changement. Il y a ceux qui prônent l'américanisation ou qui défendent la société de consommation nord-américaine, et ceux qui rêvent d'une nouvelle société ou qui du moins critiquent fortement la société actuelle. Pour se réaliser, un scénario comme nous venons de le décrire a besoin de l'appui du maximum des forces de la nation, ce qui n'est pas du tout acquis. Les conditions que nous avons esquissées dans le sixième jugement de valeur du début seront très difficiles à obtenir; mais elles demeurent toujours possibles.

La prospective a pour objet le présent, ou plus précisément les décisions présentes ou prochaines. En d'autres mots, ce dernier scénario ne vaut que pour le présent, c'est-à-dire pour orienter et rendre cohérent l'ensemble des décisions actuelles qui bâtiront notre futur. Celles-ci pourront être prises afin de maximiser la possibilité qu'un tel scénario, ou quelque chose de proche, se réalise. Sinon, elles aideront à la réalisation d'un autre scénario, qu'on le veuille ou non. Bref, c'est nous qui construisons, du moins en bonne partie, notre futur; il s'agit de savoir quel futur!

CHAPITRE **12**

UN QUÉBEC DE POINTE

12.1 PRÉAMBULE

Ce chapitre présente un scénario d'anticipation. L'image qui y est donnée du Québec en l'an 2001 est possible mais elle n'est pas nécessairement probable. Tout dépendra de la volonté collective des Québécois et des autres Canadiens, ainsi que des événements extérieurs.

Selon cette "vue en rose", ce "rêve en couleurs", le Québec est devenu largement industrialisé, avec un secteur manufacturier des plus dynamiques, grâce à une stratégie industrielle fondée sur l'innovation technologique et commerciale, et à un fort accent mis sur l'exportation de biens et de services. C'est un scénario de l'innovation, ni plus ni moins.

On tient pour acquis que le gouvernement du Québec a depuis longtemps opté pour une politique économique axée sur le développement de la capacité technologique des Québécois, et qu'en l'an 2001, cette politique astucieuse a amélioré considérablement la structure industrielle du Québec. L'économie s'en est trouvée de beaucoup renforcée: un grand nombre d'emplois rémunérateurs ont été créés et le niveau de vie des citoyens s'est considérablement accru. Cependant, cette croissance technologique s'est effectuée parallèlement au développement des grands objectifs sociaux du Québec.

On suppose dans ce scénario que toutes sortes d'avenues technologiques sont ouvertes. On tient également pour acquis que la rationalisation des choix techno-économiques a été guidée par de grands objectifs clairement énoncés par le gouvernement après une large consultation, et que des ressources suffisantes ont été prélevées ailleurs dans le système, afin d'assurer le développement accéléré de certaines technologies judicieusement choisies. On suppose enfin qu'une concertation efficace entre les principaux agents économiques a marqué la période 1985-2001.

Les deux éléments moteurs de ce scénario prospectif sont la *technologie* et les *valeurs*. Ces deux éléments se copénètrent et doivent être harmonisés entre eux.

231

12.1.1 Jugements de valeur

L'arbre normatif de ce scénario exige les choix axiologiques suivants:

1. La technologie est une importante denrée commerciale. Elle peut être un précieux moyen d'affranchissement économique, ou elle peut perpétuer la servitude, la dépendance. Elle peut rapporter beaucoup à ceux qui la produisent, mais elle coûte cher. Toutefois, elle coûte encore plus cher à ceux qui doivent l'acheter. De plus, ces derniers sont à la merci des producteurs de technologies qui dictent non seulement le prix, mais également ce qu'ils veulent bien vendre et quand ils vendront, de sorte que la servitude se perpétue.

2. La technologie peut être un instrument majeur de développement économique. Il s'agit de la créer ou de l'acquérir. Pour savoir quoi créer ou acheter, il faut au départ avoir une excellente base scientifique et technologique, ainsi qu'une connaissance approfondie des marchés et des activités industrielles qui ont cours ailleurs.

3. Il est possible d'assurer au Québec la maîtrise technologique dans un certain nombre de secteurs de pointe. Toutefois, et c'est là un des principaux problèmes, ces secteurs doivent être judicieusement choisis car le Québec ne peut exceller dans tous les domaines. Ses ressources humaines et matérielles sont limitées et son marché intérieur est assez restreint. Il faut choisir ces secteurs non seulement en fonction du présent et des contraintes qui affectent le système, mais aussi en fonction de l'avenir prévisible. Pour ce faire, il faut inventer une série de scénarios techno-économiques, dégager les événements possibles les plus souhaitables, et arrêter une stratégie en conséquence.

4. Cette maîtrise technologique nécessite une véritable concertation des principaux agents économiques, ainsi qu'une définition claire, par l'État, des principaux objectifs visés. Le Québec a suffisamment d'atouts pour avoir une économie beaucoup plus prospère, mais la principale condition réside dans une coopération plus efficace entre les principaux agents: gouvernement, patronat, syndicats, monde de la finance, maisons d'enseignement et centres de recherche. La réussite du présent scénario exige, entre autres, que le patronat des grandes entreprises coopère étroitement avec le gouvernement québécois dans la poursuite de ces grands objectifs collectifs. Il nécessite également que l'appareil gouvernemental soit plus cohérent qu'il ne l'est aujourd'hui et qu'il ne se substitue pas au secteur privé. Le rôle de l'État consiste en effet à stimuler la croissance économique et à coordonner le changement technique, et non à produire la technologie.

5. Cette maîtrise technologique doit surtout viser une productivité accrue et une plus grande concentration de l'industrie manufacturière, ainsi que l'introduction de nouvelles technologies dans le secteur des biens et services, afin d'en augmenter l'efficacité et d'en réduire les coûts. Il est donc urgent de développer au Québec une éthique du travail, de valoriser dans l'esprit des gens les notions de productivité, de technique et de labeur, ce qui ne s'oppose pas nécessairement à la poursuite d'objectifs de justice sociale.

6. Cette maîtrise technologique et cet effort collectif vers l'innovation industrielle doivent permettre de recapturer des marchés internes et de conquérir des marchés d'exportation, grâce à des produits de haute qualité, durables et fiables, fabriqués à prix compétitifs.

7. Une autre prémisse, qui n'est pas nécessairement contradictoire, est que les Québécois tiennent autant à leur bien-être matériel qu'à leur culture et aux autres héritages naturels. Ils ne veulent pas sacrifier l'un à l'autre et vice versa.

8. Enfin, ils veulent être "maîtres chez eux". Ils sont résolus à bâtir leur pays, mais pas nécessairement dans le cadre du pacte confédératif actuel.

12.1.2 Caractéristiques du scénario

Il s'agit essentiellement d'un scénario d'industrialisation optimale (non nécessairement maximale), axé sur une croissance économique accélérée et un maximum de retombées sur le Québec. Son fondement est celui d'une maîtrise technologique dans plusieurs secteurs de pointe, constamment alimentée par une forte activité de recherche-développement, et une politique gouvernementale qui favorise la créativité, l'entrepreneurship technologique et l'innovation industrielle.

Le nouveau diktat est celui de la productivité et d'une conquête de marchés d'exportation. Son corollaire est que l'augmentation de la richesse collective qui en résulte permet une meilleure justice sociale, une meilleure distribution des avantages sociaux.

Ce scénario privilégie la progression des tendances lourdes mentionnées dans le chapitre 3 de cet ouvrage, mais avec plusieurs inflexions de ces tendances. Il se distingue du scénario *tendanciel* du chapitre 10, en ce sens qu'il est normatif et donc *volontariste*. Comparativement au scénario du "Québec maximal" élaboré dans le chapitre 11, le présent scénario est beaucoup moins interventionniste et politique, tout en étant beaucoup plus axé sur des technologies de toutes dimensions.

L'image suivante du Québec en l'an 2001 pourra paraître assez vraisemblable à certains, farfelue à d'autres. Le problème n'est pas de satisfaire les uns ou les autres, mais de se libérer des contraintes et des préjugés actuels, et d'élaborer une fresque de situations possibles, un panorama du futur qui soit assez cohérent et instructif. De ce futur imaginaire, le lecteur se sentira bien libre d'extraire ce qui lui plaira. De même, le décideur en tirera les leçons qui s'appliquent au présent—ce passé de l'avenir. Si certains événements décrits dans ce scénario paraissent souhaitables, mieux vaut alors harmoniser les décisions actuelles afin d'augmenter la probabilité de leur apparition. Cette prospection d'un futur possible permettra, espérons-le, d'affiner nos instruments de planification stratégique à long terme—en somme de mieux nous préparer à l'avenir en favorisant une prise de décisions plus éclairée.

Ajoutons également que les sommes mentionnées dans ce chapitre sont en dollars constants de 1980.

12.2 LE QUÉBEC EN 2001

12.2.1 Le contexte politique

Le Parti québécois est resté difficilement au pouvoir, et a dû abandonner son projet de souveraineté-association et ses velléités d'indépendance. Le Parti travailliste est le principal parti d'opposition. Le Parti écologique s'oppose aux grands projets d'industrialisation.

Après avoir remporté les élections de 1981 et 1985, le Parti québécois a dû abandonner ses velléités d'indépendance. À la fin des années 80, il s'est fusionné au Parti libéral, constituant ainsi un parti de centre, le Parti social-libéral; le but de cette fusion était de faire front commun contre Ottawa d'une part, et de contrer l'émergence rapide du Parti travailliste—qui constitue maintenant le principal parti d'opposition—, d'autre part. Les cols blancs, très nombreux, et les jeunes adhèrent de plus en plus au Parti écologique, lequel regroupe également des forces de gauche qui s'opposent aux grands projets d'industrialisation que le gouvernement a annoncés dans son 2e Plan quinquennal en 1995.

Le Parti social-libéral a de solides appuis et garde le pouvoir.

Toutefois, à cause de son acquis et de l'excellence de son réseau moderne de communications, le Parti social-libéral garde la confiance de l'électorat. Il est d'ailleurs solidement appuyé par les technostructures publiques et privées, car la gestion des affaires de l'État est devenue très complexe. Le quart des membres de l'Assemblée nationale détiennent des PhD, mais ceci ne les empêche pas de commettre des bourdes.

L'Assemblée nationale devient un centre de télécom-

munications.

Grâce au réseau de télécommunications installé au Parlement, les députés peuvent voir sur écran cathodique les résultats des sondages scientifiques menés hebdomadairement auprès de leurs électeurs respectifs, de sorte que les grandes questions de l'heure sont débattues très largement, et les votes pris à l'Assemblée nationale reflètent beaucoup plus fidèlement que par le passé l'opinion des diverses couches de la population.

Les députés sont en étroite liaison avec leurs électeurs.

Pour établir un meilleur consensus, les députés doivent retourner souvent dans leur comté afin d'expliquer les problèmes débattus à l'Assemblée. La participation de la population à la vie démocratique s'en trouve nettement améliorée.

Les provinces réclament maintenant un réaménagement politique global pour le Canada.

À la suite des échecs répétés de l'option indépendance impliquant une entente économique avec le reste du Canada, le présent gouvernement québécois s'est rallié aux autres gouvernements provinciaux, afin d'obtenir du pouvoir fédéral un réaménagement considérable des juridictions respectives.

La constitution canadienne a été rapatriée et une formule acceptable d'amendements à cette constitution a été conclue.

La constitution canadienne ayant été rapatriée en 1981, et la formule d'amendements à cette constitution ayant été finalement conclue en 1983, on a assisté pendant plus de dix ans à de rudes débats sur une nouvelle répartition des frontières à l'intérieur du Canada (voir carte 12.1).

Le nouveau découpage politique du Canada comprend cinq états semi-autonomes, de force économique à peu près égale.

Ces négociations ont abouti en un découpage du Canada en cinq états semi-autonomes, sous l'autorité d'un pouvoir confédéral très amoindri par rapport à ce qu'il était en 1980, et dont les revenus proviennent en grande partie de l'exploitation du pétrole et du gaz naturel des îles de l'Arctique. Ces revenus servent à défrayer les services fédéraux essentiels ainsi que l'infrastructure du marché commun canadien.

Le Québec n'a pas de statut spécial. Ce changement fondamental a été favorisé dans toutes les parties du pays. Il s'agit d'une vision "nouvelle frontière". Le marché commun Canada — États-Unis favorise les échanges commerciaux nord-sud. Le Québec demeure un état résolument francophone.

Dans ce contexte, le Québec est devenu un état semi-souverain, mais au même titre que les autres, sans statut politique particulier.

Les partisans de ce changement fondamental à la constitution canadienne ont été recrutés en grand nombre dans toutes les parties du pays. Leur régionalisme évoque les revendications tant soit peu belliqueuses du premier ministre Lougheed quant à l'appropriation des revenus pétroliers de l'Alberta en 1980, et celles du Premier ministre du Québec en 1989, à propos des revenus de ventes d'hydro-électricité outre-frontière. Ces avocats fort nombreux du "nouveau Canada" — de la "nouvelle frontière" — ont démontré qu'avec les importantes exploitations de pétrole et de gaz naturel au large du nouvel état d'Atlantica, et l'exploitation téléguidée des galettes nickélifères et chromifères des fonds marins au large de la Colombie-Canadienne (le nom de cette province a perdu sa connotation "britannique" en 1988), chacun de ces états a sensiblement la même force économique. Déjà, leurs échanges commerciaux

CARTE 12.1: Un nouveau découpage du Canada

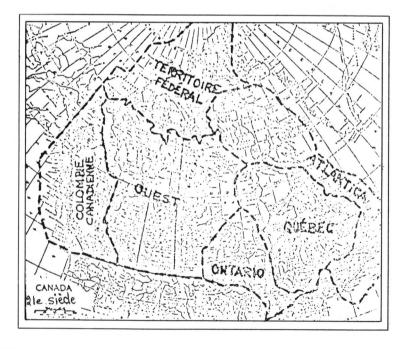

se sont accélérés vers le sud, à l'encontre de l'est et de l'ouest, car le Canada fait maintenant partie d'un marché commun avec les États-Unis. Le Québec se distingue néanmoins des autres états canadiens; en effet il demeure francophone alors que tous les autres sont presque exclusivement anglophones, y compris l'ancien Nouveau-Brunswick qui a vu émigrer beaucoup de ses francophones au Québec, sous l'attrait de généreux programmes d'assistance financière fournis par le gouvernement du Québec et des nouvelles poussées industrielles qui se manifestent, en particulier en Gaspésie et sur la Côte-Nord.

Une importante entente économique a été conclue avec Terre-Neuve.

En 1996, le Québec a réussi à conclure une entente avec Terre-Neuve, au sujet de l'aménagement hydro-électrique, au Labrador, des bassins-versants des rivières de la Côte-Nord, et de ses approvisionnements accrus en électricité aux chutes Churchill. En retour, Terre-Neuve trouve au Québec de grands débouchés pour son pétrole et son gaz naturel, ainsi que d'importants marchés pour sa grande industrie de mariculture.

Les liens entre le Québec et l'Ontario sont devenus très étroits.

Les liens entre le Québec et l'Ontario sont également très étroits maintenant, en vertu de la complémentarité de leur économie particulière, alimentée par l'hydro-électricité et l'électronucléaire respectivement. Les échanges culturels sont particulièrement nombreux, surtout depuis l'avènement des télécommunications par fibre optique et l'inauguration d'un train ultra-rapide entre Montréal et Toronto.

12.2.2 L'évolution sociale

Les citoyens vivent beaucoup plus à l'unisson et participent activement à la prise de décision dans les affaires publiques.

Grâce à la croissance spectaculaire des technologies de télécommunication et à la généralisation de la "démocratie participative", les citoyens vivent beaucoup d'expériences sociales en commun. Le milieu est loin d'être idyllique, mais les individus communiquent beaucoup plus entre eux. Les comités de citoyens foisonnent et influencent notablement la prise de décision dans les affaires publiques. Toute décision majeure de l'État est d'ailleurs précédée d'une campagne d'information publique et d'un sondage scientifique d'opinion par voie électronique.

L'administration publique est plus cohérente. Ses rouages s'inspirent du génie des systèmes. La planifica-

tion stratégique à long terme est orientée vers le développement social et la croissance économique.

Les administrateurs de la chose publique se sont adjoint des spécialistes du génie des systèmes, de sorte que l'appareil gouvernemental est beaucoup plus cohérent que dans le passé. L'accent est mis sur la portée sociale des décisions, mais dans une perspective de croissance économique soutenue et selon une approche planifiée. La planification stratégique à long terme adoptée par le gouvernement recherche le développement social, la formation continue des adultes et le recyclage de la main-d'oeuvre, afin de remédier au chômage frictionnel qu'engendre le changement technique. Cette planification s'incarne aussi dans une stratégie de développement technologique à long terme, qui vise à optimiser les ressources humaines et matérielles du Québec. Dans cette optique, les politiciens commencent à voir l'importance d'une très longue échéance. L'Institut québécois de prospective, un organisme interdisciplinaire comprenant plus de 200 chercheurs chevronnés, les aide beaucoup en ce sens.

La semaine de travail est plus courte, ce qui laisse beaucoup de temps pour les loisirs et les activités personnelles de formation continue.

La semaine normale de travail n'est plus que de 30 heures, grâce à l'automatisation des procédés de fabrication et à l'informatisation de l'économie. Les gens ont une vie de plus en plus intellectuelle. Plus de 70% des employés du secteur des services sont engagés pour la cueillette, le stockage, la transformation et la diffusion de l'information sous toutes ses formes. Les gens bénéficient de beaucoup de loisirs qu'ils occupent à voyager, à lire et à nombre d'activités personnelles de perfectionnement qui les rendent plus aptes à occuper des postes de plus en plus rémunérateurs.

Le niveau de vie des Québécois est un des plus élevés au monde.

Le niveau de vie des Québécois demeure l'un des plus élevés au monde, grâce à la haute productivité des travailleurs et aux forts volumes de matières et de produits exportés un peu partout, notamment en direction des pays d'Amérique latine.

Les spécialistes reconnaissent que la qualité de la vie au Québec est très élevée. Les gens ont une vie de plus en plus intellectuelle.

Lors du dernier Congrès international de sociologie qui s'est tenu à

Montréal en juillet 1998 et qui regroupait 23 000 spécialistes de 140 pays, les congressistes ont reconnu que la qualité de la vie au Québec était exceptionnellement élevée. Il en fut de même à la ''Latino-fête'' qui s'est déroulée à Québec en juin 1997, et qui réunissait pas moins de 15 000 jeunes venus d'Europe, d'Afrique et d'Amérique latine. Cette qualité de la vie est due à la fois au niveau élevé d'industrialisation du Québec, à l'intense activité intellectuelle et artistique qui y règne, au succès des mesures de préservation du milieu, ainsi qu'à la ''joie de vivre'' et au ''goût du travail'' des Québécois.

> L'Opéra du Québec est très populaire, mais c'est surtout l'industrie cinématographique québécoise qui s'est révélée particulièrement innovatrice. En outre, les chansonniers québécois demeurent en grande demande.

L'Opéra du Québec attire des foules considérables, et en période de relâche il entreprend régulièrement des tournées en Europe et en Amérique latine. Les chansonniers québécois continuent d'être très en demande au Canada et à l'étranger, quoique ce soit surtout dans le domaine du cinéma que les artistes québécois se sont fait valoir durant la dernière décennie. Le programme gouvernemental de subventions à l'industrie du film dans les années 80 s'est révélé un franc succès, d'autant qu'il a permis à des chercheurs québécois de mettre au point récemment un nouveau concept de cinéma à trois dimensions, avec simulation du mouvement et même des odeurs.

> La religion reprend peu à peu son importance, mais sous des formes non traditionnelles.

Les églises traditionnelles ont perdu beaucoup de leurs adeptes. Le mouvement charismatique est très répandu, mais ce sont surtout les sectes ''contemplatives'' qui ont la faveur des jeunes. On assiste graduellement à un renouveau spirituel, qui est rendu plus facile par la traduction automatique sur ordinateur de textes provenant de diverses religions. Il existe même des ''kibboutz'' de type québécois dans les Cantons de l'Est et en Gaspésie, où les jeunes vivent de travaux manuels et de prières. Les gens de l'âge d'or quant à eux vont se ressourcer spirituellement en Haïti, où ils aident beaucoup à soulager la misère humaine qui continue d'y sévir. Chaque année ils y apportent plusieurs tonnes de vêtements, de médicaments et d'aliments. Le tiers-ordre franciscain d'autrefois est devenu l'Ordre du Tiers-Monde et, chaque année, plus de 500 apôtres laïcs québécois vont travailler à Mexico, qui compte maintenant 36 millions d'habitants, dont 3 millions vivent dans la pauvreté la plus totale.

La dimension physique de l'activité humaine est valorisée.

Tout en ayant une vie intellectuelle, les Québécois sont devenus très sensibilisés à l'importance de l'activité physique et aux plaisirs des sports. Depuis que les Jeux olympiques ont été sectorialisés et répartis à tous les quatre ans entre Montréal et cinq autres grandes cités du monde, les Québécois peuvent admirer sur place les meilleurs athlètes—ce qui incite d'autant plus les jeunes à s'adonner au sport. Les Jeux du Québec continuent à stimuler la participation, surtout depuis la mise en vigueur du plan d'équipements sportifs, adopté en 1989. En plus des clubs aérobiques dans chaque quartier, on compte une multitude de clubs sportifs à la fois pour les jeunes et les moins jeunes.

L'exercice physique est inclus dans les horaires de travail.

Les écoliers et les étudiants ont une heure d'activité physique par jour. Plusieurs services gouvernementaux et entreprises industrielles ont emboîté le pas et permettent à leurs employés une heure d'exercice par jour, durant les heures normales de travail. La productivité totale de ces employés ne s'en trouve qu'améliorée.

Les handicapés physiques ne sont pas laissés pour compte.

Grâce aux innovations technologiques introduites par des chercheurs québécois dans le domaine de la biomécanique et des biomatériaux, les handicapés physiques sont maintenant en mesure d'occuper un grand nombre de fonctions de travail, de meubler leurs loisirs et de s'adonner au sport. De ces initiatives est née une petite industrie de haute technologie fort prospère, qui exporte maintenant ses nouveaux produits dans divers pays, pour un total de $100 millions par année.

La population québécoise a considérablement vieilli.

De très faible qu'il était en 1980, le taux de fécondité a augmenté au Québec depuis 1990. Mais c'est surtout à cause d'une vigoureuse politique d'immigration sélective que le Québec compte maintenant plus de 8 millions d'habitants. Tous les nouveaux arrivants s'intègrent progressivement au milieu francophone. Beaucoup d'entre eux proviennent de pays surpeuplés d'Amérique latine. Mais en dépit de cette immigration, la population québécoise est considérablement plus "vieille" qu'elle ne l'était en 1980.

*Encore plus de femmes entrent sur le marché du travail,
notamment dans l'industrie manufacturière.*

N'eût été les apports de l'immigration, la population active des 15-40 ans serait identique à ce qu'elle était il y a 20 ans, ce qui n'est pas sans nécessiter une entrée encore plus forte des femmes sur le marché du travail — notamment dans l'industrie manufacturière — et justifier une automatisation de beaucoup de tâches de production. D'autre part, le nombre des personnes de 60 ans et plus a doublé depuis 1980, ce qui requiert une nouvelle approche à ce problème, avec un accent accru sur les soins aux personnes âgées et une vision innovatrice pour occuper ces personnes de façon satisfaisante.

*Les changements sociologiques fournissent néanmoins
des marchés pour d'importantes innovations technologiques québécoises.*

Ce changement social est d'ailleurs à la source d'importantes innovations technologiques au Québec, y compris le travail à domicile rendu possible par le système Vidéotex (télidon), inventé à la fin des années 70 par des chercheurs canadiens. C'est ainsi que le Centre québécois d'innovation industrielle, fondé en 1980, a pu développer et commercialiser plusieurs nouveaux appareils de génie biomédical, qui sont des inventions typiquement québécoises; pensons en particulier au stimulateur cardiaque programmable vendu maintenant dans plus de 25 pays.

*La société québécoise s'est "suédisée" mais elle est en
quête de son autarcie.*

Au seuil de l'an 2001, la société québécoise s'est passablement "suédisée". Son cadre industriel comprend de nouveaux modes d'organisation du travail et une meilleure "interface" homme/machine destinés à une productivité élevée. C'est une société ouverte à l'expérimentation, qui valorise le travail et favorise l'innovation et l'entrepreneurship. Ouverte sur le monde mais en quête d'autarcie, elle multiplie les innovations sociales en vue d'assurer sa spécificité. Elle constitue de plus en plus une société distincte à l'intérieur de la confédération canadienne.

12.2.3 Les valeurs

*Les Québécois se sentent vraiment libérés et maîtres
chez eux.*

Les Québécois se sentent maintenant libérés et maîtres de leur destinée, depuis les accommodements politiques majeurs qui ont résulté des dures négociations des années 80 et 90, alors que le pays faillit éclater. Ils se sentent fortement encouragés à poursuivre leur propre destin, et à harmoniser le changement technique avec leur schème de valeurs. Le Québec multiplie ses initiatives sur le plan commercial, mais à l'intérieur des règles du "marché commun canadien" qui s'amorce. Il poursuit sa propre stratégie industrielle, selon sa politique de développement culturel et scientifique élaborée il y a déjà plus de 15 ans.

> *Le français règne en maître au Québec, quoique la minorité anglophone soit sciemment protégée.*

Les principales difficultés causées par la loi 101 ont été aplanies. La petite minorité anglophone continue à envoyer ses enfants à l'école anglaise. La langue de travail dans toutes les entreprises est le français. En fait, ce sont les compagnies américaines qui ont su le mieux se plier à cette exigence du milieu. Un nombre croissant de Canadiens français ne connaissent à peu près pas l'anglais, ce qui n'est pas sans inquiéter le gouvernement car une partie importante de la littérature scientifique mondiale et des transactions internationales continuent de se faire dans cette langue. Les touristes étrangers se sont habitués aux panneaux d'affichage écrits en français, au même titre qu'ils l'ont fait pour les panneaux d'affichage écrits en espagnol, en Amérique latine. Les problèmes de bilinguisme dans le monde des affaires sont d'ailleurs largement atténués par la traduction automatique et simultanée sur ordinateur.

> *Radio-Québec diffuse largement ses émissions de par le monde.*

Depuis que Radio-Canada a été transformée en un réseau de cinq régies quasi-autonomes — mais partageant des équipements très sophistiqués —, correspondant aux grandes régions du pays, Radio-Québec est devenue l'une de ces régies. C'est une grande société commerciale avec un budget de $300 millions par année. Ses émissions sont captées régulièrement par satellites ailleurs au Canada, ainsi que dans les pays francophones d'Europe et d'Afrique. Ses émissions en langue espagnole sont particulièrement appréciées en Amérique latine, avec laquelle le Québec nourrit de nombreuses liaisons culturelles et commerciales.

> *Le Québec est renommé pour sa joie de vivre, ce qui attire les touristes en grand nombre.*

La joie de vivre des Québécois et la qualité de leurs nombreuses activités artistiques et culturelles attirent de nombreux touristes. Chaque week-end, des vols nolisés en provenance de Vancouver et de Calgary amènent à Montréal plusieurs centaines de touristes qui viennent assister aux représentations de l'Opéra du Québec ou à divers événements sportifs, pour ensuite se régaler dans les restaurants de Montréal ou de Québec qui se classent parmi les meilleurs au monde. La Franco-fête qui se tient à Québec tous les trois ans est devenue un événement international pour la jeunesse de nombreux pays.

La vie de plein air a de nombreux adeptes. On assiste à un retour à la nature.

Depuis que les lacs du Québec ont été dépollués et qu'on les ensemence régulièrement, les touristes étrangers y affluent pour aller à la pêche et passer leurs vacances en pleine nature. Nombre d'entre eux aux goûts plus ésotériques se rendent chaque hiver en Ungava pour se mesurer à la froidure et vivre quelques jours dans des igloos traditionnels. La motoneige demeure un sport d'hiver très populaire, mais ses adeptes doivent s'en tenir rigoureusement aux pistes prescrites par le ministère de l'Environnement; ce sport a beaucoup évolué; l'usage des casques de sécurité équipés d'un système bidirectionnel de communication à distance en constitue un exemple.

On se baigne dans le fleuve et on y pratique la pêche sportive.

Grâce à l'action énergique des divers gouvernements, le Saint-Laurent est maintenant assez dépollué pour que les gens puissent s'y baigner et y pratiquer la pêche. Les îles de Sorel sont devenues un immense parc, et chaque été des milliers de Montréalais vont y vivre sous la tente.

La vie familiale connaît un nouvel essor.

Avec l'accroissement de la natalité, l'augmentation de la qualité de la vie et le regain spirituel, les Québécois redécouvrent le foyer familial. Grâce aux développements spectaculaires de la science et de la technologie, ils peuvent maintenant trouver au foyer la satisfaction de nombreux besoins.

Utilisation d'un système domestique de traitement de l'information.

Le système domestique Télébec (ligne téléphonique, écran de télévision, micro-ordinateur, clavier, enregistreuse et rubans électromagnétiques) permet à ses abonnés d'avoir au foyer leur propre centre de traitement de données et d'analyse de l'information numérique et analogique: dernières cotes boursières, état instantané de leur compte de banque, relevé des dépenses et du budget familial, commandes à faire à l'épicerie et dans les grands magasins, obtention d'un film de leur choix, écoute d'un cours de la télé-université du Québec, rédaction d'un poème, recherche bibliographique, étude d'une carte routière, lecture de quotidiens locaux et étrangers, etc. Avec certaines installations périphériques, le même système sert à contrôler la consommation d'énergie dans les diverses pièces de la maison, selon le degré de confort désiré à telle ou telle heure du jour, et en fonction des coûts plus faibles de l'électricité en dehors des heures de pointe.

Les appels téléphoniques interurbains au Québec sont gratuits.

Depuis l'avènement des fibres optiques et les ententes inter-états conclues dans le domaine des communications, Bell-Québec tire surtout ses revenus des transmissions de données pour fins industrielles et commerciales. Les appels domestiques interurbains à travers le Québec sont gratuits, ce qui permet aux Québécois de vivre davantage à l'unisson.

La société de consommation a cédé le pas à une société de conservation.

Les consommateurs optent surtout pour des biens durables et de qualité, et ont recours à la location pour les biens d'usage temporaire. Les automobiles font maintenant 25 km au litre, à la limite de vitesse prescrite de 85 km à l'heure sur toutes les autoroutes. Les déplacements à l'intérieur des villes se font surtout à l'aide de véhicules électriques que fabrique une filiale de Nouveler sous licence d'Hydro-Québec. Les modes vestimentaires sont beaucoup moins capricieuses qu'autrefois et mettent en relief l'usage des produits locaux. Les articles d'emballage et les contenants en verre ou en plastique sont récupérés pour recyclage. Les jouets sont plus robustes et plus durables. Les meubles sont plus stylisés et plus solides. Les appareils électroménagers ont une longue garantie.

La formation continue des adultes se généralise.

Suivant l'exemple de plusieurs pays européens, le Québec vient de voter une loi exigeant de tout employeur que ses cadres se recyclent trois semaines par année et ses ouvriers, une semaine. L'université du 2e âge est fort populaire car beaucoup de personnes ayant 40 ans ou plus sont à la recherche d'un emploi plus rémunérateur ou plus satisfaisant. Nombreux sont ceux qui suivent des cours du soir à des fins purement culturelles.

Les femmes entrent sur le marché du travail technique.

Les femmes ont fait une entrée massive sur le marché du travail technique dans les ateliers commerciaux, les usines et dans le secteur de l'ingénierie. L'Ordre des ingénieurs du Québec compte déjà 3 500 femmes dont les occupations professionnelles sont facilitées par les horaires flexibles de travail qui prévalent dans la majorité des entreprises.

Le travail est valorisé et la productivité atteint un haut niveau.

Les récentes campagnes de productivité, savamment orchestrées, ont convaincu les travailleurs qu'il était dans leur intérêt de donner leur pleine mesure au travail, et d'adopter des technologies qui favorisent une plus grande productivité. La formule de partage de profit avec les ouvriers est devenue assez populaire. Des représentants ouvriers siègent dans plusieurs conseils d'administration, surtout ceux de PME. Les expériences d'autogestion n'ont réussi que dans le cas des entreprises spécialisées dans les produits d'artisanat et les entreprises culturelles. D'une façon générale, le travail est très valorisé au Québec.

Les connaissances évoluent rapidement, et le progrès technique engendre de nouveaux modes d'organisation du travail.

Le progrès technique s'est fait sentir un peu partout, et les citoyens en sont généralement heureux. Les courses des chaînes de production sont plus courtes que dans le passé. Les nouvelles technologies sont mieux adaptées aux besoins des travailleurs. Les connaissances continuent d'évoluer rapidement. La robotique, la télématique, la bureautique sont devenues des technologies aussi familières que l'était l'informatique il y a une trentaine d'années.

La recherche-développement a connu un grand essor au Québec, notamment à Montréal où se sont établis plusieurs centres de recherche internationaux. L'Université technologique de Montréal compte 15 000 étudiants, et son budget de recherche est de $20 millions par année.

La recherche-développement a connu un grand essor, notamment dans la région de Montréal où plusieurs entreprises transnationales ont établi leurs nouveaux centres de recherche. Ces centres ne groupent pas moins de 15 000 chercheurs et de 25 000 effectifs techniques et de soutien. À l'égal des pays de l'OCDE, le Québec consacre près de 3,0% de son produit intérieur brut à la recherche comparativement à 0,9% en 1980. Cette activité culturelle contribue appréciablement à attirer au Québec de nouvelles entreprises, lesquelles utilisent une technologie avancée et créatrice d'emplois fort bien rémunérés. L'Université technologique de Montréal — née de la fusion de l'École polytechnique, de l'École de technologie supérieure et de l'École des HEC — compte à elle seule plus de 15 000 étudiants à plein temps ou à mi-temps, et ses activités de recherche dépassent $20 millions par année.

*L'État est omniprésent, ce qui n'est pas sans occasion-
ner des problèmes.*

Avec le quadrillage de la pénétration bureaucratique, l'État est devenu omniprésent. Beaucoup de citoyens s'en plaignent amèrement, et réclament à grands cris qu'on respecte davantage les libertés individuelles et qu'on favorise les initiatives personnelles. Le Parti écologiste fait campagne pour la décentralisation du pouvoir.

12.2.4 Le monde extérieur

*Le système extérieur demeure dominant, quoique le
Québec exporte maintenant une forte partie de sa production industrielle en Amérique latine.*

L'économie québécoise demeure très influencée par les États-Unis, surtout au chapitre des emprunts pour la réalisation des grands projets d'investissement et des marchés pour nos matières premières. Mais c'est surtout dans les pays très populeux d'Amérique latine que le Québec trouve maintenant ses principaux débouchés pour les biens d'équipement industriel qu'il produit à profusion. Le marché commun européen est son troisième partenaire commercial.

*Le Québec exporte beaucoup d'électricité et d'eau
fraîche aux États-Unis.*

Avec ses énormes ressources en hydro-électricité, le Québec réussit facilement à financer aux États-Unis ses emprunts à long terme par des contrats décennaux de vente d'électricité aux états américains près de sa frontière. Il exporte également aux États-Unis de grandes quantités d'eau fraîche qui sont acheminées par aqueduc et tankers. La confédération canadienne s'est en effet farouchement opposée à modifier son réseau hydrographique pour satisfaire les besoins croissants des Américains en eau fraîche.

*Le Québec est devenu un important pays exportateur de
biens manufacturés de haute technologie. Son minerai
de fer est préréduit à 99% de pureté avant d'être exporté.*

Après la hausse catastrophique de son déficit dans la balance commerciale pour produits ouvrés dans les années 70, le Québec a réussi en l'espace de 20 ans à tripler le volume de ses exportations de biens manufacturés. Il s'agit surtout de machinerie lourde et de métaux primaires dont la fabrication exige beaucoup d'électricité, de matériel de transport, de produits finis à base d'amiante et de polymères imprégnés de fibres de bois, d'appareils biomécaniques et bioélectriques, de produits phar-

246

maceutiques, de turbines à gaz pour avions et gazoducs, d'avions de type Challenger et d'aéronefs pour le transport de marchandises en vrac, et de fournitures électriques diverses. Le minerai de fer préréduit par Sibdec-Dosco compte pour une part importante de ces exportations. Les produits alimentaires spéciaux fabriqués par Agropur à Granby sont vendus en très grande quantité dans le Tiers-Monde, et sont échangés contre des bois spéciaux et des fruits exotiques des pays pauvres du Quart-Monde.

Grâce à des mesures efficaces de conservation de l'énergie, le Québec ne manque pas d'approvisionnements pétroliers ni de gaz naturel. Sa dépendance énergétique de l'extérieur est beaucoup moins grande qu'elle ne l'était en 1980.

Même si le Québec a réussi à freiner sa consommation pétrolière à 40% de son bilan énergétique (comparativement à 70% en 1974), il lui faut importer au moins 225 000 barils de pétrole par année pour satisfaire ses besoins de consommation. Ces arrivages, qui sont acheminés au super-port de Cacouna, lui viennent principalement d'Atlantica, du Mexique et du Venezuela. Le Québec ne manque pas de gaz naturel qui lui est acheminé de l'Alberta par gazoduc au taux de 6 milliards de mètres cubes par année, sans compter les 2 milliards de mètres cubes qui lui parviennent par méthanier de l'Arctique, soit plus de trois fois sa consommation de gaz naturel de 1980. Une grande partie de ce gaz est emmagasinée dans un immense réservoir naturel à 1 000 mètres de profondeur dans la région de Pointe-du-Lac. Ce stock permet de parer aux aléas des approvisionnements.

Le Québec transige beaucoup avec l'Amérique latine.

Le phénomène le plus marquant des relations du Québec avec le monde extérieur est celui de sa "latinisation". Le Québec trouve en effet dans l'immense bassin de population latino-américaine (600 millions d'habitants) un débouché naturel à de nombreux produits de sa haute technologie: produits alimentaires, équipement de transport, équipement électrotechnique, matériel minier, usines préfabriquées, moulins à papier, services d'ingénierie et de gestion, etc.

12.2.5 Le système productif

La politique scientifique a donné naissance à une stratégie de développement technologique accéléré et à un effort de recherche scientifique remarquablement accru.

Après plusieurs années d'hésitation, et suite à ses livres blancs des années 1978-80 en matière de politique économique, scientifique et culturelle, le gouvernement québécois s'est doté d'une politique technologique et d'une stratégie d'innovation industrielle visant une croissance économique accélérée au moyen de certaines technologies d'avant-garde. Un aspect essentiel de cette politique était le développement rapide d'une "force de frappe" québécoise en matière de développement technologique, appuyée par un effort particulier de recherche scientifique, de design et de marketing.

Une nouvelle génération d'entrepreneurs technologiques est apparue et a insufflé un nouveau dynamisme dans l'économie québécoise.

Grâce aux efforts d'innovation technologique et commerciale de l'Université technologique de Montréal, et à la concertation efficace qui s'est établie entre le gouvernement et le secteur privé à la fin des années 80, une nouvelle génération d'entrepreneurs technologiques est apparue. Sous l'impulsion de la politique gouvernementale d'approvisionnements s'appliquant à tous les services publics et aux sociétés d'État, le Québec a vu naître plus de 1 000 entreprises de haute technologie durant les cinq dernières années. La majorité d'entre elles exportent plus des trois quarts de leur production. En termes de valeur ajoutée et de création d'emplois, ces PME constituent le secteur le plus dynamique au Québec. Le second est représenté par des filiales québécoises d'entreprises étrangères, qui jouissent d'une mission mondiale pour leurs produits fabriqués au Québec. Grâce aux transferts de technologie qui leur viennent de la maison mère, ces entreprises s'accaparent de grands marchés internationaux.

Les industries de haute technologie affichent un fort taux de croissance, ce qui stimule d'autant l'économie. Plus de 70% de cette production est exportée internationalement.

Les industries affichant le plus fort taux de croissance sont celles des télécommunications par fibre optique et par système vidéotex, de l'aéronautique, de la microélectronique, de la production et du transport d'électricité à 1200 KVA, des métaux primaires par fusion au plasma, du minerai de fer préréduit, du matériel de transport, des turbines et générateurs pour centrales d'hydro-électricité, des cellules photovoltaïques, des logiciels d'ordinateur, des néocéramiques ultra-réfractaires, des composites polymériques de type structural, des appareils bioélectroniques et biomécaniques. Ces industries dynamiques sont de vigoureux créateurs d'emplois et de valeur ajoutée, bien qu'elles nécessitent un recyclage continu de la main-d'oeuvre, ce qui n'est pas sans créer de sérieuses difficultés face à l'intransigeance de certains chefs syndicaux. Plus de 70% de leur production est exportée, ce qui contribue à rendre positive la balance commerciale des produits ouvrés du Québec, créant ainsi chaque année des milliers de nouveaux emplois rémunérateurs et renforçant l'économie québécoise.

L'industrie aéronautique, concentrée à Montréal, connaît une expansion phénoménale.

L'industrie aéronautique est particulièrement dynamique à cause de l'augmentation spectaculaire des transports aériens dans le monde. Suite aux succès remportés par son avion Challenger, Canadair est devenue un grand fabricant d'aéronefs intercontinentaux pour le transport de marchandises; cette société emploie 10 000 ouvriers, et est pourvue de robots industriels qui permettent de fabriquer les pièces d'avion avec une très grande précision. Les moteurs d'avion fabriqués par Pratt & Whitney à Longueuil et vendus dans 90 pays alimentent une activité économique de $2 milliards par année. L'usine d'hydrogène liquide, que gère la société Noranda au grand parc industriel de Mirabel, permet d'approvisionner de ce nouveau carburant les avions intercontinentaux qui viennent s'y poser (il n'y a que cinq autres postes d'approvisionnement de ce genre dans le monde). Ce changement technologique majeur a été rendu nécessaire par le prix exorbitant du pétrole sur les marchés internationaux ($ 100 baril), ainsi que par les fréquentes pénuries de ce combustible sur d'autres continents.

Les dépenses brutes de R-D au Québec atteignent maintenant 3% du PIB, soit $ 3 milliards par année.

L'effort intensif de recherche-développement (R-D) au Québec a atteint le niveau des États-Unis, soit 3,0% du produit intérieur brut ou $400 (can.) par habitant. Cependant, du budget total de $3 milliards que le Québec consacre à la R-D annuellement, la part du financement assumée par les entreprises n'est que de 50% de l'ensemble de ces dépenses, alors qu'en Suisse et en Allemagne de l'Ouest elle est de 75%, et aux États-Unis, de 70%. Le gouvernement québécois a dû corriger cette disparité, en finançant directement des instituts universitaires et gouvernementaux de recherche spécifiquement orientés vers l'innovation technologique et les autres besoins de l'industrie, y compris l'Agence québécoise de valorisation des brevets (AQVB) et le Bureau québécois de la propriété industrielle (BQPI). Le Québec étant maintenant entièrement responsable du financement de la recherche universitaire (une responsabilité autrefois partagée avec le gouvernement central), le développement des connaissances fondamentales et la recherche appliquée dans les universités québécoises se chiffrent maintenant à $750 millions par année, soit 25%

des dépenses globales de R-D. Cet effort intensif de R-D et d'innovation industrielle a engendré une véritable industrie du haut-savoir et une recherche technologique à la fine pointe des développements internationaux. L'Institut de recherche d'Hydro-Québec (IREQ) avec ses 1 500 chercheurs s'est acquis une réputation internationale, qui l'a conduit à établir des centres semblables de recherche sur l'énergie dans 15 autres pays. Son programme de recherche sur la fusion nucléaire, qui est mené pour le compte d'un consortium international, se chiffre à lui seul à $ 750 millions par année. Parmi les nombreuses innovations industrielles qui ont résulté de cet effort remarquable de R-D, citons l'industrie québécoise des biomatériaux qui fournit un marché d'exportations de plus de $ 400 millions par année, et celle des nouveaux produits alimentaires qui s'établit à $ 900 millions d'exportations par année.

Hydro-Québec est devenue une société transnationale et sa filiale CANDUQ se spécialise dans l'entreposage permanent (2000 ans) de déchets radioactifs.

Passée maître dans la production, le stockage et le transport de l'électricité, Hydro-Québec est devenue une société transnationale par ses entreprises conjointes avec plusieurs pays du Tiers-Monde et de l'OPEP. Elle compte des filiales spécialisées dans la fabrication de fournitures de lignes à très haute tension, qui constituent un marché très lucratif. Sa filiale, CANDUQ, qui est née d'un consortium de Canatom, d'Énergie atomique du Canada et d'Hydro-Québec, compte 3 000 ingénieurs spécialisés dans la conception et la construction de centrales nucléaires de type canadien, ainsi que dans la conception et l'aménagement de chambres-magasins pour l'entreposage permanent (2000 ans) des combustibles nucléaires usés, et la mise hors-service des centrales nucléaires désaffectées. Ainsi, dans le cadre d'un programme international d'entreposage permanent des déchets radioactifs, CANDUQ a complété une étude exhaustive d'établissement d'une nouvelle industrie d'un tel entreposage au nord de Havre-Saint-Pierre, au moyen de longues galeries à flanc de côteau au lac Tio qui pénétreraient à cet endroit les massifs d'anorthosite (roche dense monominéralique, dite "granite noir"), et qui seraient complètement à l'abri des infiltrations d'eau. Ces "magasins" seraient inaccessibles parce que télécommandés. Ils ne représenteraient aucun danger pour les humains et ne comporteraient aucun risque d'explosion.

Sidbec-Dosco a étendu ses activités à la fabrication d'aciers micro-alliés et à la préréduction du minerai de fer. Une de ses filiales produit du lithium métallique et un nouveau type de béton expansé.

Sidbec-Dosco jouit maintenant, en aval de sa production, de toute une série d'entreprises filiales de fabrication de produits d'acier destinés aux marchés locaux et extérieurs. Ses aciers micro-alliés, qui sont de très haute qualité, envahissent peu à peu plusieurs marchés étrangers. Ayant innové au Canada dans la coulée en continu, cette société a également développé un procédé économique de fabrication de fer préréduit à 99% de pureté, ce qui permet maintenant de hausser de beaucoup la valeur ajoutée des expéditions de fer québécois vers l'étranger. Une filiale de Sidbec a mis au point un procédé économique de production de lithium métallique (métal très recherché), à partir du spodumène (silicate alumineux de lithium) extrait des mines de SOQUEM au nord de Val-d'Or. Un autre de ses produits est un nouveau type de béton expansé qui utilise les scories de ses aciéries, ce qui permet une importante économie d'énergie ainsi que la préservation de l'environnement.

> *L'industrie agro-alimentaire a réussi plusieurs innovations importantes, de sorte que le Québec a réussi à hausser son taux d'autosuffisance alimentaire à 78%, en regard de 64% qu'il est demeuré de 1954 à 1980.*

Les grandes serres chauffées à l'énergie solaire et l'énergie émise des turbines de pompage des gazoducs permettent de hâter de six semaines la production maraîchère entre Hawkesbury et Chicoutimi. Les abattoirs sont centralisés et la coupe des viandes s'y fait par mini-ordinateur, leurs rebuts servant à fabriquer des concentrés protéiques. La production laitière et fromagère est en plein essor, surtout depuis la généralisation du procédé d'ultrafiltration. Grâce au nouveau vaccin inventé par les Productions Armand Frappier, les producteurs québécois de volaille ont réussi à augmenter à 99% le taux de survie des poulets sains, de sorte que l'industrie québécoise du poulet est plus florissante que jamais. Les "jambons" à base de dinde et de poulet se vendent très bien au Canada et à l'étranger.

> *L'usage des terres arables est étroitement surveillé. Il faut recourir de plus en plus à l'usage de protéines végétales. Près des grands centres, les terres doivent être vouées surtout aux besoins de nourriture des humains plutôt qu'aux cultures pour nourrir les animaux.*

La loi du Zonage agricole adoptée en 1979 a heureusement permis de conserver les étendues restreintes de sol cultivable au Québec. Avec l'augmentation de la population québécoise depuis cette dernière date, on ne dispose plus que de 0,85 acre par habitant de sol cultivable, alors que selon l'ONU, il faut un minimum de 2 acres par habitant pour assurer à une population une sécurité alimentaire raisonnable à long terme. L'incurie des gouvernements ayant précédé le Parti québécois coûte aujourd'hui très cher, car la production des terres près des grands centres doit maintenant être vouée surtout à la consommation humaine plutôt qu'aux cultures pour nourrir les animaux. Les chercheurs québécois ont dû développer à grands frais de nouvelles technologies pour fournir la nourriture animale: nouveaux types de culture en sol peu fertile, utilisation de fertilisants fabriqués à l'aide de rebuts d'apatite (variété de phosphate) de la mine de niobium de Saint-Honoré, extraction complète des protéines, des amidons et des sucres des effluents polluants des usines agro-alimentaires, à l'aide des procédés de l'osmose inversée et de l'ultrafiltration (assurant ainsi un nettoyage complet des eaux usées et améliorant la qualité de l'environnement).

Le climat de l'hémisphère nord se refroidit à l'aube d'un premier stade d'une période glaciaire prévue pour l'an 2250. Il en résulte de graves pénuries d'énergie et la perte de grandes productions céréalières.

Au dire des experts climatologues, l'hémisphère nord semble se refroidir peu à peu. Chose certaine, les récentes variations extrêmes de température ne sont pas sans inquiéter les gouvernements du monde. D'une part, les périodes prolongées de froid subit vont entraîner des consommations d'énergie au-delà des stocks disponibles. D'autre part, un abaissement de seulement 1°C dans la température moyenne des régions nordiques, comme le Québec et la Russie, entraînerait la perte de millions d'acres consacrés à la culture du blé et d'autres céréales, et causerait des cycles de sécheresse en Inde et en Chine (2,2 milliards d'habitants). L'équilibre alimentaire mondial, déjà fort précaire en 1980, s'en trouve maintenant dangereusement compromis, d'autant plus que la population du globe est maintenant de 6 milliards d'habitants! Ces changements climatiques, alliés à "l'effet de serre" que cause l'augmentation de la pollution atmosphérique à l'échelle mondiale, rendent plus nécessaires que jamais de vigoureux programmes de recherche scientifique orientés vers la production vivrière.

Le secteur primaire demeure prospère mais sa contribution au PIB québécois demeure proportionnellement la même qu'en 1980. De telles industries sont très mécanisées, à forte intensité de capital et peu créatrices d'emploi. Néanmoins, elles contribuent beaucoup aux exportations internationales du Québec.

Grâce à la modernisation des moulins amorcée dans les années 80 et à l'introduction de nouvelles technologies moins énergivores (comme la pâte thermomécanique) et moins polluantes (comme les procédés "à sec"), l'industrie québécoise des pâtes et papiers continue à représenter 5% du PIB québécois et 2% des emplois. Cependant, les industries des pays situés au sud lui livrent une forte concurrence à cause du coût beaucoup moins élevé de la main-d'oeuvre et du court cycle de croissance des essences ligneuses, qui est trois fois plus rapide qu'au Québec. De plus, cette industrie québécoise doit maintenant compter sur une sylviculture intensive pour refaire ses inventaires. Dans le secteur minier, les exploitations sont de plus en plus mécanisées et se font à grande échelle, afin de permettre l'extraction à ciel ouvert de minerais à faible teneur. Les nombreuses mines d'or de l'Abitibi font toutefois exception: alimentées par un prix de l'or de $1 000 l'once, elles sont souterraines et de faible tonnage. L'exploration géoscientifique de gisements cachés est toujours aussi active, surtout pour la recherche de nouveaux métaux requis par l'industrie aérospatiale et celle des télécommunications; à cet égard, l'Institut de recherche en exploration minérale (IREM) et l'industrie minière jouent de concert un rôle de premier plan. Quant à l'industrie des métaux primaires, il faut signaler le procédé par fusion plasma inventé par le Centre de recherches Noranda, qui est une percée technologique à l'échelle mondiale.

Le secteur manufacturier traditionnel est en sérieuse difficulté.

Alors que les entreprises de haute technicité se développent rapidement et sont prospères, les industries de fabrication traditionnelles accusent des retards importants de productivité, et le prix de leurs produits ne cesse d'augmenter, ce qui les empêche d'affronter la compétition extrêmement serrée qui leur vient du Tiers-Monde. Ces industries sont maintenant obligées de se "reconvertir", en se tournant vers des produits de grande qualité et d'un design nettement supérieur à ceux des produits d'importation.

La tertiarisation de l'économie s'est poursuivie mais le coût très élevé des services commande des interventions technologiques vigoureuses.

Même si le fort taux de croissance du secteur tertiaire a été freiné depuis 1985, ce secteur absorbe néanmoins 67% des emplois (par rapport à 57% en 1980). Les trois quarts de ces travailleurs sont impliqués dans la cueillette et la transformation de l'information sous une forme ou une autre. Le "tertiaire moteur" — haute finance, gestion, bureaux d'étude, centres de recherche publics, services d'ingénierie-conseil, etc. — est en pleine expansion, mais les services à la santé et à l'éducation coûtent très cher. Les dépenses pour les soins des personnes âgées en particulier grèvent le budget national. L'État a donc mis l'accent sur la découverte d'innovations technologiques puissantes, afin de freiner le coût croissant des services mais sans en diminuer la qualité (e.g. la généralisation de la "télémédecine" grâce aux progrès des télécommunications, et les innovations québécoises en génie biomédical telles que le télécardiographe numérique).

Il existe un mouvement général vers une industrialisation accrue, laquelle utilise des technologies de pointe qui respectent l'environnement et le système des valeurs des Québécois.

Les difficultés politiques des années 80 étant largement surmontées et la coopération des pouvoirs syndicaux étant acquise, le Québec s'est engagé depuis quelques années dans un processus d'industrialisation accélérée, avec un fort accent mis sur l'industrie manufacturière et les services qui utilisent une technologie de pointe. Sous l'impulsion de la politique gouvernementale d'achats, une importante demande interne pour de nouveaux produits a vu le jour, ce qui a donné lieu à nombre d'importantes innovations technologiques, et conduit à la formation de coopératives de fournisseurs. Plusieurs des sociétés d'État du Québec se sont associées à des compagnies transnationales, et ont formé de puissants consortiums industriels pour la conquête de marchés internationaux. Comparativement à 1980, le Québec compte deux fois plus d'hommes d'affaires et dix fois plus d'entrepreneurs technologiques. Ceux-ci sont tout aussi soucieux de préserver la qualité de l'environnement et d'opter pour des technologies respectant le système de valeurs des Québécois que les tenants du Parti écologique, mais leurs formes d'action sont radicalement différentes.

12.2.6   L'aménagement du territoire

La croissance industrielle est concentrée à Montréal.

Depuis l'implantation des nouvelles politiques gouvernementales, Montréal est redevenu un grand pôle de croissance industrielle et un lieu d'attraction des centres de recherche internationaux. La métropole est devenue une ville de haut savoir où fleurissent les arts et la culture. Le développement du centre-ville est régi par des normes d'urbanisme sévères. On construit en hauteur mais sans ''hiltoniser'' ce milieu. L'activité manufacturière s'étend en banlieue et dans les villes périphériques.

La cité souterraine de Monte Regius est le présage de certaines villes du 21e siècle.

Pour pallier la pénurie d'espaces industriels et commerciaux, on a évidé le Mont-Royal. Une véritable ville souterraine — Monte Regius — commence à y prendre forme, bénéficiant d'importantes économies de chauffage (le roc étant à une température stable et le chauffage additionnel étant fourni par un puits géothermique atteignant 13 000 pieds de profondeur) et de climatisation (la neige accumulée dans de grandes chambres-magasins durant l'hiver se transforme en glace, laquelle sert à refroidir l'air ambiant en été). Le roc excavé s'est vendu un bon prix à des fins de remplissage et d'agrégats de béton, de sorte que ces nouveaux espaces ont pu être acquis à un coût très économique. Il va sans dire que Monte Regius est devenu le carrefour des principales lignes de métro de Montréal.

Tous les développements industriels sont soumis à des études d'impact.

L'empiètement des villes sur les terres arables étant stoppé, les développements industriels sont soumis à des études rigoureuses d'impact sur les plans socio-économique et écologique.

L'urbanisation est contrôlée

L'urbanisation du territoire se fait graduellement, car l'exode vers les grandes villes s'est terminé au début des années 80. L'aménagement du territoire est fait de façon scientifique en suivant les principes de la systémique. Dans les grandes villes, on construit des édifices communautaires de 12 étages au maximum, pourvus de tous les services essentiels et d'espaces verts, et s'inspirant d'une architecture québécoise plutôt que new-yorkaise.

L'infrastructure de transport est peu changée.

À part les prolongements du métro de Montréal, l'électrification du rail entre Toronto et Montréal, et l'aménagement d'un monorail rapide entre Mirabel et Montréal, peu de changements sont survenus dans l'infrastructure de transport depuis 1980. Les transports entre les villes du Québec se font surtout en autocar ''à remorque'', et dans les endroits plus éloignés, par avion ADAC (avions à décollage et atterrissage courts) — le Dash 7 — qui est une grande innovation canadienne.

Des écarts subsistent dans la répartition régionale des revenus.

En dépit de la forte croissance économique du Québec au cours des dernières années, il subsiste des écarts régionaux importants dans la répartition des revenus. Les citoyens s'en accommodent tant bien que mal. Ces écarts ont engendré un renouveau de dynamisme dans les régions, alors que le déclin des grandes métropoles en Amérique du Nord et en Europe commence à s'affirmer. Ainsi, au Québec, les citoyens ont appuyé l'installation des trois grandes centrales électronucléaires additionnelles à Gentilly, l'entreposage de déchets radioactifs au nord de Havre-Saint-Pierre, l'usine de biomasse en Abitibi—Témiscamingue, l'exploitation des sables titanoferrifères à Natashquan, la grande salaison automatisée à Gaspé, le super-abattoir à Kamouraska, etc.

CONCLUSION

Comme nous l'avons souligné au début, le but de la prospective est de réduire la zone d'ignorance que représente le futur, ceci en proposant des images alternatives du futur et en procurant des "outils" utiles à la prise de décisions à long terme.

Le lecteur pourra sans doute juger par lui-même de l'utilité d'un tel exercice. S'en dégage-t-il une certaine vision du Québec? Certains "événements" frappent-ils l'imagination? Quels sont ceux qu'on voudrait voir se produire? Dans ce cas, que peut-on faire maintenant pour augmenter la probabilité de leur occurrence?

Enfin, comment organiser à relativement peu de frais une prospection systématique et utile du futur, lequel est tout aussi inévitable qu'il est "au conditionnel"?

NOTES

NOTES